权威·前沿·原创

皮书系列为
"十二五""十三五"国家重点图书出版规划项目

BLUE BOOK

智库成果出版与传播平台

广州市新型智库广州大学广州发展研究院、广东省高校人文社科重点研究基地、广东省国家文化安全研究中心研究成果

广州蓝皮书
BLUE BOOK OF GUANGZHOU

丛书主持／涂成林

2020年中国广州经济形势分析与预测

ANALYSIS AND FORECAST ON ECONOMY OF
GUANGZHOU IN CHINA (2020)

主　编／涂成林　赖志鸿
副主编／谭苑芳　李文新　彭诗升

社会科学文献出版社
SOCIAL SCIENCES ACADEMIC PRESS (CHINA)

图书在版编目(CIP)数据

2020年中国广州经济形势分析与预测/涂成林,赖志鸿主编. -- 北京：社会科学文献出版社，2020.10
（广州蓝皮书）
ISBN 978-7-5201-7274-5

Ⅰ.①2… Ⅱ.①涂… ②赖… Ⅲ.①区域经济-经济分析-广州-2020②区域经济-经济预测-广州-2020 Ⅳ.①F127.651

中国版本图书馆CIP数据核字（2020）第175977号

广州蓝皮书
2020年中国广州经济形势分析与预测

主　　编／涂成林　赖志鸿
副 主 编／谭苑芳　李文新　彭诗升

出 版 人／谢寿光
组稿编辑／任文武
责任编辑／连凌云

出　　版／社会科学文献出版社·城市和绿色发展分社（010）59367143
　　　　　地址：北京市北三环中路甲29号院华龙大厦　邮编：100029
　　　　　网址：www.ssap.com.cn
发　　行／市场营销中心（010）59367081　59367083
印　　装／天津千鹤文化传播有限公司

规　　格／开　本：787mm×1092mm　1/16
　　　　　印　张：22.5　字　数：334千字
版　　次／2020年10月第1版　2020年10月第1次印刷
书　　号／ISBN 978-7-5201-7274-5
定　　价／128.00元

本书如有印装质量问题，请与读者服务中心（010-59367028）联系

▲ 版权所有 翻印必究

广州蓝皮书系列编辑委员会

丛书执行编委（以姓氏笔画为序）

丁旭光　王宏伟　王桂林　王福军　邓佑满
邓建富　冯　俊　刘保春　刘　梅　刘瑜梅
孙　玥　孙延明　李文新　吴开俊　何镜清
沈　奎　张　强　张其学　张跃国　陆志强
陈　爽　陈浩钿　陈雄桥　屈哨兵　贺　忠
顾涧清　徐　柳　涂成林　陶镇广　桑晓龙
彭诗升　彭高峰　蓝小环　赖天生　赖志鸿
谭苑芳　魏明海

《2020 年中国广州经济形势分析与预测》
编 辑 部

主　　编　涂成林　赖志鸿

副 主 编　谭苑芳　李文新　彭诗升

本书编委　（以姓氏笔画为序）

丁艳华　区海鹏　叶思海　叶祥松　孙晓茵
李长清　肖穗华　汪文姣　张秀玲　张贻兵
陆财深　陈　骥　陈幸华　陈泽鹏　陈建年
陈晓霞　陈婉清　林清才　欧洁华　金永亮
周林生　聂衍刚　高跃生　郭　黎　涂雄悦
黄小娴　彭建国　傅元海　缪晓苏　薛小龙
魏绍琼

编辑部成员

周　雨　戴荔珠　梁华秀　李　俊　王　龙
于荣荣　曾恒皋

主要编撰者简介

涂成林 现任广州大学二级研究员，博士生导师，广州市新型智库广州大学广州发展研究院首席专家，广州大学智库建设专家指导委员会常务副主任；获国务院政府特殊津贴、国家"万人计划"领军人才、中宣部文化名家暨"四个一批"领军人才、广东省"特支计划"领军人才、广州市杰出专家等称号。先后在四川大学、中山大学、中国人民大学学习并分获学士、硕士、博士学位。1985年起，先后在湖南省委理论研究室、广州市社会科学院、广州大学工作。兼任广东省区域发展蓝皮书研究会会长、广东省体制改革研究会副会长等职务。主要从事城市综合发展、文化科技、马克思主义哲学等方面的研究。在《中国社会科学》《哲学研究》《教育研究》等刊物发表论文100余篇；专著有《现象学的使命》《国家软实力和文化安全研究》《自主创新的制度安排》等10余部；主持和承担国家社科基金重大项目、一般项目、省市社科规划项目、省市政府委托项目60余项。获得教育部及省、市哲学社会科学奖项和人才奖项20余项，获得多项"皮书奖"和"皮书报告奖"，2017年获评"皮书专业化20年致敬人物"，2019年获评"皮书年会20年致敬人物"。

赖志鸿 现任广州市统计局党组书记、局长。分别在中山医科大学和中山大学获医学学士学位和管理学硕士学位。1993年7月参加工作，历任广州市东山区防疫站食品科副主任、站长助理，东山区防疫站副站长，东山区卫生局副局长，越秀区卫生局副局长，越秀区卫生局局长、党委副书记，越秀区政府办公室主任、区法制办公室主任，越秀区副区长、党组成员，越秀区委常委、副区长、区政府党组副书记，2019年5月任广州市统计局党组书记、局长。长期从事经济发展、城市管理、人力资源和社会保障、教育等方面的管理和研究工作。

谭苑芳 现任广州大学广州发展研究院副院长，教授，博士，硕士生导师，广州市番禺区政协常委，兼任广东省区域发展蓝皮书研究会副会长、广州市粤港澳大湾区（南沙）改革创新研究院理事长、广州市政府重大行政决策论证专家等。主要从事宗教学、社会学、经济学和城市学等的理论与应用研究，主持国家社科基金项目、教育部人文社科规划项目、省市重大和一般社科规划项目10余项，在《宗教学研究》《光明日报》等报刊发表学术论文30多篇，获广东省哲学社科优秀成果奖二等奖及"全国优秀皮书报告成果奖"一等奖等多个奖项。

李文新 现任广州市政府研究室副主任。中山大学行政管理专业毕业，硕士学位，长期从事城市发展规划、城市管理、社区治理等方面研究，参与《政府工作报告》、街道和社区建设意见、简政强区事权改革方案、投资管理实施细则等多个政府政策文件起草工作，参与广州新型城市化发展系列丛书的编写。

彭诗升 现任中共广州市委改革办专职副主任。2003年毕业于中南大学，获法学硕士学位。先后公开发表学术论文10余篇。具有基层工作经历，长期在广州市委机关从事政策研究工作，组织或参与经济发展、改革开放创新、城乡规划建设管理、政治及党建等领域的专题调查研究。

摘　要

《2020年中国广州经济形势分析与预测》由广州大学、广东省区域发展蓝皮书研究会与广州市统计局、中共广州市委政策研究室、广州市政府研究室等联合编写。本书由总报告、改革创新篇、行业发展篇、企业发展篇、热点篇和附录等六个部分组成，汇集了广州市科研团体、高等院校和政府部门诸多经济问题研究专家、学者和实际部门工作者的最新研究成果，是关于广州经济运行情况和相关专题分析、预测的重要参考资料。

2019年，广州市继续坚持稳中求进工作总基调，全面聚焦高质量发展要求，加快构建现代产业体系，主动调结构促转型，扎实推进"六稳"工作，经济结构不断优化，新动能活力不断增强，广州市经济运行总体平稳，稳中向好。

2020年，广州传统增长动能明显弱化，新兴动能的支撑仍不强劲，生产消费提速的基础仍不牢固，外贸出口增长乏力，经济增长下行压力仍然很大。另外，此次新冠肺炎疫情对广州经济产生了较大的影响。因此，广州应当深入挖掘和培育数字经济、加快工业企业转型升级、精准扶持、刺激消费等，以努力实现"以稳求进、以进固稳"的发展。

关键词： 经济形势　稳增长　数字经济　广州

目 录

Ⅰ 总报告

B.1 2019年广州经济形势分析与2020年展望
　　……广州大学广州发展研究院、广州市统计局综合处联合课题组 / 001
　　一　2019年广州经济运行基本情况分析…………………… / 002
　　二　经济运行中需要关注的问题 ………………………… / 014
　　三　2020年广州经济发展展望与对策建议 ……………… / 016

Ⅱ 改革创新篇

B.2 适应新形势推进广州经济高质量发展研究
　　……………………………………… 彭建国　朱洪斌　邵猷贵 / 023
B.3 "老城市新活力"背景下广州优势传统行业供给侧改革对策研究
　　…………………………………………… 广州市工商联课题组 / 037
B.4 推进广州先进制造业与现代服务业融合发展研究
　　……………………………………………………… 康达华 / 049
B.5 发挥数字经济优势　促进广州消费转型
　　………………………… 广州大学广州发展研究院课题组 / 061

B.6 广州市实体企业的多层次金融支持体系研究
……………………………………………… 罗嘉雯　万欣怡 / 071

B.7 广州市金融产业创新政策工具文本量化分析研究
………………………………… 广州大学广州发展研究院课题组 / 090

Ⅲ　行业发展篇

B.8 2019年广州市二手车电商平台服务质量分析
………………………………………… 广州市消费者委员会课题组 / 109

B.9 2019年广州规模以上服务业运行情况分析 ………… 莫广礼 / 137

B.10 广州生产性服务业发展现状及优势分析
…………………………………… 广州市统计局核算处课题组 / 149

B.11 2019年广州市房地产开发市场运行分析
…………………………………… 广州市统计局投资处课题组 / 162

B.12 广州汽车产业发展现状及优劣势分析
…………………………………… 国家统计局广州调查队课题组 / 176

B.13 2019年广州房地产市场发展动向分析
………………………………… 广州大学广州发展研究院课题组 / 187

B.14 2019年广州市外贸外资发展情况分析
………………………………………… 广州市统计局课题组 / 197

Ⅳ　企业发展篇

B.15 广州创新型民营企业发展情况研究
………………………………………… 广州创新型民营企业调研组 / 218

B.16 广州民营企业关键领域核心技术创新发展路径研究
………………………………………… 广州市工商联办公室课题组 / 232

B.17 广州市优质中型企业做大做强的路径分析 …………… 张　强 / 240

B.18 广州市荔湾区骨干企业发展情况研究
………………………………………… 荔湾区统计局课题组 / 252

Ⅴ 热点篇

B.19 电商直播助推广州专业批发市场转型升级研究
………………………………… 李冬蓓 李干洋 谢 磊 / 269

B.20 广州区块链产业现状与发展思路研究
………………………………… 武艳杰 梁思巧 宋 森 / 277

B.21 广州推进共建粤港澳大湾区国际金融枢纽的对策研究
………………… 广州市地方金融监督管理局法规处课题组 / 294

B.22 2019年粤港澳大湾区营商环境改革成效分析
………………………… 南都大数据研究院营商环境课题组 / 306

Ⅵ 附录

附表1 2019年广州市主要经济指标 ………………………………… / 317
附表2 2019年全国十大城市主要经济指标对比 …………………… / 318
附表3 2019年珠江三角洲主要城市主要经济指标对比 …………… / 319

Abstract ……………………………………………………………… / 320
Contents ……………………………………………………………… / 322

皮书数据库阅读**使用指南**

总 报 告

General Report

B.1
2019年广州经济形势分析与2020年展望*

广州大学广州发展研究院、广州市统计局综合处联合课题组**

摘　要： 2019年，广州市继续坚持稳中求进工作总基调，全面聚焦高质量发展要求，加快构建现代产业体系，主动调结构促转型，扎实推进"六稳"工作，经济结构不断优化，新动能活力不断增强，广州市经济运行总体平稳，稳中向好。但是，新冠肺炎疫情会引发新一轮的全球经济衰退，广州应当深入挖掘和培育数字经济、加快工业企业转型升级、精

---

* 本研究报告系广东省普通高校人文社会科学重点研究基地广州大学广州发展研究院、广东省高校创新团队项目"广州城市综合发展决策咨询创新团队"的研究成果。

** 课题组组长：涂成林，国家"万人计划"领军人才，广州大学二级研究员，博士生导师；冯俊，广州市统计局副局长。课题组成员：汪文姣，广州大学广州发展研究院讲师，博士；谭苑芳，广州大学广州发展研究院副院长，教授，博士；魏绍琼，广州市统计局处长；李俊，广州市统计局科长。执笔人：汪文姣、李俊。

准扶持、刺激消费等，以努力实现"以稳求进、以进固稳"的发展。

关键词： 经济形势　高质量发展　现代产业体系　广州

一　2019年广州经济运行基本情况分析

2019年，全球经济增长进一步放缓，国内外经济环境更为严峻和复杂。一方面，中美贸易摩擦等其他政治经济因素使得我国经济发展面临着稳中有变、变中有忧的局面，不确定性增大；另一方面，微观主体活力的不足和宏观政策调控效果的减弱也进一步加大了我国经济下行压力。广州市继续坚持稳中求进工作总基调，全面聚焦高质量发展要求，加快构建现代产业体系，主动调结构促转型，扎实推进"六稳"工作，经济结构不断优化，新动能活力不断增强，经济运行总体平稳，稳中向好。

（一）经济保持平稳增长，供给能力不断增强

1. 经济总量稳中有升

2019年，广州市实现地区生产总值（GDP）23628.60亿元（见图1），继续位列全国主要城市的第4位。按可比价计算，比上年增长6.8%，增速较上年提升0.6个百分点。其中，第一产业增加值251.37亿元，增长3.9%；第二产业增加值6454.00亿元，增长5.5%；第三产业增加值16923.23亿元，增长7.5%。产业结构不断优化，三次产业比重为1.06∶27.32∶71.62，服务业主导型经济日益巩固。

2. 农业产品生产向好

2019年，广州市在国家宏观调控下，在稳步保障粮食生产能力的同时，不断推进优质高效作物的种植，提高农产品产出效率。据统计，广州市农林牧渔及其辅助性活动增加值同比增长3.7%。农林牧渔及其服务业总产值同

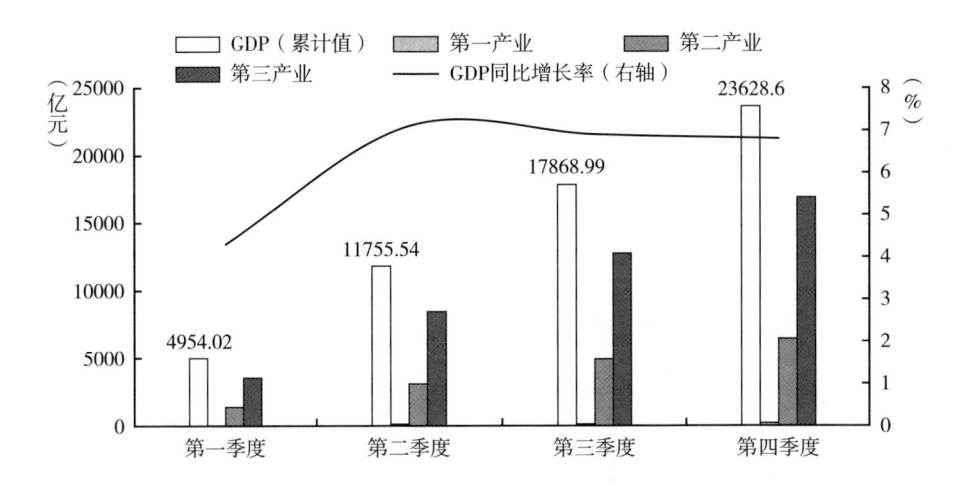

图1 2019年广州市第一季度至第四季度累计GDP及增速

比增长2.8%，增速同比提高1.6个百分点。种植业稳定增长，全年蔬菜及食用菌播种面积同比增长1.4%，蔬菜产量同比增长4.5%；在香蕉、大蕉、柑橘类水果产量大幅增加的带动下，园林水果产量增长5.9%。渔业持续增势良好，全年实现产值增长6.8%，水产品产量增长2.4%。

3. 工业生产稳中有升

2019年，广州市规模以上工业总产值和工业增加值分别为19201.0亿元（见图2）和4582.9亿元，同比分别增长4.7%和5.1%。规模以上高新技术产品产值达9407.7亿元，同比增长4.8%。三大支柱产业实现总产值9868.42亿元，同比增长1.5%，其中汽车制造业工业总产值为5461.2亿元，从2019年下半年以来降幅逐月收窄，同比下降0.5%；电子产品制造业增长5.2%，石油化工制造业增长2.2%，增速同比均提升2.4个百分点。部分行业增势较好，其中燃气生产和供应业，非金属矿物制品业，电力、热力生产和供应业等行业产值分别增长31.5%、32.8%和10.9%。

4. 服务业增势良好

2019年1~11月，广州市规模以上服务业企业实现营业收入同比增长12.6%。其中，其他营利性服务业实现营业收入同比增长17.3%，非营利

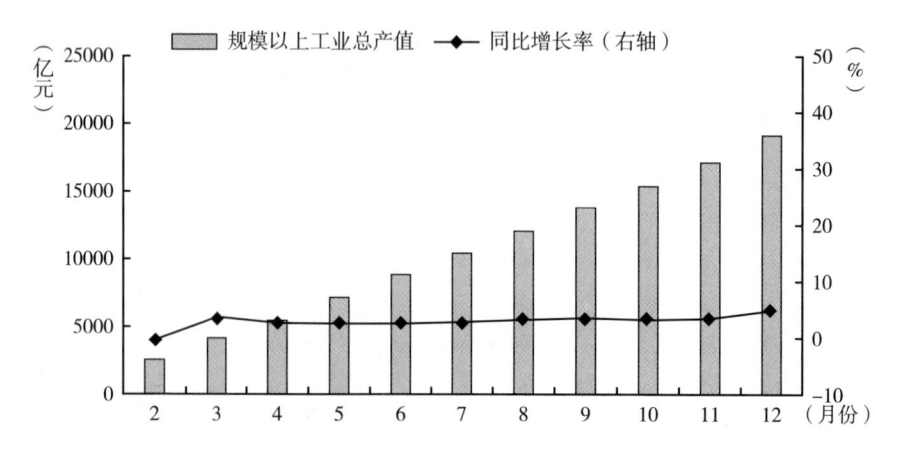

图2 2019年2~12月广州市规模以上工业总产值及增速（累计值）

性服务业实现营业收入同比增长15.8%。主导行业中的交通运输、仓储和邮政业实现营业收入同比增长8.5%，信息传输、软件和信息技术服务业同比增长16.9%，租赁和商务服务业同比增长14.5%。现代高端服务业中的人力资源服务业同比增长35.2%，以总部经济管理投资为基础的综合管理服务和组织管理服务业发展加快，同比分别增长11.2%和29.6%，同比分别提高23.1个和15.6个百分点。与居民服务消费密切相关的行业增长较快，其中文化、体育和娱乐业（12.9%），居民服务、修理和其他服务业（10.9%），卫生和社会工作（16.1%）均保持了两位数增长。

（二）三大需求稳中提质

1. 固定资产投资增长提速

2019年，广州市固定资产投资同比增长16.5%（见图3），增速同比提高8.3个百分点，是2014年以来的最快增速。投资三大领域中，房地产开发投资增长14.8%，工业投资增长9.1%，基础设施投资增长24.5%。大项目完成投资情况较好，完成投资超10亿元的项目共126个，比上年同期增加32个，完成投资同比增长17.5%，在广州市投资中的比重为51.5%。社会民生领域投资持续加大，教育投资增长1.0倍，居民服务、修理和其他服务业投资增长20.4倍,公共管理、社会保障和社会组织投资增长2.4倍。其中,基础设施对广州市投资增长贡献最大,贡献率达43.9%。随着国铁、城际铁路、地铁、高速公路、港口码头等项目持续推进,广州市铁路运输业、道路运输业、水上运输业投资分别增长29.5%、25.5%和21.6%。5G网络及基站建设带动电信、广播电视和卫星传输服务业投资增长22.7%。民间和国有投资齐发力,广州市民间投资同比增长27.8%,增速比上年提高36.9个百分点。在交通运输、电力、水利等项目的带动下,国有投资同比增长36.1%,比上年提高6.6个百分点。

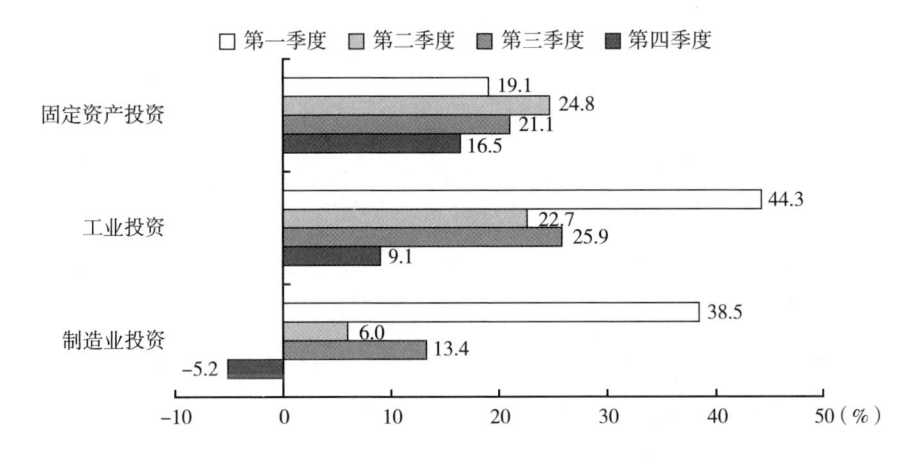

图3 2019年广州市第一季度至第四季度固定资产投资、工业投资和制造业投资累计增速

2. 消费升级类商品保持旺销

2019年,广州市社会消费品零售总额增长7.8%,增速同比提高0.2个百分点。批发和零售业增长7.7%,住宿和餐饮业增长8.1%。限额以上日用品类、粮油食品类、中西药品类商品零售额分别增长17.5%、9.9%和34.0%。在全国汽车市场低迷的情况下,广州市限额以上汽车类零售额仍保持正增长。同时,广州市的居民消费结构不断优化,居民发展型、品质化类消费增长势头好,限额以上化妆品类和金银珠宝类商品零售额分别增长14.8%和28.9%,限额以上日用品类、文化办公用品类零售额也实现了较大幅度的增长。

高端产品进出口占比提升。2019年，商品进出口总值同比增长1.9%，对欧盟、日本、韩国进出口保持两位数增长，其中进口总值增长12.7%。积极扩大先进技术装备、优质消费品进出口。高新技术产品、机电产品出口总值在商品出口总值中的比重分别为15.8%和51.3%，占比分别提高0.4个和1.0个百分点。高新技术产品、机电产品进口总值在商品进口总值中的比重分别为31.5%和48.6%，同比分别提高3.1个和1.5个百分点。全年实际使用外资71.43亿美元，增长8.1%。

（三）质量效益稳步提升

1. 金融市场运行良好

2019年，广州金融运行稳健有力、发展后劲充足，金融资本服务实体经济能力提升。截至12月末，广州市金融机构本外币存贷款余额为106234.51亿元，增长11.2%，增速居北上广深津五大城市第二位，仅次于深圳（见表1）。其中存款余额59131.20亿元，增长7.9%；贷款余额47103.31亿元，增长15.6%。其中，非金融企业及机关团体中长期贷款增长17.3%，增速快于短期贷款12.5个百分点。广州银行业金融机构不良贷款率为0.94%，分别低于全国1.12个百分点和全省0.31个百分点。广州市属国有企业资产负债率为74%，政府债务等级为安全。同时，广州也积极参与谋划粤港澳大湾区建设，中国人民银行广州分行在加强粤港澳金融合作、促进粤港澳大湾区贸易投融资便利化方面积极探索和创新，助力打造粤港澳优质生活圈。在金融改革创新领域，广州加快试点实施进度，重点打造绿色金融，形成可复制可推广的经验。据统计，截至2019年5月，广州市共有228家绿色金融机构，绿色债券发行量高达638亿元，还实现了50家企业在绿色环保板块挂牌。

2. 减税降费成效显著

2019年，广州市完成一般公共预算收入1697.21亿元，增长4.0%。财政收入质量明显改善，税收收入增长2.1%，占一般公共预算收入的78.1%。广州市继续全面落实国家减税降费政策，进一步细化相应措施，优化支出结构,减税降费成效显著。具体来看,广州市的主体税种两降一微升,其中增值税、个人所得税分别下降1.9%和29.0%,企业所得税增长2.9%,增速同比分别回落9.1个、43.5个和5.3个百分点。值得关注的是,小微企业普惠性政策新增减税41.1亿元,切实解决了小微企业的融资难题。个人所得税两步改革叠加减税176.9亿元,减税力度进一步增大。

表1 2019年五大城市年末本外币存贷款余额及增长率

	年末本外币存贷款余额(亿元)	增长率(%)
广州	106234.51	11.2
北京	171062.3	8.9
上海	132820.27	9.6
深圳	83942.45	15.7
天津	31788.78	2.6

资料来源:各城市国民经济和社会发展统计公报。

从行业分布来看,广州市的所有行业均实现不同程度的减税。其中,作为实体经济的主体,制造业新增减税130.1亿元,占新增减税总额的27.0%;处于增值税链条中间环节的批发和零售业新增减税108.7亿元,占新增减税总额的22.6%;其他行业中,金融业新增减税20.4亿元,文化、体育和娱乐业新增减税6.0亿元,住宿和餐饮业新增减税3.1亿元,合计占新增减税总额的6.1%。从企业类型来看,包括民营企业和个体经济在内的民营经济纳税人新增减税253.74亿元,占新增减税总额的52.7%,成为2019年减税降费最大受益者。

3. 企业经营提质增效

2019年1~11月,广州市规模以上工业运行效率进一步提升,部分财务指标表现稳中向好。一是企业亏损面缩窄。广州市1090户规模以上工业企业亏损,亏损面为21.8%,比1~10月减少68户,亏损面收窄了1.5个百分点。二是部分行业利润总额增长较快。橡胶和塑料制品业,酒、饮料和精制茶制造业,化学原料和化学制品制造业等行业的利润总额累计增速分别达到了42.2%、32.9%和19.3%。三是企业资金面有所改善。去库存持续推进,产成品存货下降4.9%,产成品周转天数比上年同期缩减0.09天;去杠杆效果稳定,企业负债率为48.2%,同比下降0.9个百分点,低于全国、全省水平。四是企业产销衔接良好。规模以上工业产销率为99.8%,同比提高0.7个百分点,高出全省2.2个百分点,高出深圳2.5个百分点。

(四)新兴动能活力释放

1. 工业新动能加快集聚

2019年,广州市先进制造业增加值占规模以上工业增加值的58.4%,其中仪器仪表制造业增加值增长35.7%,铁路、船舶、航空航天和其他运输设备制造业增长15.1%,医药制造业增长16.8%。高技术制造业增加值增长21.0%,对广州市规模以上工业增长的贡献率为57.2%;占规模以上工业增加值的16.2%,同比提高2.8个百分点。高技术制造业中的医疗仪器设备及器械制造业工业总产值增长53.5%;培育成长中的生物药品制造业、智能消费设备制造业和工业机器人制造业产值分别增长23.7%、9.6%和9.8%。传统行业转型升级持续推进,健康时尚类的化妆品制造业产值增长19.1%;智能化、个性定制类的家用电力器具增长稳定,增速为8.1%。广州市工业新旧动能接续转换,产业结构不断迈向高端化。

2. 高端智能产品增长迅猛

2019年,广州市规模以上高新技术产品产值占广州市规模以上工业总产值的49.0%,同比提高1.0个百分点。新能源汽车继续保持高速产出,全年产量同比增长1.1倍。新一代信息技术产品产量增势良好,广州市液晶显示屏产量同比增长12.5%;智能手表、智能手机、智能手环、平板电脑等符合消费潮流的智能化产品产量分别增长2.4倍、2.2倍、18.3%和68.4%;新材料产品中锂离子电池产量增长32.1%;高性能装备类产品中的医疗仪器设备及器械增长26.5%。此外,以IAB和NEM为代表的战略性新兴产业也实现了快速增长,高端智能产品更新换代的速度得以提升,新业态不断涌现。2019年,广州市上线了全国首个电子发票区块链平台,区块链发展成为新的企业风向标。

3. 新模式新业态培育壮大

2019年,广州市限额以上批发和零售业实物商品网上零售额实现同比增长12.9%。网络订餐方式广受欢迎,限额以上住宿和餐饮业通过公共网络实现的餐费收入同比增长1.7倍,对广州市餐费收入增长的贡献率达到83.6%。"互联网+"相关服务快速增长,1~11月,互联网和相关服务业、软件和信息技术服务业营业收入增长20.3%,成为广州市规模以上服务业中拉动力最强的行业,体现引领大湾区发展能力的高端专业服务业快速增长14.5%。现代物流快速发展,全年邮政业务总量增长30.0%,快递业务量增长25.3%。保税物流新业态发展迅速,保税物流进出口总值达1120.6亿元,增长24.8%,在广州市进出口中的比重达11.2%。

4. 新兴市场主体不断涌现

2019年,广州市新登记各类市场主体44.26万户,同比增长7.7%,高于全省平均增速,保持稳中有进的发展态势。其中,新增企业32.13万户,增长14.9%。高新技术企业数量也实现大幅增长,约占广东省的25%,其中有198家10亿元以上规模企业,32家50亿元以上规模企业。广州市日均新增市场主体1213户,日均新增企业880户。新经济市场主体增长迅猛,广州市新登记IAB产业企业9.91万户,同比增长26.0%。其中,新一代信息技术企业4.46万户,增长63.0%;智能装备与机器人企业5.35万户,增长1.8%;生物医药与健康企业5.95万户,增长12.0%。科技型中小企业数量同比增长10.8%,稳居全国榜首。

(五)对外开放水平全面提升

1. 交通枢纽功能增强

2019年,广州成功跻身于全国首批综合运输服务示范城市,综合交通枢纽地位得到了进一步巩固。从数据来看,广州市货运量同比增长6.6%,其中公路货运表现较好,货运量、货物周转量同比分别增长7.7%、7.8%;

客运量同比增长3.7%,其中铁路、航空客运量增长良好,同比分别增长8.8%、8.1%。同时,广州港国际大港辐射力持续提高,截至12月底,广州港与世界上100多个国家和地区的400多个港口有海运贸易往来,已开通集装箱航线217条、外贸航线111条;完成港口货物吞吐量突破6亿吨,增长12.3%;完成集装箱吞吐量2322.30万TEU,增长6.0%,其中外贸集装箱吞吐量增长10.4%。截至2019年上半年,广州港货物和集装箱吞吐量均继续稳居世界港口前五位,广州国际航运中心建设排名上升至全球第16位。白云国际机场实现旅客吞吐量7338.6万人次,居全国第三,全球第11位,同比增长5.2%;白云机场航线网络已覆盖全球234个航点,拥有航线317条,其中国际及地区航点167个,国内航点150个。其中,新开通国际航线115条,国际航段增长8.0%。

2. 对外贸易持续向好

2019年,面对中美贸易摩擦的影响,广州采取了积极应对措施,以保障出口企业的平稳发展。广州认真落实中央制定的"稳外贸"相关政策,并配套了相关实施细则,全面布局对外贸易的高质量发展。不断提升综合竞争优势,提高出口产品附加值,并依托于粤港澳大湾区,实现"强强联合",实现"抱团式"对外贸易。据统计,2019年,广州市商品进出口总额累计达到9995.81亿元,增长1.9%,增速高于全省2.1个百分点,其中对欧日韩进出口均保持两位数增长。从全年来看,6~9月是广州对外贸易发展的高速期,基本保持了正增长,其中7月增长率为全年最高,达到3.3%(见图4)。出口成为拉动对外贸易发展的主要动力,全年出口总额为4737.83亿元,同比增长12.7%,进口总额为5257.98亿元,同比下降6.2%。外商直接投资合同外资395.29亿美元,同比下降110%,实际使用外资71.43亿美元,同比增长8.1%。在贸易方式上,广州的高新技术产品出口总额占比不断提升(16.8%),同比增长了1.3个百分点,贸易结构逐步优化。规模以上工业企业贡献度也不断增大,2019年累计实现出口交货值2446.90亿元,同比增长2.1%。

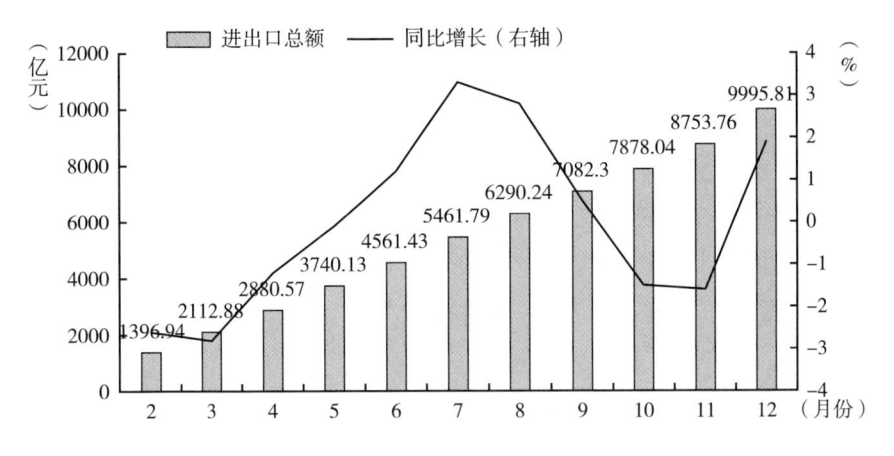

图4　2019年2~12月广州货物贸易累计进出口总额及增长率

（六）民生领域表现良好

1. 民生福祉改善提升

城乡居民收入稳步增加。2019年，广州市城镇常住居民和农村常住居民人均可支配收入分别为65052元和28868元，分别增长8.5%和10.9%（见表2）。城镇常住居民人均可支配收入增幅居全国第三，仅次于北京和深圳，而农村居民人均可支配收入增幅位列五大城市榜首。同时，广州全面实施高校毕业生、退役军人、失业人员等就业帮扶政策，持续扩大就业，广州市新增就业33.73万人，城镇登记失业率为2.15%，保持在合理区间。

表2　2019年五大城市城乡居民人均可支配收入及增长率

单位：元，%

	城镇居民人均可支配收入	同比增长	农村居民人均可支配收入	同比增长
广州	65052	8.5	28868	10.9
北京	73849	8.6	28928	9.2
上海	73615	8.2	33195	9.3
深圳	62522	8.7	—	—
天津	46119	7.3	24804	7.5

资料来源：各城市国民经济和社会发展统计公报。其中，深圳为总的人均可支配收入。

财政支出结构优化，广州市完成一般公共预算支出2865.12亿元，同比增长14.3%。其中与民生有关的节能环保、科学技术和教育支出增长较快，分别增长1.2倍、48.9%和18.8%。

2. 价格水平总体平稳

2019年，广州市继续推行"保供稳价"政策，广州市居民消费价格指数（CPI）同比上涨3.0%，与1~10月、1~11月均上涨3.1%相比，有所回落（见图5）。从整体来看，CPI涨幅比2018年扩大0.6个百分点，低于全省的同比涨幅（3.4%），但是高于全国水平（2.9%）。其中，服务价格指数呈现下降趋势，全年同比上涨2.6个百分点，涨幅与上年持平，拉动CPI上涨0.99个百分点。受深化医药卫生体制改革影响，临床手术治疗价格上涨21.6%；受上年高校学费调整及课外补习需求旺盛等因素影响，课外教育、高等教育分别上涨11.8%和6.3%；由于人工、铺租等经营成本的上涨，衣着洗涤保养、养老服务、车辆修理与保养、家政服务、健身活动分别上涨24.1%、20.1%、9.2%、7.3%、7.0%。

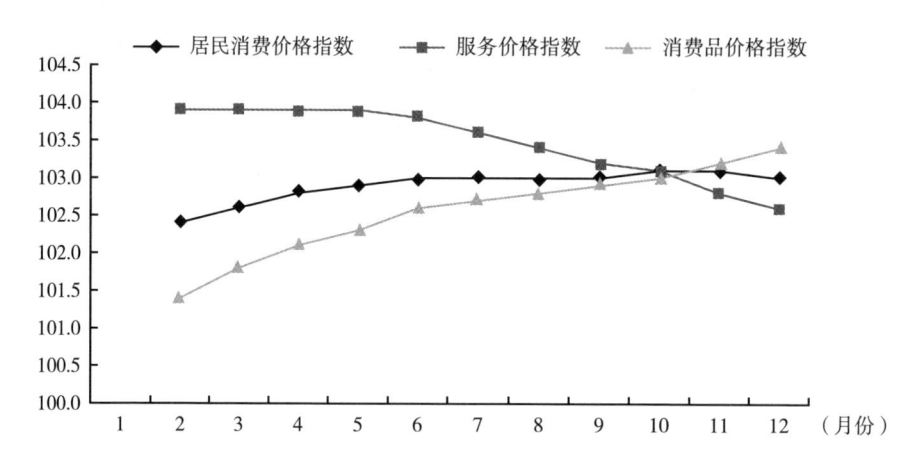

图5 2019年各月广州居民消费价格指数、服务价格指数和消费品价格指数（累计值）

CPI"强结构性"上涨态势明显，消费品价格指数逐月上升。广州八大类消费品价格指数"七涨一降"。全年食品烟酒类价格上涨7.5%（见图6），涨幅同比扩大5.0个百分点，对CPI上涨的贡献率高达77.0%。受非洲猪瘟疫情及国内高标准环保督察等多重因素叠加影响，国内生猪和能繁母猪存栏量下降，市场供应持续偏紧，猪肉价格创历史新高，成为影响CPI上涨最大的基本分类。扣除食品和能源之后的核心CPI上涨2.1%，涨幅同比降低0.2个百分点，说明当前物价不具备全面上行特征和基础。

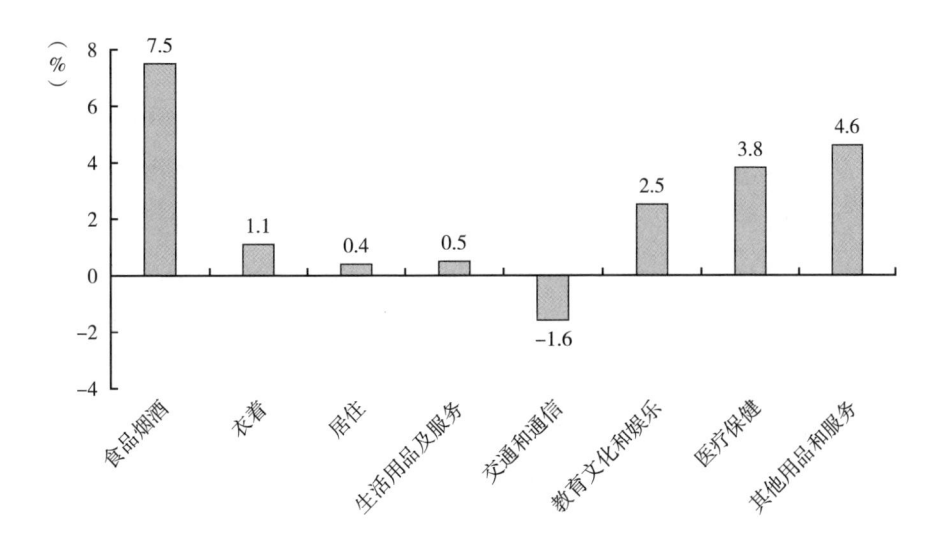

图6　2019年广州八大类消费品价格指数同比增长率（累计值）

生产价格方面，2019年，广州市工业生产者购进价格和出厂价格持续走弱，分别下降1.4%和1.0%，购进价格降幅持续扩大。其中，文娱耐用消费品、移动电话机、柴油、汽油、大型家用器具、液化石油气、家具价格分别下降6.7%、6.5%、6.3%、5.9%、4.7%、4.5%、1.2%。生产资料和生活资料价格双双下降，其中生产资料价格下降0.7%，降幅缩小；生活资料价格下降1.9%，降幅扩大。

总体来看，2019年广州市凝心聚力，攻坚克难，积极化解经济运行中的困难和问题，经济保持稳定发展态势，高质量发展步伐更加稳健，新经济新动能加快发展，居民消费逐步向品质化转变，质量效益不断提升，财政支出结构不断优化，民生福祉持续改善，经济稳中向好的基础和动力坚实稳固。

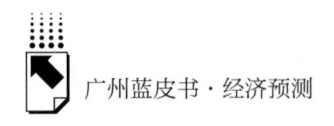

二 经济运行中需要关注的问题

（一）工业生产企稳的基础仍不牢固

首先，支柱产业生产不稳定。目前，汽车制造业对广州市工业经济的支撑减弱，新增工业大企业数量不足，工业企业利润下降。广州市规模以上工业企业中，接近五成的企业增速负增长。汽车制造业仍在调整结构，2019年降幅趋势虽收窄，但产销形势依然严峻，汽车制造业对广州市工业经济的支撑减弱。

其次，新增企业后劲不足。新增工业大企业数量不足，近两年工业新增入库的规模以上工业企业数量虽有增加，但户均规模逐年下降。企业经营成本较高、利润减少，2019年1~11月广州市规模以上工业企业实现营业收入增速同比回落2.0个百分点；利润总额下降3.5%；每百元营业收入中的成本同比增加；营业收入利润率持续下降。

再次，民营企业活力欠缺。民营企业一直是广州工业发展的短板，数量较少，规模较小，从而无法成为广州工业的中坚力量。受制于摊多面广和有限财力，广州民营企业的创新积极性仍然不足。目前，南沙、黄埔是民营企业的主要集中地，但是尚未形成规模经济。广州过度关注产业项目的引进，在知名品牌和企业的孵化上不足。

最后，触底回升尚未显现。目前广州市工业经济呈持续下滑态势，企业生产经营中的困难始终未减弱，保持平稳增长的难度巨大。在总需求未有好转、企业效益不佳、经营成本压力加大等因素影响下，广州市工业生产仍面临较大的下行压力。

（二）服务业重点行业发展后劲有待增强

2019年，广州市规模以上服务业虽保持平稳较快的增长，但从运行走势来看，总体仍呈现震荡向下的趋势。主要原因在于：一是交通运输、仓储和邮政业，信息传输、软件和信息技术服务业，租赁和商务服务业等三大行业增速逐步下降,直接导致整个服务业发展的步伐放缓;二是新增企业尤其是大型企业数量减少导致行业发展缺乏支撑,服务业重点行业的发展后劲不足。2019年,广州市新开业经营达到规模以上服务业标准入库企业比2018年同期减少。在规模上,2019年营业收入超亿元的新增服务业企业比2018年同期减少。2019年规模以下升规模以上的企业以中小型企业为主,发展不稳定,服务业保持快速增长的压力加大。

(三)大宗商品销售额回落明显

大宗商品市场淡季效应逐步显现,需求端将会逐渐趋弱,而供应端压力将持续加大,特别是部分商品生产利润可观,产能利用率或将继续上升,市场下行压力依然存在。销售额合计占限额以上批发和零售业销售额达19.3%的汽车、石油、化工材料及制品类等大宗商品销售持续低迷。在全国汽车销售总体低迷的大环境下,占广州市商品销售总额8.5%的汽车类商品销售额同比微增0.1%,同比回落12.3个百分点。石油及制品类商品受价格波动频繁、市场需求量减少及减税降费政策等因素影响,销售也陷入低迷,占广州市商品销售总额7.7%的限上石油及制品类商品实现销售额下降7.8%,同比回落28.9个百分点。占广州市商品销售总额2.9%的化工材料及制品类商品增长3.2%,同比回落15.0个百分点。广州市销售额下降前20家批发企业中,石油制品批发企业就有5家,汽车批发企业有4家。

(四)投资结构性增长压力加大

由于新开工项目未能形成足够支撑,2019年广州市制造业投资同比下降5.2%,实体经济投资增长后劲有待增强。另外,大项目引领作用趋弱,2019年完成投资超十亿元的项目虽数量增加,但完成投资增速低于广州市投资增速6.7个百分点;在广州市投资中的比重比上年回落2.7个百分点。民间投资结构有待进一步优化,主要集中在房地产业,制造业民间投资在广州市民间投资中的比重不到10%,占比仍然偏小,仍需激发民间资本投向实体经济的积极性。

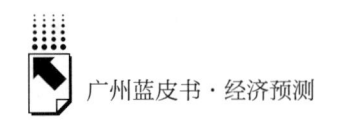

三 2020年广州经济发展展望与对策建议

（一）国际国内经济发展展望

世界银行（World Bank）6月8日发布的《全球经济展望》预计，2020年全球经济将收缩5.2%。持有相同观点的还有国际货币基金组织IMF发布的《世界经济展望报告》，预计2020年全球经济将萎缩4.9%。经济合作与发展组织的系列经济展望报告指出，该组织成员国经济在第二季度持续承压，实际国内生产总值环比下降了9.8%，各经济体降幅均创历史纪录。由于新冠肺炎疫情对全球各地经济都造成了剧烈冲击，预计亚洲新兴经济体增长在2020年将有所收缩，但已显示出复苏的积极信号，整体来看，亚洲新兴经济体国家GDP平均降幅预计将达2.9%。

从国内看，结合中国经济运行情况和中央经济工作会议明确的政策要求，考虑到新冠肺炎疫情这一重大突发公共卫生事件的冲击，初步判断，2020年中国经济增速有可能比2019年有所回落。主要影响表现在一季度，二季度的影响会明显减弱，三季度在一系列政策的作用下经济增速会出现反弹，四季度将保持平稳增长。在对外贸易领域，由于中国经济目前的对外依存度较前已大大降低，因此全球经济衰退传导至中国经济的影响不会太大。2020年是"十三五"规划的收官之年，也是全面建成小康社会的攻坚之年，国内经济发展任务繁重，面临的挑战众多。鉴于经济下行压力加大，宏观经济政策将呈现"宽财政+稳货币"的搭配，尤其将以积极的财政政策为主。

从广州自身的发展看，广州产业体系完备，市场主体活跃，营商环境改善，产业升级发展的态势明显，支撑经济增长提质的有利条件仍有很多。但也要看到，广州传统增长动能明显弱化，新兴动能的支撑仍不强劲，生产消费提速的基础仍不牢固，外贸出口增长乏力，经济增长下行压力仍然很大。网购直播、网购短视频、无人零售等新业态，以及跨境电商将成为广州经济复苏发展的重要着力点。

综上所述，广州2019年经济运行保持总体平稳、稳中有进、稳中提质的良好态势，同时仍处于新旧动能转换的重要关口，经济运行稳中有忧、压力不减。因此，在下一阶段，广州要密切关注国家进一步部署"六稳"工作的政策，坚持稳中求进工作总基调，坚持产业优先发展，维护产业链供应链稳定，以滚石上山的坚持和爬坡过坎的意志，努力实现"以稳求进、以进固稳"的发展。

（二）对策建议

1. 推动数字经济创新发展，启动复工复产"快进"模式

（1）深入挖掘和培育数字经济。将数字经济发展作为广州复工复产的关键性增长点，培育广州经济发展的新动能。第一，广州要继续加大智能产业的发展，实现大数据和实体经济的进一步融合，提高实体经济领域的数字化水平。第二，广州要深入挖掘大数据的价值，将数字经济深入到政务、民生、经济、社会等领域中，构建起全面的数字经济动能网络。第三，继续以琶洲为依托，发挥科技创新资源集聚优势，加快建设人工智能与数字经济试验区，推动数字经济创新发展。同时，继续探索疫情防控新模式，以点带面、示范先行，为缺乏防疫经验的工地提供样板借鉴，逐步有序推开建筑工地复工复产。第四，实现主城区和重要区域5G信号的连续覆盖，为企业实施"上云上平台"、智慧物流等提供强大技术支撑。

（2）提升中小企业的数字化水平。充分发挥中小型数字企业的经济复苏带动作用，积极响应工信部印发的《中小企业数字化赋能专项行动方案》，从研发数字化发展平台、构建数字化营商环境、推进数字化合作交流等领域入手，力争不断优化广州市中小企业数字化服务环境，促进广州市中小企业提升数字化发展水平。具体而言，从发展平台来看，要推进"5G+"，培育省级数字化企业集群，加大各类智能制造应用程序的开发力度，促进带动中小企业智能化升级改造；从营商环境来看，广州要加大服务体系的构建，规范中小企业的数字化发展，加快发展在线办公、远程协作等新模式；从合作交流来看，要加强中小数字企业之间的协同发展，通过对中

小企业数字化赋能成功经验的推广和学习，确保广州市在中小企业数字化水平的提升上取得实质性进展。

2. 加快工业结构转型升级，关注小升规企业提质增量

（1）要加快工业生产结构转型升级，着力构建现代工业体系。综合广州发展的政策叠加优势、产业积累优势，加速推动工业转型升级，着力提升工业产业层次、质量和效益。一是推动新兴产业规模化。以科技的重大突破和应用为基础，以市场需求为导向，不断壮大战略性新兴产业规模，加快培育一批高新技术企业，形成 IAB、NEM 等重点优势产业，推进产业链延伸并不断向高端发展。二是推动传统产业精细化。积极运用高新技术、先进适用技术改造提升化工等传统产业，推动传统行业向高附加值、高技术含量环节延伸拓展。引导工业企业应用数字化、网络化、智能化等新技术、新工艺、新材料、新设备实施技术改造，提升工业产业发展质量和效益。三是推动园区建设现代化。充分发挥空间优势，提升产业规划和园区建设水平，促进区域协同创新，为科技型、创新型、可持续型工业企业提供有力承载。

（2）要集中资源和力量稳定汽车产业增长。汽车产业作为广州市国民经济的支柱产业，稳定和扩大汽车消费是提振消费的重中之重。一是要积极扩大汽车产销规模，加大补贴力度。广州要全面贯彻和落实稳经济"48条"措施和《广州市促进汽车生产消费若干措施》，扩大新能源汽车的生产和销售规模，要打好"新能源"战略，打造汽车产业新增长亮点。针对政府促进汽车消费的政策，广汽集团旗下各整车企业要在政府补贴基础上，加大补贴的力度。二是要采取一系列补产增产措施，全力以赴，追回进度。首先，要努力确保零部件供应，在国内，想方设法抢运供应商库存，指导和协调全国各地零部件企业复工；在国外，协调合作伙伴调动全球资源，为中国的合资企业空运零部件。其次，要加班加点，挖掘产能，向管理要效益。在保证零部件供应量前提下，实施每星期6日工作的规划。再次，要全力促进销量提升，保持合理的汽车库存，并加速汽车出口。最后，要想尽一切办法减少支出降低成本。三是要加大新产品的开发力度。应对疫情影响，广州市要学习和借鉴广汽传祺、广汽新能源、广汽本田的积极作为，积极开发 N95 级

高效空调滤芯、紫外杀菌消毒灯等车辆配套的抗疫用品。

（3）要加强培育小升规企业，进一步整合政策资源和要素资源，继续做好小升规企业的生产运行情况跟踪工作，积极帮助企业解决生产经营和成长发展中的困难，加大政策倾斜支持力度，促进广州市规模以上工业企业数量和发展质量进一步提升。一是对符合产业方向、成长较好、创新性强，具有一定发展潜力的小微工业企业，进行全面摸底调查，保证具备条件的企业成为"小升规"培育对象。二是建立"小升规"重点企业培育库，采取集中培训和"一对一"帮扶指导的办法，给予入库企业重点支持。三是通过小升规企业培育平台，采取每月网上直报的方式，及时掌握培育对象的经营情况，加强企业运行过程中的跟踪监测工作。四是积极帮助企业协调统计、税务、财政等相关部门，确保符合条件的企业纳入规模以上统计范围。用地方面，新升规企业因增资扩产需要新增建设用地时，优先予以安排用地指标，新升规企业遇到土地历史遗留问题，各地还要建立绿色通道。

3. 稳住服务业重点企业增长势头，扶持中小企业发展

（1）要稳住互联网和相关服务业，软件和信息技术服务业，租赁和商务服务业等三大主导服务业增长的基石，加强对大企业的调研走访，实时监测重点企业经营情况。具体而言，一是企业自身努力应对。服务业的中小企业需要积极应对近期疫情导致服务市场的萧条，调整自己的经营策略、用工策略，降低成本开拓新业务，同时，积极寻求新的销售方式，培养新业态和新模式，想方设法抱团取暖。例如，线下的服务可否改为线上的服务，银行、保险、娱乐、购物等行业可以提供线上服务，新电影可以通过网上收费来提供收看等。而过去无隔离式的服务可否适当调整为隔离式服务。二是政府出台优惠政策。对服务业中受疫情影响特别大的行业，如旅游、交通、宾馆、餐饮、购物、娱乐等，广州市要加紧设计出台一揽子有针对性的具体政策，包括且不限于税收返还、失业救济、租金减免、创新鼓励、公共网络平台使用等政策。切实稳定服务业发展，稳定服务业中小企业与相应就业人员，进而为广州市全年经济增长奠定基础。

（2）要充分发挥好、利用好粤港澳大湾区政策优势和广州地理位置优

势，促进广州与港澳地区融合发展，继续大力推动总部经济、高端中介服务机构、园区经济运行平台和更多新服务经济产业项目的落户及发展壮大。一是依托香港的金融业优势，发挥广州高校科研院所密集优势，进一步扩大服务业开放，吸引更多国际知名专业服务公司入驻，全面提升大湾区专业服务的国际化水平，通过密集强大的资金流、信息流、知识流吸引国内外大型企业总部，形成强大的总部经济聚集效应，提升广州在粤港澳大湾区中的地位。二是进一步优化公共社会服务业，重点提升基础教育、医疗卫生、社保医疗、生态环境等非营利性公共社会服务业发展水平，通过更加优质的公共社会服务提升粤港澳大湾区宜居宜业环境，汇集更多创新人才、孕育创新型产业，以当前非营利性的公共社会服务投入滋养大湾区未来的核心竞争力。

（3）要重点扶持中小企业的发展，针对中小企业的发展瓶颈问题，做好企业经营情况的摸查，做好对企业的扶持工作，执行最直接、见效最迅速的"及时雨"式的资金支持政策。借鉴北京和上海的相关经验，对小微、初创型文化企业，通过"房租通"政策给予房租补贴；对受疫情影响的滑冰、滑雪场所给予适当额度用水用电补贴；对保障市民基本生活的餐饮（早餐）、菜店（生鲜超市）、便利店等给予房屋租金等支持；等等。严格执行税收减免政策，同时积极探索实施所得税减免办法，允许因疫情受损企业将一季度亏损金额抵减后期盈利月份的纳税金额。利用失业补助金等，对中小企业疫情后稳定就业或者解决就业给予奖励；鼓励企业灵活用工，缓交社保，适度降低社保税率。进一步加强对储备单位的培养，特别对规模临界点企业和成长性较好的企业，重点培育，促进企业做强做大，尽早实现小升规。

4. 多举措提振新能源汽车消费，加快消费转型升级

（1）紧密关注国内外大宗商品交易市场动态，准确把握和反映经济发展苗头性、趋势性问题，精准做好趋势分析，提高企业竞争力和发展空间。广州要积极对接国家对完善大宗商品交易市场体系的科学研判，争取打造成具有国际影响力的定价中心，加紧构建大宗商品价格指数体系。同时，广州要加强对大宗商品价格趋势的跟踪监测，建立健全价格监测预警机制和信息发布机制，做好对国际原油、煤炭等大宗商品的实时监测，优化大宗商品的

全产业价值链布局。同时，广州市也要做好关键性资源的储备，加快建设以煤炭为主的期货交易市场。

（2）采用鼓励以旧换新、增加新能源汽车补贴力度等方式，从提振新能源汽车消费、鼓励汽车加快更新换代和营造汽车消费环境三个方面，促进汽车消费，推动汽车销售额增长，支持汽车产业持续健康发展。加快推进落实2019年6月明确的新增10万个中小客车指标额度工作，并视情况研究推出新增指标。继续加大政策支持力度，探讨彻底放开限购或出台购置税减半等政策出台的可能性。实施购置税减免、新能源车补贴不退坡、微型电动车下乡补贴、购车抵个税等综合措施。车企应把握生产节奏，朝以销定产方向去努力，应在营销模式方面加强创新，以及使用"互联网+"技术为营销赋能。

（3）催生和拓展新业态，加快传统消费转型升级。组织大型百货、超市、餐饮企业联动推出特色促销活动，推动形成高品质、智能化、个性化定制的实物消费新趋势，积极培育消费新热增长点。积极打造集行、赏、食、游、购、玩于一体的夜间经济品牌。通过打造夜间消费集聚区，鼓励商家提供夜间延时服务，提高中高端消费供给，促进商旅文体融合发展，深挖内需潜力，用改革的办法扩大消费，发展广州"夜经济"，进一步丰富和满足市民和游客日益增长的夜间消费需求，打造大湾区"不夜城"。

（4）推进服务消费持续提质扩容，有效扩大服务型消费的供给，加快释放信息通信、文化旅游体育、健康养老家政、教育培训托幼等领域消费。广州市要积极引导居民消费，努力缓解疫情影响给消费带来的冲击。具体而言，一是依托云视听，创新文化消费模式。依托网络手段，采用云视听、云平台、云展览等多种方式，实现传统文旅消费的转型升级。例如，广东省博物馆推出线上展览资源，强化线上公共服务功能，完善网上虚拟展厅，有利于满足居民的文化消费需求。二是推进医疗改革，壮大健康消费体量。广州市要进一步解决看病难和看病贵等问题，通过医疗改革，增强和完善医疗保障体系，减轻就医负担。三是通过医养结合，提升养老消费水平。广州市要

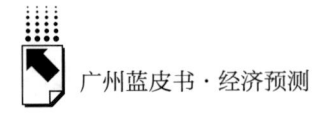

加紧出台和制定综合性医养结合规划，以应对老龄化社会养老需求的不断增长。

5. 优化投资结构，增强高精尖产业发展后劲

（1）切实做好重大项目保障和储备工作，提前布局尖端前沿产业。一方面，结合当前疫情带来的冲击影响，将重心转移到5G、数字经济、智能企业和大数据发展上，加大对5G网络、数据中心等新型基础设施建设的投资力度，以保障传统企业和数字经济发展的融合。同时注重增大医疗产业、新型教育产业的投资比例，切实提高上述领域的投资回报率。另一方面，结合"十四五"规划编制，提前谋划一批医疗、教育、生态、环保、城市更新等领域的重点建设项目，继续引进具有重大带动作用的龙头项目和强链补链延链的专精尖配套项目，支持优质制造业项目，加大投资力度，为发展后劲提供支撑。

（2）充分发挥广州作为粤港澳大湾区核心的引擎作用，利用推动大湾区城市群发展的契机，提高交通基础设施建设效率，破除制度壁垒。同时，要全面落实好国家关于促进民间投资的支持政策，有序规范推进政府和社会资本合作，在补短板、促平衡方面寻找投资增长空间。鼓励民间资本采用独资、合资合作等多种方式参与粤港澳大湾区的生活、生产项目建设，继续参与混合所有制改革，以合资合作的方式共建和完善交通基础设施，以提升互联互通水平。此外，广州要继续放宽市场准入，营造权利平等、机会平等和规则平等的公平市场环境，充分调动民间资本积极性，鼓励和引导民间投资采用多种投融资模式，进入基础设施、医疗、养老、教育等领域，有效激发民间投资活力。

改革创新篇

Reform and Innovation

B.2
适应新形势推进广州经济高质量发展研究

彭建国　朱洪斌　邵猷贵*

摘　要： 我国正处在转变发展方式、优化经济结构、转换增长动力的攻关期，结构性、体制性、周期性问题相互交织，"三期叠加"影响持续深化，经济下行压力加大。深入分析广州经济运行情况，把握国内外发展环境变化，有助于我们坚定信心、迎难而上，推进广州经济高质量发展。2019年，广州坚持稳中求进工作总基调，统筹推进稳增长、促改革、调结构、惠民生、防风险、保稳定各项工作，经济运行稳中有进、稳中提质。同时，广州仍处于新旧动能转换的重要关口，仍然面临实体经济困难突出、投资增速高位放缓、外贸出口增长乏

---

* 彭建国，广州市人民政府研究室综合处处长、一级调研员，长期从事宏观经济、政策咨询研究；朱洪斌，广州市人民政府研究室综合处副处长，从事产业经济、区域经济等研究；邵猷贵，广州市人民政府研究室综合处二级主任科员，从事政策咨询研究。

力等不容忽视的问题。2020年,广州应聚焦重点、精准发力,加大"六稳"工作力度,全面落实"六保"任务,努力推进经济高质量发展。

关键词: 经济　高质量发展　广州

2019年12月,中央经济工作会议深刻指出,我国正处在转变发展方式、优化经济结构、转换增长动力的攻关期,结构性、体制性、周期性问题相互交织,"三期叠加"影响持续深化,经济下行压力加大。但是,稳中向好、长期向好的基本趋势没有改变。深入分析广州经济运行情况,把握国内外发展环境变化,有助于我们坚定信心、迎难而上,推进广州经济高质量发展。

一　2019年广州经济运行特点

2019年,广州市在省委、省政府的坚强领导下,坚持稳中求进工作总基调,统筹推进稳增长、促改革、调结构、惠民生、防风险、保稳定各项工作,经济运行稳中有进、稳中提质。实现地区生产总值2.36万亿元,同比增长6.8%,增速分别高于全国、全省0.7个和0.6个百分点(见图1)。在减税降费背景下,来源于广州地区财政一般公共预算收入6336亿元,增长2.1%;地方一般公共预算收入1697.2亿元,增长4%。

从"六稳"角度看,广州市坚持稳字当头,全面贯彻落实国家、省一系列"六稳"政策措施,多措并举防风险稳增长,发展"稳"的基础不断夯实。

稳就业方面。高校毕业生、退役军人、失业人员等重点人群稳定就业,全年新增就业33.73万人,完成年度目标任务的168.7%。城镇登记失业率2.15%左右,分别低于全国、全省1.47个和0.1个百分点。"粤菜师傅""南粤家政""广东技工"等工程稳步推进。广州选手在第45届世界技能大赛获得的金牌总数占全国的1/4、省的一半。

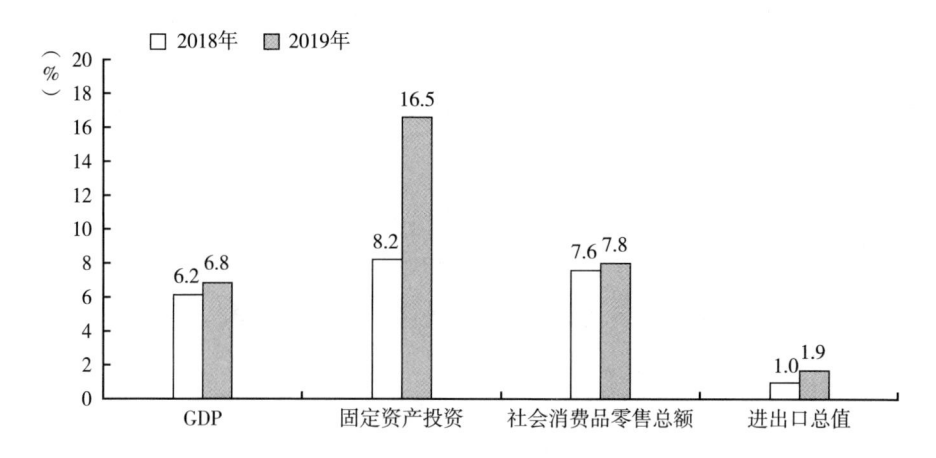

图1 2018年、2019年广州市主要经济指标增速对比

稳金融方面。银行本外币存贷款余额10.62万亿元，增长11.2%。银行业金融机构不良贷款率0.94%，分别低于全国、全省1.12个和0.31个百分点。市属国有企业资产负债率74%（不含金融业为59.5%）。网贷平台平稳退出。政府存量债务有序化解。各项风险指标均处于较低水平。

稳外贸方面。外贸进出口总值9995.81亿元，增长1.9%，增速高于全省2.1个百分点。跨境电商进出口总规模444.4亿元，增长80.1%，居全国第一。对欧盟、日本进口总值均保持两位数增长。

表1 2019年广州市对主要国家和地区进出口总值及其增长速度

国家和地区	出口总值（亿元）	比上年增长（%）	进口总值（亿元）	比上年增长（%）
香港地区	727.92	-10.0	38.81	19.2
美国	692.27	-15.7	398.92	-18.7
欧洲联盟(28国)	817.66	0.9	821.67	30.0
东盟	752.33	-5.2	566.05	12.4
日本	234.41	-5.9	960.95	21.7
韩国	108.84	-8.6	588.74	11.0
俄罗斯	85.04	7.2	12.36	-13.3

稳外资方面。新落户世界500强企业5家，新设外商直接投资企业3446家。投资总额5000万美元以上的大型外商投资项目183个，占全市合同外资总额的75.2%。实际使用外资71.43亿美元，增长8.1%，增速分别高于全国、全省5.7个和3.2个百分点。

稳投资方面。固定资产投资6920亿元，增长16.5%，增速分别高于全国、全省11.1个和5.4个百分点（见图2）。新落地百亿元以上产业项目25个。发行政府债券346.25亿元。企业发债111亿元，获得国务院企业债券"直通车"奖励。

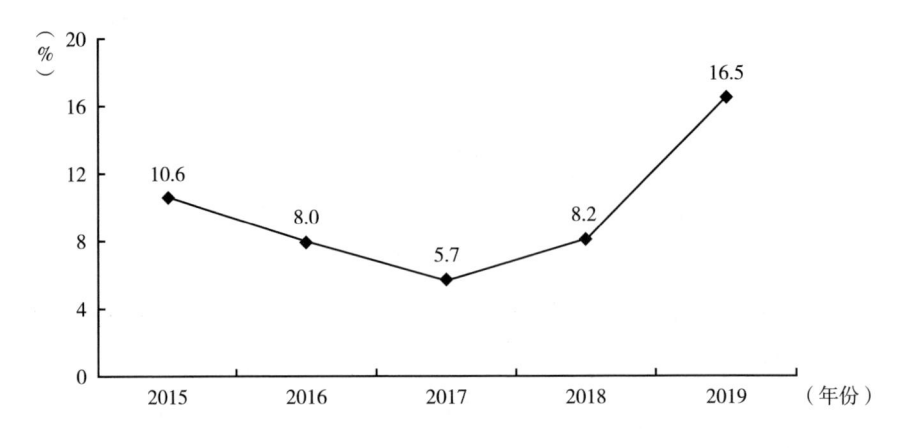

图2 2015~2019年广州市固定资产投资增长速度

稳预期方面。全面落实国家减税降费政策，新增减税621.7亿元，减轻企业和个人社保缴费67.81亿元。举办3场（次）民营企业家恳谈会，协调解决企业诉求81项。完成年度清理拖欠民营中小企业账款任务。新增市场主体44.26万户，其中企业32.13万户，增长15%，增速高于全省11.05个百分点，日均新增企业880户。

从经济运行特点看，广州市认真落实高质量发展要求，着力推动经济发展质量变革、效率变革、动力变革，发展"进"的态势更加明显。

一是"新"的动能更加强劲。新经济加快成长，新旧动能接续转换，经济发展韧性和动力日益增强。新产业不断壮大。高技术制造业增加值增长

21%，在规模以上工业中的比重比上年提高2.8个百分点，对全市规模以上工业增长贡献率达57.2%。新一代信息技术、人工智能、生物医药等战略性新兴产业增加值增长7.5%。其中，医疗仪器设备及器械制造业工业总产值增长53.5%。生物药品制造业、智能消费设备制造业和工业机器人制造业产值分别增长23.7%、9.6%和9.8%。新业态快速发展。限额以上批发和零售业实物商品网上零售额增长12.9%。限额以上住宿和餐饮业通过公共网络实现的餐费收入增长1.7倍，对全市餐费收入增长的贡献率达到83.6%。全年邮政业务总量增长30.0%，快递业务量增长25.3%。保税物流进出口总值达1120.6亿元，增长24.8%。新产品增长迅猛。新能源汽车保持高速产出，产量增长1.1倍。新一代信息技术产品中，液晶显示屏产量增长12.5%；智能手表、智能手机、智能手环、平板电脑等智能化产品产量分别增长2.4倍、2.2倍、18.3%和68.4%。新材料产品中，锂离子电池产量增长32.1%。高性能装备类产品中，医疗仪器设备及器械增长26.5%。

二是"优"的结构更加凸显。从供需两侧推进结构性改革，充分激发市场活力和社会创造力，推动经济发展更有效率、更可持续。三次产业比重为1.06∶27.32∶71.62（见图3）。投资结构持续优化。国有投资增长36.1%，比上年提高6.6个百分点。民间投资增长27.8%，比上年提高36.9个百分点。投资三大领域中，基础设施投资增长24.5%，房地产开发投资增长14.8%，工业投资增长9.1%。消费结构不断升级。社会消费品零售总额增长7.8%，增速提高0.2个百分点。限额以上日用品类、粮油食品类、中西药品类商品零售额分别增长17.5%、9.9%和34.0%。品质化类消费增长势头好，限额以上化妆品类和金银珠宝类商品零售额分别增长14.8%和28.9%。现代服务业增势良好。现代服务业增加值增长9.3%，在服务业中的比重比上年提高0.6个百分点。现代高端服务业中的人力资源服务业增长35.2%。综合管理服务和组织管理服务业分别增长11.2%和29.6%，分别提高23.1个和15.6个百分点。互联网和相关服务、软件和信息技术服务业营业收入增长20.3%。

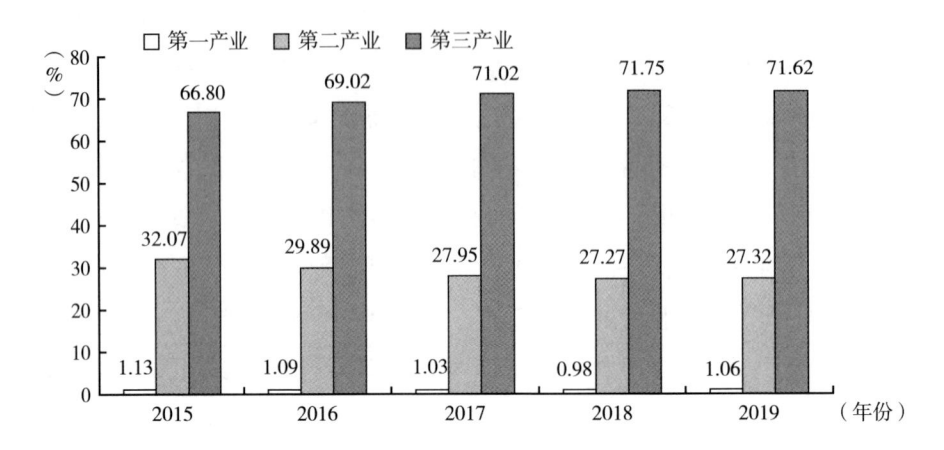

图3 2015~2019年广州市三次产业结构变化

三是"强"的支撑更加坚实。着力抓当前、打基础、利长远，为经济发展创造更广阔空间、提供更强大支撑。创新引领发展能力增强。研发经费支出在GDP中的比重提高到2.8%，高新技术企业突破1.2万家，科技型中小企业入库数量连续两年居全国主要城市第一，专利、发明专利授权量分别增长16.7%和13.2%，技术合同成交额1273亿元，增长77%。在全球创新集群百强城市中的排名由2018年的第32位提升到第21位。重大平台集聚作用初显。"一区三城十三节点"加快布局，推进琶洲人工智能与数字经济试验区扩容提质。完成首批十大价值创新园区控制性详细规划和产业发展规划，集聚企业超过3700家，初步形成多点支撑、协同发展产业新格局。枢纽能级稳步提升。机场旅客吞吐量7338.61万人次，增长5.2%。港口货物、集装箱吞吐量分别为6.27亿吨和2322.3万标箱，分别增长12.3%和6.0%。新增地铁37公里，运营里程突破500公里。营商环境日益优化。政府和社会投资工程建设项目审批时间分别控制在85个、35个工作日，审批效率居全国前列。外商投资企业备案缩短至1个工作日。企业获得电力便利度国际领先，不动产过户1小时、抵押登记1天办结。率先实施商事登记确认制和"跨境通"、信用联合奖惩"一张单"。营商环境综合评分居全国主要城市前列。

四是"高"的质量更加明显。坚持新发展理念，在多重目标中寻求动态平衡，让发展成果更多更公平惠及全体市民。民生优先导向强化。全市公共财政民生支出1947.6亿元，增长13.7%。基本建成棚户区改造住房1.76万套，向住房困难群体提供公租房7000多套。居民医保扩面完成率107.7%。居民收入持续增加。城镇常住居民和农村常住居民人均可支配收入分别为65052元和28868元，分别增长8.5%和10.9%。企业退休人员养老金提高到每人每月3586元。城乡低保标准、孤儿养育标准分别提高到每人每月1010元、2406元。消费形势总体平稳。全年居民消费价格指数（CPI）同比上涨3%。扣除食品和能源之后的核心CPI上涨2.1%，涨幅同比降低0.2个百分点。生态环境持续改善。单位生产总值能耗完成年度节能目标任务，其中单位工业增加值能耗下降7.5%。城市更新九项重点工作扎实推进，释放用地空间29.8平方公里，新增绿化面积459万平方米、公共服务及配套设施249万平方米。国家督办的147条黑臭水体消除黑臭。全市$PM_{2.5}$平均浓度30微克/米^3，连续三年达到国家二级标准。

在肯定成绩的同时，我们也清醒地看到，广州市仍处于新旧动能转换的重要关口，经济运行稳中有忧、压力不减，仍然面临一些不容忽视的问题。

一是实体经济困难突出。工业生产者购进价格（IPI）和出厂价格（PPI）持续走弱。工业增长乏力，规模以上工业增加值增长5.1%，同比回落0.4个百分点。

二是投资增速高位放缓。总体投资虽然保持较快增长，但逐季下滑，回落态势明显，上半年增长24.8%、三季度增长21.1%、全年增长16.5%（见图4）。

三是外贸出口增长乏力。受国际形势和市场采购出口大幅下降影响，全年外贸出口下降6.1%，降幅同比扩大2.9个百分点。中美贸易摩擦整体形势没有明显改善，特别是美国第一批针对制造业关税政策并未松动，部分外向型企业获取订单难问题依然存在，2020年出口将继续承压。

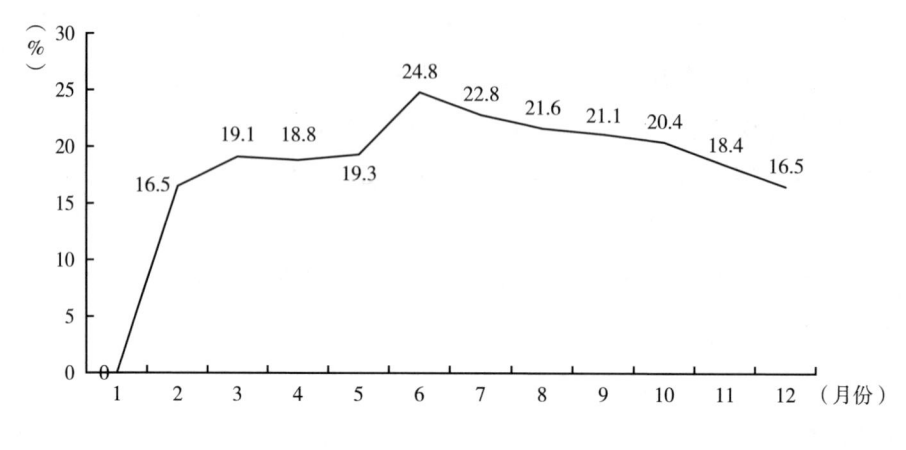

图 4　2019年广州市固定资产投资增长速度

二　2020年经济环境分析与预测

（一）国际环境

2020年，外部环境仍然复杂严峻，全球多边体系面临挑战，大国博弈加剧，中东局势、英国脱欧等不确定性因素增多。特别是新冠肺炎疫情对全球制造业、服务业、居民信心、社会治理等造成全方位冲击，主要机构均下调了2020年全球经济增速预期。一是新冠肺炎疫情对全球经济带来巨大影响。新冠肺炎疫情通过对社会及其正常运行体系的冲击，使得实体经济停摆，需求大幅下降，供给受到极大冲击，造成国际金融市场和大宗商品价格波动增大。特别是对已经形成的相对完整的全球供应链、生产链、价值链的冲击，有可能导致汽车制造、电气电子、医药等市场状况较好的行业供应链断裂和错位，对世界经济造成长期的、不可逆转的损害。二是中美签署第一阶段贸易协议有利于稳定企业预期，缓解广州市对美出口压力。但中美贸易摩擦有向技术、金融等领域蔓延趋势（如从1月6日开始美国限制人工智能软件出口），虽然一定程度上可倒逼生产本土化、催生技术创新，但也带来多方面负面影响，对紧缺高端人才和核心技术引进造成一定阻碍。三是

RCEP（《区域全面经济伙伴关系协定》）和中日韩自贸区谈判步伐加快带来新机遇。随着 RCEP 和中日韩自贸区谈判步伐明显加快，广州市与相关国家经贸往来密切，将迎来新的发展机遇。RCEP 签署将为广州市电子、装备制造、纺织服装、家具等产业带来更大市场。韩国、日本是广州市的第二、第三大外资来源地，接下来有望进一步增加。汽车和面板产业在日、韩均面临空间、人力资源等限制，广州市有望迎来新的项目和技术资源。

（二）国内环境

中央经济工作会议对 2020 年经济工作作出部署，释放了一系列政策利好，为广州市实现经济平稳健康发展提供了新的发展机遇。一是国家全力推进粤港澳大湾区建设，加快完善区域政策和空间布局，提高中心城市和城市群综合承载能力，将为广州市加速与港澳规则"软联通"和设施"硬联通"，谋划布局建设重大科学装置、重大产业项目、重大基础设施互联互通提供更好机遇。二是国家加快布局 5G 网络、数据中心等新型基础设施建设，将极大提升广州市基础设施建设水平，为广州市谋划推进一批新的重大项目建设创造良好条件。三是国家提出积极的财政政策要大力提质增效，更加注重结构调整，稳健的货币政策要灵活适度，保持流动性合理充裕，把资金用到支持实体经济特别是中小微企业上，将有利于缓解广州市民营和中小微企业融资难、融资贵问题。四是国家提出对外开放往更大范围、更宽领域、更深层次的方向走，加强外商投资促进和保护，继续缩减外商投资负面清单，将为广州市加大引智引技引资力度，推进南沙自贸试验区、中新广州知识城等开放平台建设营造良好环境。

（三）条件分析

2020 年广州市发展具备一些新的有利条件。一是"四个出新出彩"政策加快落地。省支持广州推动"四个出新出彩"行动方案部署的 22 个方面任务将全面落地，打造国家服务型制造示范城市和全球定制之都，共建穗港智造特别合作区、广州期货交易所、粤港澳大湾区国际商业银行等重大举措加快推进，将为广州市发展凝聚新优势。二是科技基础设施产生效应。中科院明珠科学园等重大平台、人类细胞谱系等大科学装置项目、人工智能与数字经济（广州）等省实验室陆续投入使用，一批国家级企业技术中心、工程研究中心成立，"实验室经济"将成为广州市创新型经济发展的新亮点。三是"四新"经济基础进一步夯实。广汽新能源智能生态工厂、乐金显示OLED、百济神州等多个项目投产，金融、医疗、汽车、智能制造、建筑等领域为人工智能、区块链、5G等新技术开辟应用场景，数字娱乐、"网红经济"方兴未艾，新产业、新业态、新模式快速壮大将为广州市经济高质量发展注入新动力。

三 推动经济高质量发展的对策建议

面对国际国内严峻的经济形势，全面建成小康社会硬任务和城市的国际国内坐标、世界方位，广州应危中寻机、聚焦重点、精确保障、精准发力，加大"六稳"工作力度，全面落实"六保"任务，把因疫情减少的时间、影响的产值、耽误的进度抓紧补回来、追上去，把因疫情孕育的新技术新产业新业态新模式牢牢抓住、做大做强，努力跑出经济社会发展的加速度、完成质量效益的大跨越。

（一）聚焦夺取疫情防控和经济社会发展"双胜利"，加快建立与疫情防控相适应的经济社会运行秩序

科学精准做好疫情防控。积极稳妥应对境外疫情蔓延和复工复学、重大节假日人员聚集带来的风险挑战，健全及时发现、快速处置、精准管控、有效救治的常态化防控机制。把严防境外输入作为疫情防控的重中之重，筑牢口岸检疫防线，快速精准识别和管控风险点、风险源，做好入境人员分类转运、集中隔离、生活服务和健康监测，形成疫情防控闭环。继续压实疫情防控社区党组织、村居、业委会、物业公司属地责任和机关、企事业单位主体责任，确保疫情不反弹。

推进全面复工复产达产。围绕产业链受损、供应链受阻、资金链紧张等问题,用足用好各级扶持政策,抓重点、补断点、疏堵点、优服务、解难题、强预期,稳住经济基本盘。全面落实"五个一"工作机制,及时协调解决企业用工、原材料、零部件、物流、资金等要素保障问题。加强区域间上下游产销对接,加大补链稳链强链力度,促进产业链协同复工复产达产。出台减税降费等系列政策措施,切实为企业减负纾困。

(二)聚焦实现经济增长目标任务,千方百计释放内需潜力

多渠道扩大有效投资。着眼于推动高质量发展和更好满足人民群众美好生活需要,引导各类资本加大新基建投资力度。推进5G网络全覆盖。全面铺开智慧灯杆和充电桩建设。加快人工智能、区块链等技术在道路交通、停车场等传统基础设施数字化改造中的应用。开展重点项目"攻城拔寨"行动,全力推进重点项目建设。积极争取地方政府专项债支持,推动企业扩大发债融资规模,鼓励金融机构发行疫情防控债,为项目建设提供资金支持。

促进消费回补和潜力释放。出台促进政策,提振汽车、家电等大宗消费。倡导健康消费方式,扩大绿色食品、药品、卫生用品、健身器材的生产销售。开展服务业复苏行动,促进零售、餐饮、会展、交通、物流、文化旅游、健身体育等市场尽快回暖、步入正轨。打造一批夜间经济集聚区和花城"网红打卡地",继续办好国际美食节、国际购物节等特色品牌活动。推进北京路步行街升级改造,推动天河中央商务区、白鹅潭中心商务区等重点平台能级提升,支持发展智能化、场景化、体验式零售和直播电商等新业态新模式,打造国际时尚之都和国际消费中心。

(三)聚焦增强区域发展核心引擎功能,全力推进粤港澳大湾区建设

共建粤港澳大湾区创新高地。推进大湾区科技人员往来畅通、财政科研资金跨境使用、科研仪器设备通关便利、大型科学设施和科技资源共用共

享、科技园合作共建。深化与港澳生物医药科技创新合作，联合港澳高校设立相关实验室、工程中心和创新中心。鼓励与港澳资本联合成立创投基金，建立适应科技成果转化需求的信贷、保险机制。

推动设施联通机制融通。加快大湾区城市群轨道交通互联互通，推进一批城际轨道项目建设。推动实现大湾区城际公交化。加快与港澳营商环境、金融、民生、质量标准等领域规则对接任务落地落实。推进旅游、卫生、教育、会计、专利代理、仲裁等职业资格互认。

加快产业协同发展。实施协同构建大湾区现代产业体系行动计划。深化穗港澳服务贸易自由化，规划建设粤港澳专业服务集聚区等合作平台。推进金融创新，大力发展资产管理、科技金融、跨境投融资服务、金融要素交易。推动放宽港澳投资者来穗设立银行、证券、保险等持牌金融机构准入条件。

推进民生互惠合作。推动港澳居民出入境证件数据兼容共享和便利化使用。实施港澳青年来穗发展"5乐"行动计划，建设港澳青年创新创业示范基地。放宽港澳来穗办医准入条件。加强穗港澳教育交流合作。推动粤港澳游艇自由行。完善大湾区"菜篮子"平台功能，打造全国优质农产品加工进出口集散地。

（四）聚焦激活蛰伏的发展潜能，加快构建开放型经济新体制

打造全球营商环境新标杆。把营商环境改革作为各级各部门"一把手工程"，全面实施营商环境3.0改革。推行企业投资项目承诺制，推进"一件事"主题套餐服务。加强信用分级分类监管，推行"信易+"便企惠民举措，构建弹性包容的新经济审慎监管制度。坚持科技赋能，加快立法保障，做好对标世界银行评估改革。针对办事手续、时间、成本等方面存在的问题，聚焦补短板强弱项，争取后来居上；针对获得电力、办理建筑许可、跨境贸易、执行合同、办理破产等具备创一流的指标，聚力扬优势强强项，争创"广州样本"，加快打造全球企业投资首选地和最佳发展地。

推进各种所有制经济共同发展。激发国资国企发展活力。构建以管资本为主的国资监管体制，深化国有资本投资、运营公司和"双百企业"综合改革。深化混合所有制改革，支持相关企业加快上市。完善国企市场化运作机制，扩大集团层面职业经理人试点。增强民营经济发展动力。推动民营企业家参与涉企政策制定，动态优化支持民营经济政策举措。强化民营企业和民营企业家合法权益保护。健全要素市场运行机制，加强公平竞争审查和反垄断工作。实施中小企业品牌质量提升工程，加强专精特新、小升规企业梯度培育，促进大中小企业融通发展。

推动外经贸提质增效。大力发展外贸新业态，推进跨境电商综合试验区建设，争取扩大市场采购贸易试点区域，拓展商品保税展示交易。建设全球飞机租赁中心、汽车国际贸易中心。推动举办广州产品海外展，支持企业设立海外营销网络平台，开拓多元出口市场。积极扩大进口，支持南沙保税港区申报国家级进口贸易促进创新示范区。推动金融等服务业扩大开放。加大引智引技引资力度，瞄准产业链关键环节和行业领军企业，着力引进和储备一批引领性、带动力强的大项目好项目。

（五）聚焦增强产业链韧性和竞争力，打好产业基础高级化、产业链现代化攻坚战

强化高端产业引领功能。以实施制造业结构优化、技术创新、基础升级等"八大提质工程"为牵引，大力发展汽车及汽车电子、集成电路、生物医药、超高清视频、软件和信息技术创新应用等先导产业，加快构建更具竞争力的现代产业体系。大力发展数字经济，重点规划建设全省首批5G产业园，推出一批特色应用场景，推动"5G+"应用示范，促进区块链技术在数字金融、物联网、智能制造等领域的应用，打造国家区块链先行示范区。大力发展生物医药产业，聚焦临床救治和药物、疫苗研发、检测技术和产品，病毒病原学和流行病学，动物模型构建等主攻方向，构建生物安全产业体系。加快建设集成电路公共服务平台，实施"强芯"工程，培育引进一批设计、制造、封装和测试等行业龙头企业。推进超高清视频和智能家电产

业集群发展。

强化现代服务业支撑功能。推动生产性服务业向专业化和价值链高端延伸、生活性服务业向高品质和多样化升级。加快建设国际金融城、南沙国际金融岛、海珠广场文化金融商务区。推广复制绿色金融改革创新经验，加快发展供应链金融。推动专业服务业提升能级，大力发展专业服务平台经济，支持网络协同设计、虚拟仿真、在线三维打印等加快发展。发展现代物流与供应链管理，提升广交会辐射面和影响力，推动海丝博览会升格为国家级展会。放宽市场准入，引导更多社会资本进入健康、养老、育幼、家政、体育等领域，提升多层次多样化供给能力。支持发展互联网医疗、在线办公、在线教育、数字娱乐等新业态新模式。

（六）聚焦增强科技创新策源功能，加快建设科技创新强市

强化创新平台建设。推进人类细胞谱系、冷泉系统、高超声速风洞、极端海洋科考设施等4个大科学装置预研项目立项。加快建设南方海洋科学与工程、再生医学与健康、人工智能与数字经济等省实验室。积极承接国家和省重大科技专项，实施新一批重点领域研发计划，突破一批"卡脖子"关键核心技术。

优化创新生态环境。开展合作共建新型研发机构经费负面清单管理试点。探索赋予科研人员科技成果所有权或长期使用权。建立严格的知识产权保护制度，优化知识产权运营服务，加快创建知识产权强市。深入实施广聚英才计划，开展技术移民试点，打造国家级人力资源服务产业园。发挥科技成果产业化引导基金作用，推动企业与多层次资本市场有效对接。

提升企业自主创新能力。分层分类培育和服务科技创新企业，打造一批创新型企业集群。支持大中型骨干企业建设技术创新中心、企业研究院和重点实验室。持续实施高新技术企业树标提质行动，支持高新技术企业挂牌上市，促进企业数量和质量稳定增长。提升科技型中小企业"办大事"能力，培育一批具有长期发展潜力和核心竞争力的隐形冠军。

B.3 "老城市新活力"背景下广州优势传统行业供给侧改革对策研究

广州市工商联课题组*

摘　要： 让老城市焕发新活力，是习近平总书记对广州的殷殷期许，亦是广州的时代使命。广州拥有体量不小的优势传统产业，要持续焕发新活力，离不开这些传统产业再创新优势。本文以广州优势传统行业为调研对象，通过梳理优势传统行业基本特征和供给侧改革探索路径，针对走访调研中企业反映的困难和问题，从营造良好环境、加大创新支持、降低转型壁垒和发挥商协会作用等方面，提出推动传统优势行业供给侧结构性改革的对策建议。

关键词： 优势传统行业　供给侧改革　产业转型

2018年10月，习近平总书记在视察广东时，要求广州实现老城市新活力。紧扣老城市和超大城市发展的特点和规律，让老城市持续焕发新活力，这是广州承载的期许，亦是广州的时代使命。广州拥有体量不小的优势传统产业，要持续焕发新活力，离不开这些传统产业再创新优势。调研组围绕"老城市新活力"展开，以广州优势传统行业为调研对象，着力调研分析这些行业基本情况、主要特征、供给侧结构性改革探索路径、供给

---

* 课题组组长：余剑春，广州市工商联党组成员、副主席。课题组成员：赵建勤，广州市工商联调研信息部部长；杨超，广州市工商联调研信息部二级主任科员。执笔人：杨超。

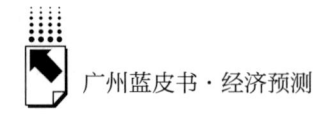

侧改革探索中面临的困难问题,提出推动传统优势行业供给侧结构性改革的对策建议。

一 广州优势传统行业发展情况

传统产业与高新技术产业相对,一般指资本技术密集度较低、劳动密集度较高的产业。优势传统产业往往指一定区域内产业规模较大,集中度较高,存续时间长,拥有一定自主知识产权和自有品牌,在国内外具有较高的市场占有率和知名度,以生产传统产品为主的产业。根据省统计口径,广州优势传统产业主要有纺织服装、食品饮料、家具制造业、建筑材料、金属制品业、家用电力器具制造业等。

(一)优势传统行业基本特征

通过调研走访,广州传统优势行业主要具有如下特征。

1. 发展时间长

这些行业大多改革开放不久后就在广州发展起来,形成一定的规模,并基本抱团成立了行业协会商会(如表1所示)。

表1 广州主要商会及成立时间

商会名称	广州食品行业协会	广州市服装服饰行业商会	广州市家具协会	广州市建筑业联合会	广州市金银珠宝行业商会
成立时间	1985年	1988年	1993年	1993年	1994年

从表1可以看出,这些行业协会商会基本在1990年左右成立,说明这些产业起步时间更早,在1990年左右抱团成立行业协会商会时已经初具规模。

2. 技术趋于稳定

这些传统产业的生产环节和产品构造相对比较简单,经过高速增长和规模扩张之后,现已进入产业生命周期的成熟阶段,行业技术和产业组织都趋于稳定,企业间技术差异并不大,主要体现在生产工艺引进和原材料、工艺等微创新上。

3. 业务增长乏力

受近几年经济增速放缓等因素影响,优势传统行业生产扩张速度减慢,市场需求趋向饱和,社会普及率很高;竞争转向个性化、定制化和体验式等方向,增长乏力(如表2、表3所示)。

表2 广州市部分优势传统行业商品出口总额

	2016年		2017年		2018年	
	总额(亿元)	增长率(%)	总额(亿元)	增长率(%)	总额(亿元)	增长率(%)
服装及衣着附件	664.45	-2.8	792.31	15.9	639.99	-19.2
纺织纱线、织物及制品	186.54	-4.3	225.74	15.8	193.95	-14.1
鞋	114.53	-7.7	156	25.8	136.06	-12.8
钢材	80.61	-13.3	63.33	-31.9	51.29	-19
家具及其零件	171.81	-5.4	186.14	2.5	177.83	-4.5

表3 广州市部分优势传统行业工业品产量

	2016年		2017年		2018年	
	产量	增长率(%)	产量	增长率(%)	产量	增长率(%)
钢材	1025.3(万吨)	55.7	954.86(万吨)	-0.5	793.97(万吨)	-16.3
塑料制品	113.26(万吨)	4.1	118.25(万吨)	2.4	113.12(万吨)	-8.5
服装	5.84(亿件)	0	4.12(亿件)	-22.8	3.19(亿件)	-21.7

从表2和表3可以看出,大部分产品几乎没有增长或者逐渐下滑,尤其是2018年,产量和出口量下滑较快。

(二)广州优势传统行业供给侧改革探索路径

1. 质量提升

处于传统产业的企业通过持续的质量提升,让产品保持市场竞争力,是一种自主式转型，是企业主动地依靠自身的优势实现产品的升级。如白云泵业，被收购前是亏损的水泵厂，被收购后并没有急于扩大生产规模，而是先抓产品质量管理，引进大量设备加强产品制程检验和控制，建立完善的质量管理体系，培养员工的质量管理意识。虽然是传统产业，公司却十分注重研发，取得近百项专利，同时还成为"国家标准起草单位""广州市企业技术中心""广东省工程技术研究开发中心"。曾获"中国机械500强——泵业10强""国家免检产品""中国节能产品""全国用户满意产品"，其自主研发的产品涵盖60余个系列1.5万个规格型号。

2. 供应链优化

有些传统企业，不以技术为核心竞争力，通过控制产品品质、设计和性价比，优化产品供应链，不断优化提升竞争力。比如名创优品公司，前身是做饰品的连锁公司，后来转型为生活用品综合店连锁企业，通过做好产品、做好设计、坚持不赚快钱的永续经营理念，以及强大的供应链把控力保障"优质低价"。为节省成本，它们可以规模化采购、全球布局产业链，以最低成本、高效率的方式组织生产。目前，已经在全球超过80个国家开了3600家店，其中中国2300家、海外1300家，2018年营业收入突破170亿元，并预计以每年50亿元的规模增长。

3. 引入智能制造

传统产业大多劳动密集、生产效率低，进行智能化升级改造，提质增效，也是当前企业供给侧改革积极尝试的一个路径。比如欧派家居集团，作为家居制造行业的领军品牌，欧派积极推动信息化和工业化融合，早在2015年欧派就启动了"欧派制造2025"战略，融合互联网、大数据与人工智能制造。迄今为止，欧派拥有覆盖全国的国际化智能生产基地。目前，欧派集团通过大数据应用，实现了全国所有门店与公司生产智造系统、研发系统、物流系统等有机融合，大大提升了销售效率；定制生产线引入"互联网+工业智能制造"后，通过3D效果、VR为前端的营销理念设计引入，实现了集智能报价、智能加工等于一体的智能化控制。引入AI工厂后，欧派平均每20秒就能完成一套定制家具的生产，比传统的速度提高了几十倍。

定制家具的差错率也大大减少，降至0.01%，这是传统生产技术所不能达到的成绩。

4. "互联网+"转型

互联网思维和经营方式极大地冲击着传统行业，也为传统行业的发展开辟了新的路径。比如广州江南果菜批发市场，本来是一家经营成熟的线下果菜批发平台，市场2018年总交易量达56亿公斤，总交易额达到267亿元，市场荣获亚太地区知名市场、农业产业化国家龙头企业等众多荣誉。面对市场激烈竞争，企业主动探索"互联网+"转型，搭建了专业的B2B平台江楠鲜品，创新农产品流通模式，江楠鲜品的主要赢利手段并不是通过向客户加价赚取中间差额，而是通过为买卖双方提供品控、仓储、配送、营销推广和平台技术等供应链综合服务，从中收取平台服务费。依托企业线下原有的优质货源，得益于多年来的农产品流通经验优势和货源优势，即使在生鲜电商市场遇冷的今天，依然取得了蓬勃发展的成绩。

5. 抱团式转型

有些行业技术共性强、销售模式的趋同性强，企业单打独斗力量薄弱，想要依靠个体力量在行业进行供给侧改革尝试较为困难，这类行业的企业抱团合作进行转型探索的可能性比较大。比如广州服装行业的部分企业抱团成立广州市大湾区现代服装技术与产业发展研究院，为大湾区中青年创业创新人才培养和行业新零售新模式发展提供全方位服务，虽然目前刚刚成立，已聘请吸纳了国际国内高等院校、机关团体、行业组织等社会各界高级人才，成立了强有力的智库，走出了抱团探索行业转型的坚定一步。

二 供给侧改革探索遭遇的瓶颈

（一）观念和发展思维相对滞后

一方面企业家观念相对滞后，表现为"两不愿"。一是大多数企业还怀念过去相对竞争小、赢利容易的时代，少有潜心研究技术改进和管理提升；

二是制造业企业进行数字化、智能化改造前期投入成本较高，短期回报率低，企业内驱力不足。

另一方面企业信心不足，表现为"三怕"。一怕传统企业面临的"两价"（原材料进价和资源环境代价）、"两金"（薪金、租金）、"三率"（利率、税率、费率）压力不断加大，七种因素叠加推动企业成本直线上升，企业赢利能力相应下滑，安于中低端研发，不敢向中高端研发。二怕受到逆全球化等影响，国内外市场有效需求不足，企业产能出现过剩苗头，导致投资信心下滑或者在脱实向虚的大浪中渐行渐远。三怕行业信誉度下滑，由于行业整体增长乏力，一些中小企业经营不善可能存在跑路现象，影响了行业长期以来建立的信任度，增加了行业内的交易成本。

（二）企业转型能力参差不齐

1. 处于产业链中低端，可替代性强

大部分优势传统企业处于产业链的中低端，企业赢利能力和议价能力不强。比如有些金属制品企业，只是帮大型车企加工制造一些非核心部件，产品技术含量不高，附加值偏低。有些服装企业，虽然有自有品牌，但品牌知名度不高，产品同质化竞争严重，产品跟风搭车销售普遍存在，发展后劲受限。随着竞争愈演愈烈，感受到的市场压力越来越大。

2. 科研人员招人难、留人难

调研中，这类企业普遍反映科研人员招人难、留人难的问题。这些企业大多在非中心区域，工作地点相对偏远，企业规模不大，办公环境一般，能提供的待遇也相对不高，科研人员在各企业间流动性大，研发人员缺乏职业安全感和归属感，不利于科研人员沉淀下来专心创新和研发。

3. 科技创新能力薄弱

主要表现为产业低端、资源低配、质量效益不高，高新技术产业增加值占比低，规上工业企业拥有自主创新能力占比少，研发经费投入不高，关键核心技术依赖引进，仅仅依靠自身能力难以实现网络化、数字化、智能化等转型。

4. 对工业互联网、智能制造等了解不多

这些企业家大多在传统行业耕耘多年，其与新经济企业深层次对接不够，与新经济企业沟通不足，对新技术了解不深，对新业态理解不透；对如何依托工业互联网、智能制造等对企业进行供给侧改革的理解不深入；对如何与新经济企业深度融合的思考欠缺，而工业互联网、智能制造、新经济等是传统优势行业供给侧改革的重要依托。

（三）转型面临资金压力较大

1. 企业自有资金不充裕

这类企业虽然大多打拼多年，但基本都是从事实体行业，积累的利润不多，且实体行业非常依赖持续扩大投入来扩大再生产，很多企业多年来积累的利润，很大部分又投入到厂房扩建、生产线更新中，积累的净利润并不多，没有足够的资本和能力来抵御智能化等大跨步转型可能带来的风险。

2. 传统实体企业融资难

融资难问题是传统实体企业老生常谈的问题，这类企业融资方式比较单一，缺少知识产权质押融资，也不会受到风投的青睐，主要依靠向银行借款，受抵押物限制，可融资量较少，面临资金压力较大，不敢轻易转型。中小企业所获银行贷款利率大多是基准利率上浮，加上抵押物评估费、担保费、会计审计等中间费用，整体利率水平超过10%，民间贷款利率更是高达20%以上。由于融资难和自有资金不足，而企业研发投入需要大量资金，不少企业倒在了转型的路上。

（四）知识产权维权困难

知识产权作为企业竞争的核心要素，是企业保持持续创新能力和竞争优势的重要资源。近年来，广州在知识产权运用和保护方面做了大量工作。2014年广州知识产权法院挂牌成立，2016年7月，国务院正式批复同意在广州开发区中新广州知识城开展知识产权运用和保护综合改革试验，知识产权交易、抵押融资和证券化等都进行了有力的探索且成效显著，在打击侵权行为的力度方面也不断加强。但是新产品易被模仿，对"一窝蜂式的侵权行为"缺少有效的打击和遏制方法。"新产品易被仿冒"是转型升级企业普遍的困扰，往往因为仿冒者众多，不知道该起诉谁，导致侵犯知识产权的违法成本太低，甚至几乎没有成本，而企业打假维权成本较高，必然严重挫伤企业创新的积极性。可以说，在传统产业转型升级过程中，社会的知识产权保护意识、法律意识、商业机密意识也面临着转型升级的挑战。但目前对"一窝蜂式的侵权行为"，面临维权难、费用高、赔偿低等问题，影响了企业创新求变的积极性。

（五）政策支持力度不足

1. 政策关注度不够

近年来，广州市顺应高质量发展的要求，大力发展新一代信息技术、人工智能、生物医药产业和新能源、新材料产业，这充分体现了市委、市政府对经济发展大势的深刻准确把握。但是有些传统优势产业中的中小企业也希望能得到市委、市政府的重视，希望在自主研发、技术改造、政府采购等方面予以支持，以使传统优势行业也能继续为广州经济发展注入动力和活力。这些传统优势行业中的中小企业负责人普遍反映受重视程度不够，如果市委、市政府在重视信息技术、人工智能、生物医药等产业的同时也多重视这些传统优势产业，这些产业在全国乃至全球的优势将更加明显。

2. 共性技术供给有限

大多数传统优势行业依靠引进生产设备快速崛起，这些行业的企业往往注重加工制造，技术研发、产品设计人才稀少，R&D 比例极小，产品科技含量低。在技术改造中，往往依靠购买设备和引进生产能力，或者寻找研究机构合作研制设备，走引进、消化、吸收再创新道路的企业不多，行业整体技术更迭偏慢，共性技术供给不足，行业容易受到市场冲击，供给侧改革之路也比较艰难。

三　推动传统产业供给侧改革的政策建议

供给侧改革要求产业结构转型升级从供给侧入手，从企业端发力，加大改革力度，大力转变企业家观念，优化供给侧结构体系，突破传统的人力密集型、资源密集型供给约束，进而向技术密集型升级，推动传统产业焕发新的活力。

（一）加强宣传指引，营造良好环境

一是组织企业宣传推介工程。组织工业互联网企业、智能设备制造企业和与传统产业有融合发展诉求的新经济企业等到传统企业宣讲推介、面对面交流，促使传统行业的企业家对借助工业互联网、智能制造、新经济企业等进行供给侧改革的认识和认同。二是积极宣传融合发展的优秀企业和成功案例。发挥主流媒体的宣传作用，在报纸、电视、广播和网络等媒体上开辟专栏，宣传推广广州市融合发展的优秀企业和成功案例。利用微信、微博等大力宣传中央和省市鼓励融合发展的各项举措，增强企业信心，营造浓厚氛围。通过宣传引导，让传统行业的企业家认识到，传统和新兴是相对而言的，新旧动能是叠加，而不是替代；传统制造业与新型智能制造是融合，而不是对立，依靠供给侧结构性改革，传统制造业同样能够实现优化升级。三是有针对性地开展企业家和"创二代"培训，大力弘扬工匠精神和创新精神。开展企业家和"创二代"能力素质提升工程，既"请进来"又"走出去"地开展教育培训，通过考察交流、参观展会、沙龙座谈等活动，开阔、拓展企业家眼界和思维。

（二）加大创新支持，提升转型能力

一是加大共性技术供给。强化制造业技术创新平台建设，鼓励智库开展构建优势传统产业可持续自我进化集群的研究，围绕优势传统行业转型升级的重大共性需求，形成一批制造业创新中心。积极推动有条件的企业申报设

立研发机构和公共服务平台，联合高校和科研院所，开展共性关键技术研发、科技成果孵化及产业化推广等。对将共性技术向行业赋能，推动行业整体转型升级的企业重点给予奖励。支持行业内中小企业与高校、科研院所等组织创新联合体，联合为行业整体转型升级开展攻关研究，既解决单个企业单打独斗研发能力不足问题，又解决高校、科研院所研究成果与市场脱节问题。

二是加大支持技改投入力度。把加大工业技改投入、加快智能化改造作为主攻方向，以工业互联网平台为载体，融合应用"互联网+""大数据+""机器人+"，扶持推广智能制造、协同制造、绿色制造等现代制造模式，大力推进精益生产、精细管理，每年培育数十家企业建设智能工厂，数百家企业"上云上平台"，促进优势传统产业应用先进技术装备，优化工艺流程，不断提高人均劳动生产率与科技进步贡献率。

三是加大知识产权保护力度。探索知识产权快速维权新模式，提供以知识产权纠纷调解和维权援助为主的相关公共服务，包括知识产权保护业务咨询、维权指引、纠纷调解、侵权分析、鉴定评估、监测预警等专业服务。推进侵犯知识产权行政处罚案件信息公开，完善知识产权维权援助与举报投诉工作，将故意侵犯知识产权行为情况纳入企业和个人信用记录。积极引入侵权惩罚性赔偿制度，有效打击知识产权重复侵权、故意侵权等行为。建立知识产权维权基金，降低企业维权成本。建议从每个知识产权侵权案件的赔付金中，以自愿为原则，提取一部分经费，政府再补贴一部分，设立知识产权维权基金，支持被侵权企业开展诉讼，帮助降低企业维权成本。

（三）缓解转型资金压力，降低转型壁垒

一是加大融资支持。设立转型专项基金，政府牵头联合各大银行、大型企业建立优势传统产业转型基金，加大对传统优势产业的信贷扶持。构建政银企常态化协作机制，加强政银企常态化对接，进一步优化细化科技信贷政策，简化放贷手续，明确利率区间。加大力度支持各区政府牵头设立政策性

融资担保机构,鼓励商业性融资担保机构做大做强,大力推进担保体系建设,完善再担保功能;充分调动市属商业银行积极性主动性,为优势传统产业的企业提供创新型融资产品;鼓励金融机构推出无还本续贷等特色金融服务。协调金融机构压缩放贷、续贷的环节和时间,完善融资抵押条件,规范融资中介收费,减少融资时间成本,稳定企业信心。建立融资辅导机制,引导不同发展阶段、不同类型的企业,合理安排融资结构和负债期限结构,审慎控制杠杆率,避免"短债长用"和流动性风险。加快社会信用体系建设,尽快破解信息不对称难题。

二是设立转型纾困专项基金。为激励优势传统企业放心转型升级谋发展,可设立转型纾困专项基金,主动对接更多市场主体参与其中,广泛借助社会资本力量,更好地帮助转型过程中遇到短期流动性困难的企业,重点支持企业重大产业项目建设、关键技术研发、重大创新成果产业化、重大创新平台建设、市场应用示范、标准制定等,帮助渡过阶段性难关,坚定企业发展信心。对转型过程中有特殊困难不能按期缴纳税费的优势传统企业,允许延期半年到1年缴纳,缓解企业资金压力。

(四)充分发挥商协会作用,服务行业供给侧改革

一是建立市领导密切联系行业协会商会工作机制。市领导联系一家企业,只能关心一家企业,联系一家商会,可能关心关注到成百上千家企业面临的共性困难,并帮助予以协调解决。建议把引导和支持行业协会商会在供给侧改革中发挥其独特作用列入重要议程,建立市领导挂点联系服务行业协会商会工作机制,每位领导挂点联系2~3家商会,以走访、座谈、调研等方式了解商会及会员企业供给侧改革发展情况,听取商会收集的企业的困难和建议,推动解决发展困难。

二是发挥商会的行业服务和引领作用。建立对商会组织奖励常态机制,激发争先创优热忱,鼓励商会提出促进行业发展、完善行业管理等方面的发展规划,支持商会建设为推动行业供给侧改革服务,鼓励商会创建"会员互助服务平台""科技成果转化服务平台""项目建设投融资对接服务平台"

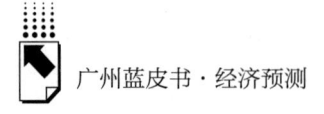

"股权上市一站式服务平台"等公共服务平台，发挥商会服务企业、规范行业、发展产业的重要作用。

三是鼓励商协会倡议在行业内为研发人才提供更宽松的工作环境。发挥行业协会商会的倡议引导作用，鼓励支持行业内企业开展研发机制创新，在企业内部营造舒适的科研环境和浓厚的学术氛围，为科研人员提供良好的工作和生活环境。比如日本企业的终身雇佣制度，能够让员工一心一意为企业利益着想，科研人员心无旁骛创新创造。可由部分商协会牵头，试点在行业内部分企业中，鼓励企业为研发人员建立终身雇佣制度或职业年金制度，给予适当的人文关怀，增强研发人员对企业的归属感，充分激励创新人才的积极性和创造性，踏踏实实为企业产品持续升级做贡献。

参考文献

［1］韦小鸿、张伟伟：《基于产业生命周期理论的珠三角传统优势产业转型政策研究》，《沿海企业与科技》2015年第5期。

［2］李律：《以供给侧结构性改革加快传统产业优化升级的思考——以温岭市为例》，《创意城市学刊》2019年第2期。

B.4 推进广州先进制造业与现代服务业融合发展研究*

康达华**

摘 要： 推动先进制造业与现代服务业深度融合是实现我国制造业高质量发展的内在要求。在建设粤港澳大湾区的过程中，广州应该以先进制造业与现代服务业融合为突破口，贯彻落实习近平总书记"老城市新活力"的指示要求。通过探讨先进制造业与现代服务业融合的内在机理，分析广州存在的问题和面临的机遇，为广州提出有针对性的对策建议。广州要坚定产业转型升级的战略方向，优化湾区视野下的产业空间布局，并完善体制机制，为先进制造业与现代服务业深度融合提供财政、土地、金融、人才等方面的政策保障。

关键词： 先进制造业 现代服务业 粤港澳大湾区 广州

2018年10月，习近平总书记在视察广东时，要求广州实现"老城市新活力"，在综合城市功能、城市文化综合实力、现代服务业、现代化国际化营商环境方面出新出彩。以现代服务业出新出彩为突破口，加快构建现代化

---

* 本文是2019年度广州市委党校新型智库建设一般课题"推进广州先进制造业与现代服务业融合发展研究"（项目批准号/课题编号：DXZK1902C）的阶段性成果。
** 康达华，副教授，经济学博士，现就职于中共广州市委党校经济学教研部，主要研究方向为政治经济学、公共经济学。

产业体系，是广州实现"老城市新活力"的动力基础。2018年12月召开的中央经济工作会议指出，"要推动先进制造业和现代服务业深度融合"，明确了产业发展的方向。在推进粤港澳大湾区建设的过程中，广州应如何深度融合先进制造业，推动现代服务业出新出彩，焕发经济发展新活力，是亟须解决的现实问题。

构建现代化产业体系是经济高质量发展的助推器。深化供给侧结构性改革，推动经济高质量发展是党中央适应引领经济发展新常态的战略部署，其重要任务是建立现代化产业体系。纵观世界发展历史，德国、日本、韩国等国家都是通过供给侧改革，尤其是依靠科技服务融合先进制造业促进产业转型，从而成功跨越"中等收入陷阱"，进入高质量发展阶段。"中等收入陷阱"表面上看是一种经济统计现象，本质上是产业发展是否能够顺应趋势，成功实现转型升级，占据产业链高端以获得比较优势，保持经济持续增长的动力。习近平总书记在要求广东在建设现代化经济体系上走在全国前列时指出，现代化产业体系是广东的短板，这也是广州的短板。广州实现"老城市新活力"首先要补齐这一短板，加快产业转型升级，夯实动力基础。

推动现代服务业出新出彩是广州构建现代化产业体系的突破口。在发展现代服务业上出新出彩是实现"老城市新活力"的内在要求，是习近平总书记赋予广州的时代使命，也是广州的重大机遇。作为千年商都和国际商贸中心，广州服务业占GDP比重为珠三角九市中最高（见图1），独具特色优势。但作为老城市，在服务型经济发展遇到阶段性瓶颈时，广州的服务业需要谋求新路径、释放新活力，为全国做出示范。推动现代服务业出新出彩不单是服务业本身，它离不开先进制造业的支撑、营商环境的改善、综合城市功能的提升等，将促进广州产业整体的升级和现代化产业体系的完善。

深度融合先进制造业是广州现代服务业出新出彩的必由之路。随着新一轮世界科技革命和产业变革孕育兴起，先进制造业成为各国产业竞争的焦点。围绕先进制造业发展现代服务业是产业价值链延伸下服务业升级的必然选择，也是产业升级的客观规律。在发达国家先进技术优势和欠发达国家低生产要素成本的双重挑战下，如何抓住全球价值链重构为中国制造业提供的

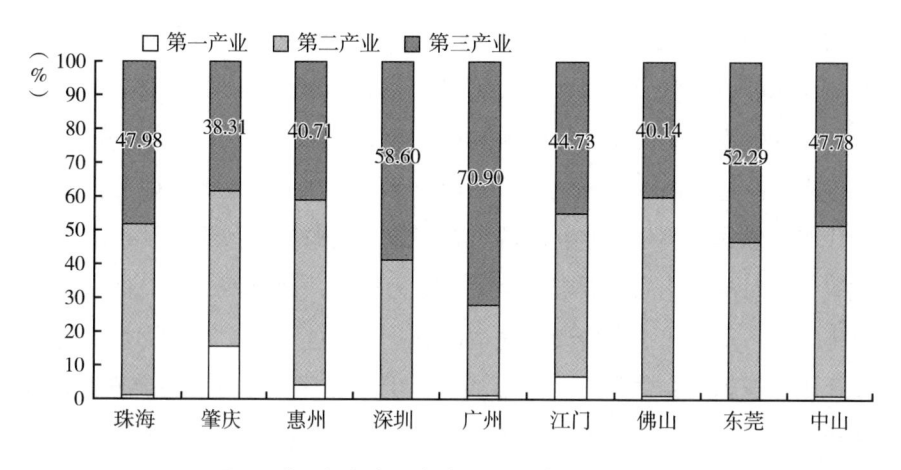

图1 珠三角九市三次产业比重情况（2017年）

资料来源：广东省统计局。

机遇是新时代的重大命题。2019年7月30日召开的中共中央政治局会议指出，要提升产业基础能力和产业链水平，并强调要稳定制造业投资。党中央对产业方向的定调是广州发展服务业的根本遵循。广州要把握粤港澳大湾区重大机遇，推进城市间产业协同，在制造业服务化、服务业制造化、商业模式创新、服务新业态等方面谋求新路。

一 先进制造业与现代服务业深度融合的内在机理

先进制造业和现代服务业在学术界并没有统一的定义。先进制造业相对传统制造业而言，通常具有产业的高端性、技术的先进性、管理的现代性、模式的创新性等特征。现代服务业通常是运用现代技术对传统服务业改造升级中产生的新业态，提供高附加值、高层次、知识型的生产服务和生活服务。从产业演变的角度看，先进制造业和现代服务业不是单向的"需求—供给"关系，而是在互动协同中演进。

（一）效率视角下先进制造业与现代服务业的融合

在世界工业化进程中，服务业基于产业分工被分化出来，并在与制造业的互动关系中二者逐渐走向融合。制造业向"微笑曲线"两端延伸时，先进制造业能够引致对现代服务业的需求，带动生产性服务业的专业化集聚化效应。而现代服务业的发展将使得制造业分工更加深化，生产性服务业外部化能够提高制造生产率。可见，效率视角下产业分工和专业化对先进制造业和现代服务业的影响是双向互动的。在产业演化的初期，现代服务业尤其是科技服务业对制造业的发展起了至关重要的作用，创新驱动是产业发展的第一动力。在产业演化的中后期，先进制造业价值链不断延伸到服务领域，通过现代服务业提升先进制造业的附加值，生产和服务环节的融合日益深化。随着"工业4.0""互联网+""5G"等新的技术不断涌现，制造业成为物质、技术、信息等要素集成的形态，传统的"产品+服务"的模式，逐渐转变为制造业服务化、服务型制造等形式，制造业和现代服务业之间产业形态区分呈现模糊化特征。

（二）成本收益视角下先进制造业与现代服务业在企业内部的融合

除了宏观上的产业演化，作为经济活动的微观主体，企业在先进制造业与现代服务业融合过程中考虑更多的是成本收益问题，并以此影响二者融合的路径和模式。基于成本收益视角，产业链上的不同企业将展开竞争和合作。制造业与服务业的融合对企业利润的影响并非一定是促进作用，还存在先抑后扬的"U型"论，波浪上升形状的"马鞍型"理论。相反，浅度的服务化水平对制造企业的绩效存在消极的影响，即引发"服务化困境"问题。因此，在市场竞争的作用下，有能力的优质企业把现代服务业在企业内部与制造业进行融合，打造服务性生产创造核心竞争力，从而提升竞价优势和抗风险能力，这成为先进制造业和现代服务业的重要微观路径。企业在追求自身利润最大化的逻辑下，以顾客需求为导向，不断对产品推陈出新，在生产环节融合物流、设计、服务、销售等环节，达到降低成本和节约资源的目的。

（三）供给侧结构性改革视角下先进制造业与消费性服务业的融合

推进供给侧结构性改革是党中央和国务院适应和引领经济发展新常态

作出的重大创新。推进供给侧结构性改革的重要指导思想是通过改善提升供给侧质量，以满足需求端的变化，实现更高层次的供需均衡。现有文献在探讨先进制造业与现代服务业互动关系时，通常偏重于先进制造业和生产性服务业的融合，对先进制造业和消费性服务业融合的讨论较少。当前，经济发展新常态下的结构性失衡，很大程度体现在消费行为呈个性化、品质化、高端化趋势，但供给侧的产品质量无法适应消费端变化，导致消费需求抑制或外溢。以消费需求为导向改善生产体系的整体质量，不仅能够促进消费性现代服务业发展，而且能倒逼先进制造业不断升级，从而发展生产力，提高经济发展质量。先进制造业与消费性服务业融合的路径通常表现在商业模式的创新上。在市场规模足够大的条件支撑下，商业模式的创新成为企业赢得消费者、获得竞争优势的尝试，例如共享经济、个性化定制生产等。

二　广州先进制造业与现代服务业深度融合面临的问题与机遇

产业转型升级是城市发展的先导。广州是老城市、大城市，要认清产业老、体量大、转型难等问题，夯实近年来持续努力奠定的良好基础。在由服务型经济向创新型经济演变的过程中，广州先进制造业与现代服务业的融合既面临问题，也存在机遇。

（一）主要问题

1. 服务业大而不强，融合制造业程度不够

虽然广州的服务业在GDP中的比重呈逐年上升态势，但现代服务业增加值在服务业中的比重还不到70%，相比北京、上海、深圳有差距。从分行业来看，广州服务业整体质量不高（见图2）。其中占比最高的是批发和零售业（2018年占20.69%），属第一梯队，彰显了广州千年商都的地位。

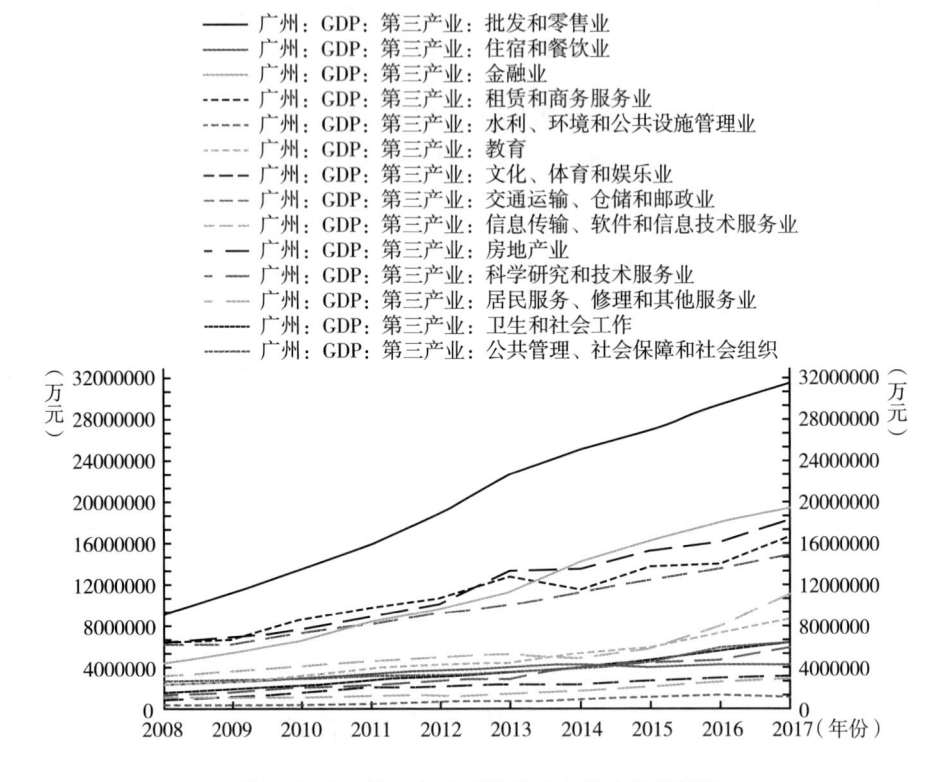

图2 2008～2017年广州服务业分行业发展情况

资料来源：Wind 数据库。

第二梯队依次是金融业，房地产业，租赁和商务服务业，交通运输、仓储和邮政业，但相比香港、深圳地区的同类行业竞争力不强。第三梯队依次是信息传输、软件和信息技术服务业，教育，科学研究和技术服务业，住宿和餐饮业，文化、体育和娱乐业等，这些反映出与制造业融合度高的现代服务业占比总体不高，规模大多不超过1000亿元。

2. 制造业投资不足，向产业链两端延伸受阻

从2008年到2018年，广州第二产业在GDP中的比重从38.9%下降到27.27%（深圳为41.13%），第二产业对GDP增长的贡献率从35.1%下降到26.6%。从历年全社会固定资产投资额来看，广州制造业投资不足，导致广州制造业更新较慢；房地产业投资占比较高，实体经济和虚拟经济关系

有待优化（见表1）。长期以来，汽车、电子信息和石油化工是广州制造业的三大支柱，占全市规模以上工业总产值的55.5%（2018年），有"船大难掉头"的困难，战略性新兴产业整体规模不大，产业方向还不明确。而且，广州超大型创新型企业不多，缺乏类似硅谷、中关村等级的创新型产业集聚载体，对生产性服务业的带动效应不强。

表1 广州历年全社会固定资产投资完成额情况

单位：亿元，%

年份	总投资	制造业投资	房地产业投资	制造业占比	房地产业占比
2009	2659.8516	345.59	943.23	12.99	35.46
2010	3263.5731	371.43	1123.74	11.38	34.43
2011	3412.2	427.95	1489.54	12.54	43.65
2012	3758.3868	453.41	1667.36	12.06	44.36
2013	4454.5508	581.26	1943.54	13.05	43.63
2014	4889.5026	562.32	2230.01	11.50	45.61
2015	5405.9522	644.21	2481.13	11.92	45.90
2016	5703.586	553.56	2763.31	9.71	48.45
2017	5919.8316	578.87	2871.47	9.78	48.51

资料来源：广东省统计局。

3. 产业布局有待优化，"中心—外围"间融合需深化

"中心—外围"模式是区域发展的规律，这种结构不仅体现在各城市的经济总量层面，而且体现在产业的空间布局层面。在现代化城市的产业布局中，通常是以现代服务业为"中心"，先进制造业为"外围"。目前，广州已形成以天河中央商务区为现代服务业中心，东翼、北翼、南翼三大制造业产业集聚带为外围的空间布局，但中心和外围之间的融合还需深化，天河和开发区之间融合的示范引领作用不强。此外，在大湾区建设视野下，只靠天河一个现代服务业中心不足以强化广州的核心引擎功能，还需结合周边城市的产业特点，发展南沙、广州南站等多个现代服务业集聚中心，构建多中心发展模式，融合带动周边区域共同发展。

（二）主要机遇

1. 工业投资迎来拐点，有力带动经济增长

在第二产业在GDP中的比重和对GDP贡献率连续多年下降的背景下（见图3），广州以供给侧结构性改革为主线，大力振兴实体经济，避免陷入"发展的陷阱"[①]。2018年，广州第二产业完成投资增长51.7%，高技术产业（制造业）投资比上年增长1.54倍，先进制造业投资增长80.2%。2019年第一季度，广州工业投资继续提速，完成工业投资额同比增长44.3%。对工业投资的力度加大，体现了振兴实体经济的决心，给市场带来了信心，促进了经济增长。2019年第一季度，广州GDP增长7.5%，在全国主要城市中居于领先地位。

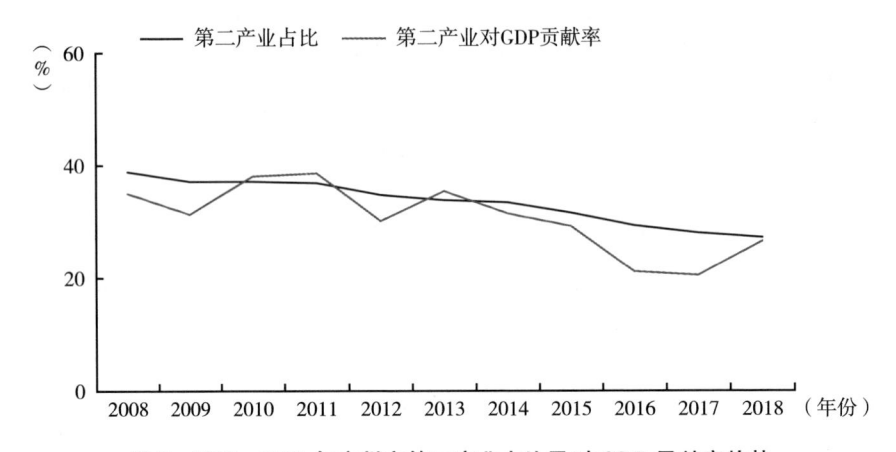

图3　2008~2018年广州市第二产业占比及对GDP贡献率趋势

资料来源：广州市统计局历年统计公报。

2. 经济发展新动能显现，高端生产要素集聚效应初显

企业是产业转型升级的主体，是科技、资本、人才等高端要素集聚的枢

[①] "发展的陷阱"是指在未完全实现现代化的时候就过早"去工业化"，从而使经济失去活力。其典型的案例就是巴西。早在五十多年前，巴西就已是中等收入国家，工业水平处于世界领先地位，但由于过早地去工业化，失去了工业这个经济增长的"发动机"，服务业也被困在较低水平，从被钉在世界产业链的低端，最终陷入了"中等收入陷阱"。广州实现"老城市新活力"需要培育经济增长新动能，在产业转型升级上要警惕这一现象。

纽。近三年来，广州高新技术企业增长迅速，年均新增超过3000家，2018年已达1.1万家，稳居全国第三。2019年第一季度，八大新兴产业、先进制造业的重点行业都呈现较快增长态势，产业向高质量方向转型。互联网和相关服务业、软件和信息技术服务业、现代物流等新模式、新业态成为服务业较快增长的主动力。①

3. 土地开发强度尚有空间，粤港澳大湾区带来新机遇

土地资源是经济发展的空间载体，是先进制造业发展的要素保障。同粤港澳大湾区其他三个核心城市香港、澳门、深圳相比，广州的地均GDP和城镇化率还存在一定差距，土地开发和集约节约使用还有提升空间。例如，作为粤港澳大湾区三大合作发展平台之一的南沙，区位优势、先发优势、空间优势明显，发展潜力巨大。而作为粤港澳大湾区核心引擎的广州，在辐射带动周边佛山、肇庆、清远等城市发展过程中，也将为自身产业升级带来更多空间上的支撑。

三 广州推动先进制造业与现代服务业深度融合对策建议

实现"老城市新活力"和推进粤港澳大湾区建设二者相互联系、相互融合、相互促进。广州作为全国首批服务型制造示范城市，要以这两个战略为纲，以推动先进制造业和现代服务业深度融合为抓手构建现代化产业体系，助力广州经济高质量发展。

（一）坚定深度融合先进制造业的战略方向

1. 打造好全国服务型制造示范城市

大力推广服务型制造新模式，推进"制造+服务"的产业融合和区域融合，推广"广州定制"制造业模式，打造生产性服务业发展新引擎。大

---

① 数据来源于《广州市统计公报》《广州市科学技术局2018年工作总结和2019年工作安排》。

力发展科技服务业，对接广深港澳科技走廊战略，落地建设一批创新平台，拓展穗珠澳科技创新走廊，构建珠江口东西两岸创新产业带集聚格局。发挥广州高校资源多的优势，完善知识产权保护机制，推进产学研一体化，走一条不同于深圳"逆向创新"的创新道路。

2. 加大先进制造业投资促进动能转换

以坚持新发展理念为指导，构建"实体经济—科技—金融—人才"协同发展的现代化产业体系。以先进制造业作为实体经济根基，向产业价值链两端拓展延伸。落实2019年7月30日召开的中央政治局会议"稳定制造业投资"的要求，以制造业投资促进产业更新，协调好制造业和服务业关系，补齐制造业投资不足短板（见图4）。加强产业规划，抢先布局人工智能、生物医药、新能源等战略性新兴产业，注重各产业链的整体培育，发挥政府作用扶持一批领先企业。

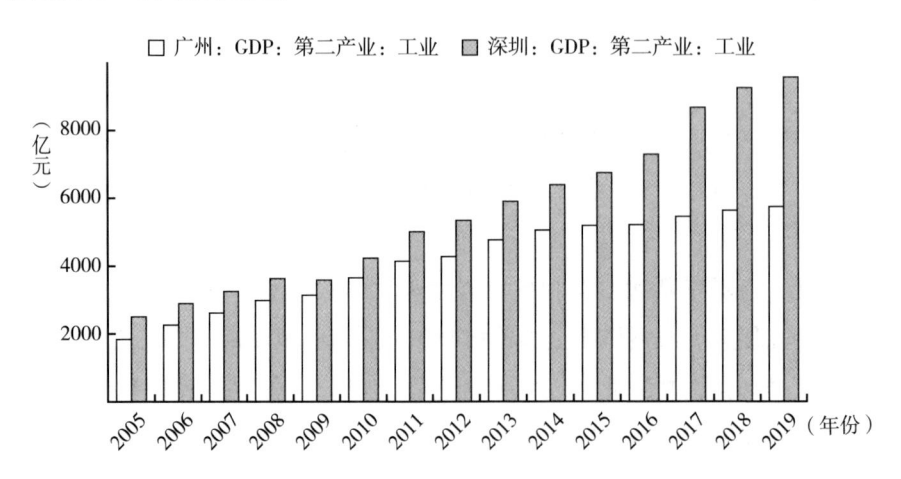

图4 广州和深圳2005~2019年工业绝对值数据比较

3. 促进消费性服务业新业态集聚

夯实"千年商都"优势，适应消费信息化、个性化、品质化的变化，打造新型消费之都，引领世界消费时尚，打造"全球定制之都"。鼓励商业模式创新，发展夜间经济、青年经济、女性经济等，满足不同层次消费者需求。发挥粤港澳大湾区文化中心优势，挖掘岭南文化资源，大力发展养老、饮食、旅游、体育等消费性服务业。推进广州消费性服务业供给侧结构性改革，提高供给质量，打造广州消费质量高地。

（二）优化湾区视野下的产业空间布局

1. 打造现代服务业多中心格局

在推进大湾区建设过程中，除天河中央商务中心外，还应加快第二商务区、金融创新服务区、南沙明珠湾商务区、南站商务区、东部交通枢纽商务区等现代服务业中心建设，形成先进制造业和现代服务业的良性互动。尤其是在南沙明珠湾商务区和南站商务区，要基于东西两岸电子信息技术产业和先进装备制造业现有格局，发展融合两岸的枢纽型现代服务产业。

2. 以产业合作为抓手推进广佛同城化

要重点发挥广佛产业互补性强的优势，把佛山拓展为广州的制造业腹地，为广州现代服务业升级提供支撑。要加强产业规划，协调好两地的竞合关系，畅通两地要素流动渠道，重点建设广佛"1+4融合试验区"。其中，广州南站为核心的先导区应以现代服务业为中心，花都+三水、白云+里水、荔湾+桂城、南沙+大良容桂4个融合试验区则应以先进制造业为重点。

3. 打造"一核一带一区"的区域协调发展新格局

要强化综合交通枢纽功能，提升广州枢纽能级，推进广深港高铁广州南站至广州站连通线、广中珠澳高铁等建设。加快与泛珠三角城市的硬件软件互联互通，探索产业合作新模式。例如与清远的合作，可依托广清产业园，采取"广州孵化、清远落地"的模式，打造国际科技创新成果转移转化示范点，探索"飞地经济"合作模式。

（三）完善体制机制和保障政策

1. 实施好积极的财政政策

贯彻中央政治局会议"财政政策要加力提效"精神，继续落实落细减税降费政策，为市场"放水养鱼"。可适度提高政府杠杆率，发挥好政府地方债作用。一方面为制造业投资提供财政支持，设立产业基金引导资本流向先进制造业领域；另一方面提高居民收入，扩大中等收入群体，带动消费性服务业发展。

2. 为先进制造业和现代服务业提供集聚空间

要全面推进城市更新和乡村振兴战略，为产业获得新发展、城市焕发新活力提供空间。要加快城中村改造，下定决心推进城市更新，积极推进违建治理工作，做到土地精细化管理。要做好乡村振兴大文章，让农村土地流转起来，为产业转型升级提供土地保障。

3. 优化现代化产业体系的引导政策

重点在工业设计、软件服务、规模化定制等方面出台一系列战略规划和政策。发挥政府和市场的协同作用，以企业需求为导向优化市场营商环境。要建立多层次的资本市场，大力发展直接投融资业务，做好校园创新走向市场的衔接。要树立吸引人才就是获得未来的发展观念，优化广州的人才政策，并确保政策落地执行。

B.5
发挥数字经济优势　促进广州消费转型

广州大学广州发展研究院课题组[*]

摘　要： 广州市数字经济发展具有相当充分的产业基础，需要凝练与聚焦发展方向。从国家政策与"后疫情时代"的语境出发，以第三产业数字化为突破口，有现实的可能性。在这一方面，广州市有着信息通信基础设施建设布局完善、数字产业发展链条完整特色鲜明、数字生活场景营造产业基础扎实的优势。在这些优势的基础上，广州市应尽快谋划数字消费全域化的产业布局，尽快展开数字消费全域化的场景试验，尽快推进数字消费全域化的治理延伸，全力打通文化、科技与民众消费需求相互融合的"最后一公里"，满足人民对美好生活的向往。

关键词： 数字经济　第三产业　文化消费　科技创新

数字经济是人类社会经济发展的新形态，它是指人类通过数字化信息的生产与交换，实现资源的迅速优化配置与再生产。这种经济形态以不断升级的互联网为基础，依靠云计算、区块链、物联网等新技术手段，促使知识经济向智慧经济转型，从而降低社会交易成本，提高资源优化配置效率，实现经济高质量发展。一方面，它自身就可以通过数字生产，实现虚拟的线上交

---

[*] 课题组成员：涂成林，广州大学二级研究员，博士生导师，国家"万人计划"领军人才；谭苑芳，广州大学广州发展研究院副院长，教授；曾恒皋，广州大学广州发展研究院所长；彭晓刚，广州大学广州发展研究院特聘研究员；周雨，广州大学广州发展研究院助理研究员，博士。执笔人：谭苑芳。

易（信息消费）；另一方面，它更是工业4.0的本质特征，是促进现实经济发展的重要引擎。

习近平总书记高度重视发展数字经济，多次作出重要指示批示，强调要坚持以供给侧结构性改革为主线，加快发展数字经济。2019年10月，第六届世界互联网大会（乌镇峰会）上，国家还启动了数字经济创新发展试验区建设。而2020年初，广东省通过《广州人工智能与数字经济试验区建设总体方案》，也提出要将广州试验区打造成广州实现"老城市新活力"和"四个出新出彩"的重要支撑区，粤港澳大湾区数字经济高质量发展示范区，在全国数字经济创新发展中走在前列。

广州市的数字经济发展具有明显的技术和基础优势，其在信息通信基础设施建设、5G基站建设等方面长期走在全国前列。如何将这些基础性优势转化为政策优势，进而转变为经济优势，在数字经济的发展过程中，进一步凝练发展方向，突出地方特色，在围绕服务民生，提高国家治理体系和治理能力现代化水平上引领整个数字经济及其治理领域的发展方向，是广州市数字经济发展的重要议题。而凝练城市数字经济发展的具体方向，可以从技术转型、地方基础两个方面入手，讨论城市数字经济发展的可能性图景，进而选择最有可能取得跃进的环节加以布局。本文聚焦消费转型，讨论数字经济对广州城市发展的突破可能，并在此基础上，对广州数字经济在文化领域的发展，提出若干对策性建议。

一 广州数字经济发展的起飞基础

广州市委、市政府高度重视数字经济发展，在《广州市信息化发展第十三个五年规划》等文件中对加快信息基础设施建设，大力发展软件和信息技术服务业、人工智能等产业提出了明确的部署和要求。2017年，广州市工业和信息化局牵头制定了《广州市建设"中国制造2025"试点示范城市实施方案》，重点支持新一代信息技术、人工智能、机器人及智能装备等数字领域的产业发展，迄今已取得了显著的效果：以2018年全年数据为例，广州软件和信息技术服务整个行业的收入达到3605亿元，约占全国数据的5.8%，同比增长了15.74%；整个行业的注册企业达2085家，约占全国总数的5.5%，位列全国第三。其中，主营收入超亿元的企业有621家，占软件企业总数的29.78%。可以说，作为中国软件名城，广州拥有的国家软件产业基地、国家网络游戏动漫产业发展基地、国家软件出口创新基地、国家863软件专业孵化基地等"名片"，已经发挥了较好的协同作用，在数字经济的基础设施领域位居中国城市信息化50强第二名，行业发展效果显著。

而2019年，广州市在数字经济基础建设领域更是迈出了"5G商用"的坚实步伐，在两个领域取得了较好的进展。一是在城市基础建设上，广州市根据《广东省加快5G产业发展行动计划（2019～2022年）》做出了充分的实践。截至2019年底，广州市建成了1.46万座5G基站，已经超过2015年底广州市4G基站数量（6.7万个）的1/5。2019年7月，广州市与华为公司签订5G战略合作框架协议，成立广州5G创新产业联盟和广州市智慧灯杆联盟；尤其是黄埔区、广州开发区同时出台了《广州市黄埔区　广州开发区促进5G产业化发展办法》这一全国首个县级5G专项政策，而利用这一政策杠杆，"两区"以奖励的方式，鼓励以5G为核心的下一代信息技术产业生态在"两区"的落地；全力启动全国首个"自动驾驶综合应用示范岛"建设，并先后在创建粤港澳大湾区5G示范区，全球首条公交5G运营线路、全国首家5G智慧停车场等方面，走在了世界的前列，使5G成为赋能广州数字经济高质量发展的重要技术。二是在城市基础建设之上，广州市的信息化技术迅速从两个方面实现了对实体工业经济的超越。首先，在信息化技术助力工业发展上，广州市工业和信息化局在2019年10月发布了《广州市推动规模化个性定制产业发展　建设"定制之都"三年行动计划（2019～2021）（征求意见稿）》，提出要以定制家居、汽车、时尚服饰、智能终端、专业服务等为发展重点，将广州打造为具有全球影响力的"定制之都"。这一计划其实是对实体经济的第三产业化，即嵌入更多的社会文化服务元素，以"规模化定制"的方式，实现产业产值的进步。其次，在数字化技术助力城市治理方面，番禺区、黄埔区在2019年先后被列为广东省大数据综合试验区培育对象（数量占全省的1/3），以它们为代表的城市治理数字转型也可圈可点。以重大公共卫生事件所涉及的数字化技术为例，截至2019年底，广州市区域全民健康信息平台就已联通了273家机构，实现2300多万份"电子健康档案"为核心数据共享及调阅等应用；而"广州健康通"到2020年初已接入82家大型医院，总注册用户超过320万人，总预约量超过1300万人次。此外，2019年，广州市第一人民医院还完成了全省首例5G远程超声诊断。在交通服务、跨境物流和安全服务等方面，广州市也实现了较高的数字化水平，相关政务服务"只进一扇门"的广州经验得到了国务院的关注，商事登记"智能无人审批"模式也为国内首创。

在2020年初，广州市工业和信息化局又先后出台了《广州市关于推进新一代人工智能产业发展的行动计划（2020~2022年）》《广州市加快软件和信息技术服务业发展若干措施》等规范性文件，提出要推进"以区块链为特色的中国软件名城示范区建设"，对区块链与人工智能多元应用场景的创新探索，极大地带动和提升了整个城市的数字化升级。应该说，广州市在数字经济发展的技术、政策与治理层面，都已经奠定了良好的基础，且仍在持续夯实的过程中。那么，相对来说，广州数字经济产业发展的未来聚焦与转型，就显得极为重要。

二 广州数字经济转型的聚焦方向

数字经济产业的聚焦大体可以分为生产与消费两个层次，而生产又主要集中在制造业与服务业上。从2019年的数据看，广州市三大产业增加值增长情况最好的是第三产业，增长率高达7.5%。2019年1~11月，广州市规模以上服务业企业实现营收11256.5亿元，增长12.6%，其中营利性服务业营收增长最快，高达17.3%。特别是与居民服务消费密切相关的行业，如文化、体育和娱乐业（12.9%），卫生和社会工作（16.1%），以及居民服务、修理和其他服务业（10.9%）的增长率也较高。也就是说，广州市的服务业发展最具潜力——这与城市经济发展的产业结构调整需要从制造业转向更为注重生态意识、更高附加值的服务业，逐渐突出民众生活的直接获得感与幸福感是密切相关的。而数字经济转型如果跟上广州经济的这一趋势，显然可以实现"双赢"效果，让广州市经济发展的优势得到叠加。

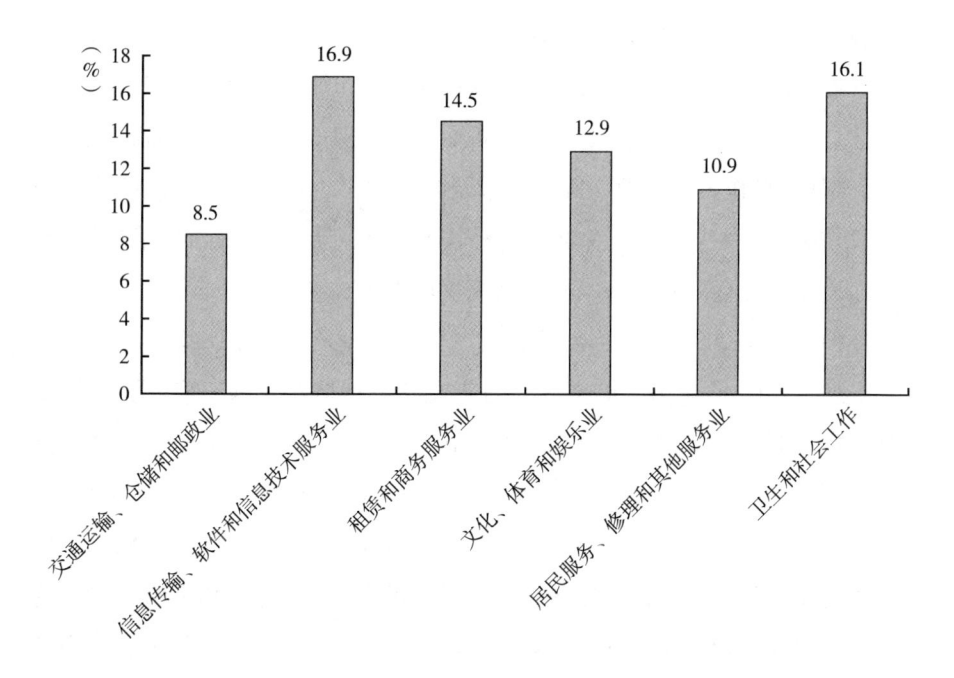

图1 2019年广州市部分服务业营收同比增长情况

事实上，随着互联网技术的发展，线上消费已经成为中国的普遍现象，大城市更是如此。在2020年初全国防控新冠肺炎疫情期间，这一现象则更加突出。疫情期间，大量城市居民的生活消费主要依靠线上方式来完成，这催生了第三产业的数字化趋势，更为广州市积累的数字基础设施提供了新空间。第三产业的发展具有很强的交互性，其数字化的难度要比制造业的智能化更需要考虑民众生活的直接需求，更需要生产者与消费者共同创新，才能实现整体场景的变化。

从目前来看，广州市大量软件与信息化企业是生产型企业，其发展出口也有赖于消费。消费作为生产的最终目的，不仅是人民群众对美好生活需求的直接体现，也是对城市经济发展的直接刺激。通过发展数字经济产业，促进完善数字消费体制机制，是在当前语境中实现"需求引领和供给侧结构性改革相互促进"的重要内容。这不仅对城市经济发展有重大作用，也契合了当前民众生活消费的全面转型趋势。可以说，经济发展从制造业向服务业转型与经济动力从生产向消费转型是同构式的关系。对此，著名城市经济学家雅各布斯曾以办公用品为例，讨论过对于城市来说，服务业取代制造业的地位是必然的。她说，对于办公设备而言，一般的打字机、录音机、加法机等，"都只是作为机器而购置。如果同时还购买了任何服务，你们这些服务也只是次要的附加品"；而对于新经济来说，"首要购买的是某种服务：分析和设计办公室的服务……购买的机器成为附加物"。[①]

这种趋势在2020年"后疫情时代"的特殊发展语境中，将显得尤为重要。根据学者研究，2020年初暴发的新冠肺炎疫情对我国经济发展的短期影响将主要体现在服务业，如餐饮、酒店、旅游、线下商业等。而根据2003年的"非典"经验，这些产业的恢复周期长达3个月以上，其中会展、旅游等行业更是长达9个月。[②] 同时，疫情的倒逼，也使得数字化、网络化、智能化的创新业态将更加普遍地出现，民众消费习惯也将明显转型。这就启示广州经济发展应充分发挥数字优势，密切围绕民众消费转型，以高效的城市治理与消费场景营造，实现消费与生产的妥善结合，更好地满足人民群众对美好生活的向往。

三 广州数字经济发展的优势体现

充分考虑第三产业与消费需求，数字经济的发展转向就应该向构建线上场景的方向聚焦。而广州市在推动消费升级上始终走在前列，在消费场景数

---

① 雅各布斯：《城市经济》，项婷婷译，商务印书馆，2018，第273~274页。
② 张明：《应客观评估本次肺炎疫情对中国经济的负面影响》，《财经》2020年第1期。

字化上，广州市已有的基础设施、产业布局和特色领域也都可以体现出这种新的发展优势。在广州市的顶层设计与决策有意识地予以引导之下，相关技术的基础优势将快速转化为引领优势，促进第三产业数字化，营造线上消费场景，引领民众生活消费向更高的数字体验转型。从现有基础来看，广州市已经在通信布局、产业链条和基础性产品开发上具有突出的优势，这三个优势呈现出由生产趋向应用的叠加效应，其聚焦式的综合发挥将成为广州数字经济产业促进消费转型的重要基础。

首先，信息通信基础设施建设布局完善。2017年，广州市发布《广州市信息基础设施建设三年行动方案（2018～2020）》，提出了光网城市全面提速工程、有线无线城乡全覆盖工程、信息基础设施安全保障工程等任务，在全市规划移动通信基站3万余个，全市区域内通信规划覆盖率已达100%。尤其是在智慧灯杆、5G基站和5G融合应用项目建设上，广州市已经走在了全国的前列。也就是说，通过信息通信的基础设施建设，广州市的数字消费场景将实现全覆盖，从而保证了用户体验的"畅快感"，自然也就回应了人民群众对美好生活的需求。当然，这一优势的发挥还需要其建设高度考虑到线上场景的使用，考虑到未来若干年内线上场景较为充分地开发需要的网络空间，为民生留置出足够的带宽。

其次，数字产业发展链条完整、特色鲜明。广州是国家首批信息产业高技术产业基地之一，在新型显示、超高清视频、新一代移动通信、集成电路、金融电子等方面都具有相当重要的影响力。而在连续两届承办超高清视频产业发展大会，出台《广州市关于加快超高清视频产业发展行动计划（2018～2020）》后，广州市"世界显示之都"的地位已经较为稳固，全市以新型显示为代表的超高清视频产业实现产值超过1600亿元，成为全国首批4K电视网络应用示范社区，并创建了首个新型显示国家级制造业创新中心，4K超高清视频板卡出货量连续多年居全球第一。"显示"是线上消费场景营造的重要内容，而广州市在这一领域的优势应该尽快与科研相结合，为新的场景构造服务，使广州市的数字产业发展从"显示"的优势转向"场景"的优势。这在黄埔区和广州开发区的自动驾驶突破中可以有所尝试，如围绕"驾驶"而拓展，实现道路、绿化带等基础交通设施，驾驶员与乘客的车内体验舒适度和便捷性，自动驾驶与手动驾驶的城市场景交互设计等相关整体城市语境的重构。

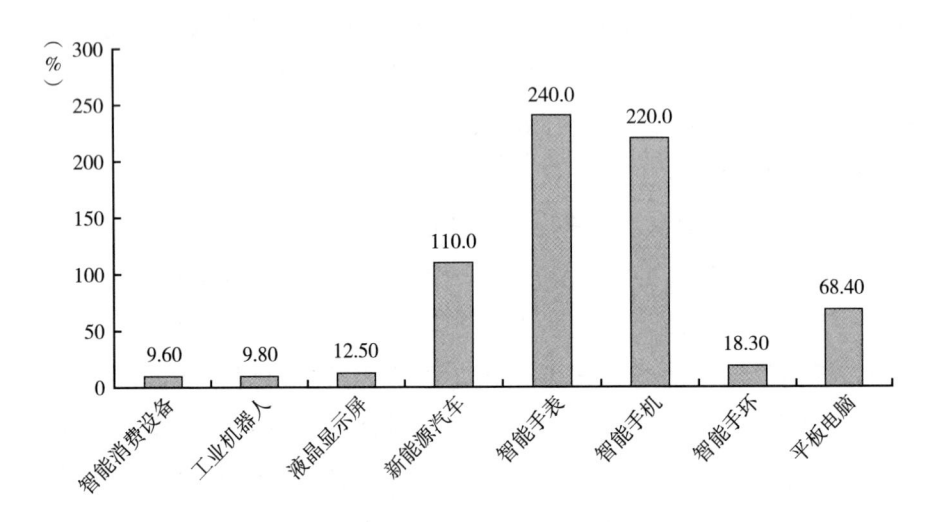

图2　2019年广州市部分高端智能产业营收同比增长情况

最后，数字生活场景营造产业基础扎实。超高清视频产业具有较强的生活场景嵌入感，广州市相关企业开发的超视堺10.5代液晶显示器、乐金8.5代OLED、维信诺第6代柔性模组等项目都有很好的市场前景。而作为其软件支撑的信息技术服务业，也是广州数字经济发展的特色。广州是"中国软件名城"，2018年全市软件和信息技术服务业总收入达3604亿元，同比增长15.7%；5家企业上榜全国软件百强企业，总量居全省第二位。特别是汇量科技、奥飞数据、虎牙直播等新近上市企业，以及网易、唯品会、三七互娱等入选2019年互联网百强企业榜单的消费企业，都展示了广州在数字化消费上的扎实产业基础。此外，广州市2019年智能装备与机器人领域的年产值也超过了500亿元，尤其是在智能汽车、智能家电等领域都有较大突破，12家企业入选广东省机器人骨干企业。而如何让上述产业之间围绕消费场景升级，实现聚合裂变，将是广州市数字经济产业发展的重要内容。

四 广州全域数字消费的相关建议

数字消费是当前我国消费升级的重要方向，它突出表现为"线上行为替代"的场景化。2020年初，新冠肺炎疫情严峻，全国各地影院响应政府要求而关闭，春节档电影票房"颗粒无收"。而电影《囧妈》与字节跳动签约进行的线上免费放映，便成为"数字消费全域化"的一个标志性事件。尤其随着4K高清与5G时代的到来，数字消费的全域化将更加突出。对此，广州市应从顶层设计上予以重视，充分整合现有资源，突出产业优势，展开示范性与引领性的变革。

一是尽快谋划数字消费全域化的产业布局。数字经济成为国家产业发展的重要导向以来，全国各地都进行了相关产业布局。重点城市更是加快出台相关政策，聚焦产业发展与城市治理，突出"数字化"的地方优势。从全域范围内进行谋划的地方规范性文件如2018年出台的《杭州市全面推进"三化融合"打造全国数字经济第一城行动计划（2018~2022年）》，2019年出台的《天津市促进数字经济发展行动方案（2019~2023年）》；而从区域范围内展开建设布局的，如2019年《推进上海马桥人工智能创新试验区建设工作方案》，都早于广州市。目前，广州市只在区域布局层面上出台了《广州人工智能与数字经济试验区建设总体方案》，而对全市数字经济发展的重点方向与顶层设计尚付诸阙如。

二是尽快展开数字消费全域化的场景试验。数字经济是以高新技术产业为支撑的新型经济形态，其产品研发成本高，产业布局应用广，一般企业很难承担高品质、全域性的技术创新。这就需要政府在产—学—研—政上予以整合，集全市之力，打造相关重点实验室。如深圳的"鹏城实验室"、杭州的"之江实验室"、西安的"秦岭实验室"等，都引领一时风气之先。广州市在数字消费领域可以考虑整合中山大学、广州大学、中国（广州）智能装备研究院、航天云网"工业大数据应用技术国家工程实验室"、亚太信息引擎、中国电信沙溪云计算中心、广州云谷南沙数据中心、中国移动（广州）数据中心，以及南沙国际人工智能研究院、AI产业高级研究院、AI视觉图像创新研发中心等高校、企业与科研机构的力量，由政府牵头，组建相关新型实验室，对数字消费全域化的丰富场景展开研究。特别是要将广州市已有充分基础的超高清视频（VR）、AI软件、区块链等产业整合起来，以新型实验室为枢纽，实现相关领域重点企业的合力推进与协同发展。

三是尽快推进数字消费全域化的治理延伸。数字消费全域化不仅是产业发展的一个趋势，也深刻影响到城市治理。消费的转型升级将带来社会行为的巨大变化，如移动电商、跨境电商、社交电商、近场零售、无人零售等消费新业态，以及消费型智能无人运载设备、服务领域出现的智能机器人、在线办公与多人协作任务管理等消费和服务新模式广泛出现所带来的相关城市问题，都需要城市治理做出相应的、前瞻性的调整。因此，相关产业的新型实验室可以考虑与广州市正在开发的"城市大脑"充分结合，以广州市新型智库试点单位为核心，联合南方电网传媒、京华信息科技、虎牙信息科技等企业力量，参与5G智慧政务创新实验室建设；可以考虑把相关实验和政策先行植入天河"互联网+"、黄埔"互联网+电商"、海珠T.I.T"互联网+创意"这3个省级"互联网+"小镇的开发与建设过程中，并及时总结经验，提炼模式，将其深度融入粤港澳大湾区建设，集中力量打造广州市"数字湾区"消费和治理示范区。

此外，尤其值得指出的是，第三产业数字化的消费趋势与2018年中共中央、国务院印发的《关于完善促进消费体制机制进一步激发居民消费潜力的若干指导意见》中17次提及的"文化消费"密切相关。而文化消费是服务业消费的重要部分，同时也是科技创新所要满足的重要内容。2019年8月，中央出台了两份重要文件，即国务院办公厅印发的《关于进一步激发文化和旅游消费潜力的意见》和科技部、中宣部、财政部等六部门共同印发的《关于促进文化和科技深度融合的指导意见》，为打通文化、科技与民众消费需求相互融合的"最后一公里"，释放和激发各类主体的经济与创新活力，创造更多文化和科技融合创新性成果，为高质量的文化供给、高质量的经济发展提供了强有力的支撑。而这两份文件对广州市数字经济发展的启示，还需要有更为深入的解读。

B.6 广州市实体企业的多层次金融支持体系研究*

罗嘉雯 万欣怡**

摘 要： 本文基于2019年广州市实体经济与金融体系的发展现状进行分析，发现目前广州的传统制造业、高新技术产业和服务业以及广州市的股权融资体系、债权融资体系和融资服务体系的规模在不断扩大，但是其结构存在不合理的现象。其中，汽车制造业、电子及通信设备制造业以及民营性质的服务业对于广州市实体经济的发展有很大的贡献。但是广州市金融体系对实体经济的支持存在着地区发展不平衡、缺乏资金供给和创新力以及竞争实力不足等问题。对此，本文从多层次金融支持体系和金融科技产业方面提出相关对策建议，以完善广州实体经济的融资支持体系，促进实体企业科技创新与转型升级的进程。

关键词： 金融发展 实体企业 金融支持体系

党的十九大明确倡导深化金融供给侧改革，服务实体经济。党的十九届

---

* 本文受广州市哲学社会科学"十三五"规划项目（2019GZQN07）和广东省软科学项目（2019A101002008）资助。
** 罗嘉雯，博士，华南理工大学工商管理学院副教授、硕士生导师，研究方向：金融经济学，金融风险管理，金融预测；万欣怡，华南理工大学工商管理学院硕士研究生。

四中全会和中央经济工作会议进一步指出强化资本市场制度建设，完善现代金融体系，要求坚守科创板定位、推进创业板与新三板改革以及提高上市公司质量。广州在积极贯彻党的十九届四中全会和中央经济工作会议精神、全面落实绿色金融发展理念的同时，发布《中共广东省委全面深化改革委员会关于印发广州市推动"四个出新出彩"行动方案的通知》。该通知指出，要"支持广州围绕金融高质量发展的主旨优化金融业结构、扩大金融业务规模、创新特色服务；支持广州建设绿色金融改革创新试验区，研究设立以碳排放为首个品种的创新型期货交易所；助力广州充分发挥大湾区区域发展核心引擎功能，完善现代金融服务体系，为实现老城市实体经济新活力、'四个出新出彩'提供有力支撑"。

本文首先对金融与实体经济的促进关系和实体经济的金融支持体系进行文献回顾，梳理两者的基本关系，然后对广州市实体经济和多层次金融支持体系的发展现状进行分析，并从中探索广州市实体企业的融资特点和金融服务体系所存在的问题，由此从股权融资体系、债权融资体系、融资服务体系与金融科技产业四个方面提出对策建议，最后对广州市实体经济金融支持体系2020年的发展进行展望。

在理论意义方面，本文的研究结论充实了现有的实体经济的金融支持体系的研究体系；在实际意义方面，本文的对策研究结论有助于提高广州市金融服务实体经济的深度与广度，为实体企业的融资营造良好的氛围，同时也为其他省市的金融与实体经济发展提供参考样本，缩小地区经济发展的差距。

一 广州市实体企业的发展现状及融资需求

考虑到广州市实体经济所在的产业结构以第二、三产业的发展为主体，制造业领先全国的特点，本文以广州市传统制造业、高新技术产业和服务业三个方面为代表对实体企业的发展现状进行分析，并基于此初步探索实体中小企业的融资特点和需求。

（一）传统制造业

截至2019年11月末，广州市三大支柱产业——汽车制造业、电子产品制造业和石油化工制造业当月生产与销售增加值分别为544.62亿元、246.41亿元和142.1亿元，总计为933.13亿元，累计增加值分别为4888.79亿元、2371.14亿元和1594.85亿元，比上年同期增长-2.8%、4.5%和1.2%。其中，汽车制造业对三大支柱产业生产与销售起主要贡献作用，但是累计增长率比去年同期下降了2.8%。石油化工制造业的生产与销售增加值占比最小，且在11月的增长率同比放缓3.7%（见表1）。

表1　2019年广州市三大支柱产业生产与销售增加值

指标	11月增加值(亿元)	累计增加值(亿元)	比上年同期增长率(%) 11月	比上年同期增长率(%) 累计
三大支柱产业：	933.13	8854.78	1.9	-0.2
汽车制造业	544.62	4888.79	1.8	-2.8
电子产品制造业	246.41	2371.14	6	4.5
石油化工制造业	142.1	1594.85	-3.7	1.2

资料来源：广州市统计局。

传统制造业企业由于其经营流程较为复杂，融资表现出较为多样需求状态，比如采购原材料和支付工资需要充足的流动资金、购买机械设备需要中长期贷款、销售和提供卖方信贷需要金融机构服务等。但是传统制造业企业的资金周转相对较慢，融资渠道十分受限：在股权市场往往受限于其收益和信用等条件，在债权市场受约束于严格的监管。由于很多传统制造业企业抗风险能力不足，信用意识不强，因此难以申请抵押贷款。同时，政府对担保机构的过多干预以及较高的担保费增加了传统制造业企业寻求合适的担保的困难。

对此，除了企业要提升自身综合竞争力、树立良好信用形象，相关政府部门和机构应给予其信用担保指导，比如引入专业的融资担保服务机构，并鼓励VC和PE将资本与先进的管理经验注入其中，帮助企业建立有效的内部管理体制。以传统制造业企业富士康为例，富士康依靠政府的积极扶持，仅用了一个多月就迅速在A股上市，创下了A股IPO最快纪录。此外，二板市场和企业债券市场的发展也能给传统制造业提供更多融资机会。

（二）高新技术产业

据广州市统计局相关数据，截至2019年10月末，广州规模以上工业高新技术产业产值累计2346.39亿元，比上年同期增长7.6%。其中外商及港澳台投资企业贡献额为1581.2亿元，远超出股份制企业（747.82亿元）、集体企业（10.78亿元）、国有企业（3.68亿元）、股份合作制以及其他企业（2.91亿元）。同时，将规模以上工业高新技术产业按生产品类型如图1进行分类，可见电子及通信设备制造业占比最大，约为70%，其次是占比为12%的医药制造业。信息化学品制造业的累计产值占比最小，仅为1%。可见，广州市的电子及通信设备制造业的发展相对强势，而其他类型的高新技术产业的发展水平还有待提高。

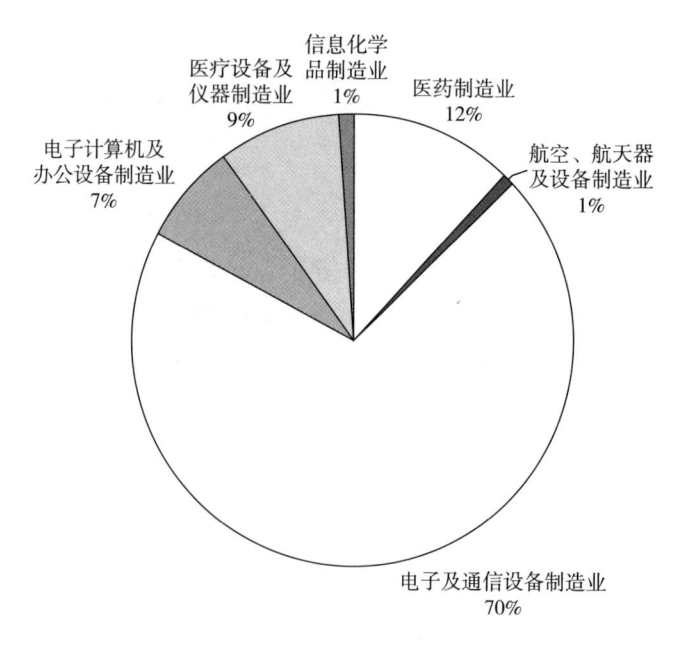

图1 2019年广州市规模以上工业高新技术产业累计产值

资料来源：广州市统计局。

高新技术企业一般研发周期较长，启动资金投入需求巨大，比如医药行业的新药研发投入费可达数千亿元。此外，约半数高新技术企业营业额不到500万元，多为创新型中小型企业，它们同样需要庞大的资金，但是无法预测其未来的偿债与赢利能力。因此，融资困难是高新技术企业常见的困境。

目前，政府支持高新技术产业融资的方式主要有财政科技经费、中小企业创新基金以及政策性信用担保，但是其中存在着拨款方式与周期不科学、资金运作效率低和助长寻租行为等问题。风险投资和商业银行投资是高新技术企业常见的融资方式，但是风投的失败风险较高，而银行的放贷意愿较低。另外，高新技术企业可以考虑诸如区域链借贷、融资租赁、P2P或B2C网络融资平台等其他的筹资方式，开放全面的互联网金融能弥补传统金融的不足，提高融资效率。

（三）服务业

2019年，广州市服务业（除去金融业）第一季度至第三季度的累计增加值分别为3527.12亿元、7498.14亿元和11145.04亿元，与上年同比增长率分别为8.7%、8.6%与7.9%。其中，民营经济的服务业增加值占比最大，从第一季度至第三季度分别为72.68%、71.97%和72.56%（相关数据如表2所示）。

表2 2019年广州市服务业累计增加值

指标	第一季度	第二季度	第三季度
服务业累计增加值（亿元）	3982.54	8555.77	12764.57
金融业累计增加值（亿元）	455.42	1057.63	1619.53
服务业（不包含金融业）累计增加值（亿元）	3527.12	7498.14	11145.04
民营经济服务业增加值比重（%）	72.68	71.97	72.56
比上年同期增长（%）	8.7	8.6	7.9

资料来源：广州市统计局。

服务业企业的经营范围广泛，经营品种和空间没有过多的限制，其经营模式会受到其规模大小的影响。总体来看，专业经营形式为多数小型服务业企业所选择，综合经营方式受到大型服务业企业的青睐。通过相互合作，专业服务企业又会向综合服务企业转化。服务业企业的融资需求普遍存在贷款量少、频率高、周期短和随机性大的特征，有代表性的例子包括经营性销售费用借款和流动资金存贷款。

相较于中低端生产性服务业和传统制造业，现代新兴服务业往往由于缺少重资产而难以取得融资，使其转型升级受阻。从投融界历史经验来看，服务业企业获投项目以早期为主，投资轮次占比大小依次为天使轮、A轮、A+轮和Pre-A轮。此外，相比于其他类型的中小企业，服务型中小企业贷款规模较小、风险较低，更容易获取中小型商业银行的信贷支持。

二 广州市实体企业金融支持体系发展现状

近年来，广州市不断强化金融资源聚集效应，完善金融服务体系，以加速建设区域金融中心。2019年1~8月的相关金融和类金融机构数目总结如表3所示，可见各类金融机构数目大体上呈现稳步上升趋势。广州市地方金融监管局发布的数据显示，截至2019年9月末，广州市金融业增加值为1619.53亿元，同比增速7.8%。总体来看，在国内经济企稳和中美贸易摩擦等复杂内外背景下，广州市金融业在前三季度仍实现了健康有序发展，体现了广州市金融业的发展活力与韧性。

表3 2019年1~8月广州市相关金融和类金融机构数目

单位：家

指标	1月	2月	3月	4月	5月	6月	7月	8月
持牌金融机构数	314	314	314	314	314	316	322	322
法人金融机构数	53	53	53	53	53	53	53	53
小额贷款公司	107	107	107	107	107	107	109	109
融资担保机构	32	32	32	32	32	33	33	33
股权投资机构	6100	6100	6100	6200	6200	6200	6200	6200

资料来源：广州市地方金融监管局。

（一）股权融资体系现状及问题

在上市挂牌融资方面，2019年9月末广州的境内外上市企业数比年初增长了8家，直接融资新增企业数与7月、8月持平，累计共169家，总市值2.77万亿元，其中境内A股上市公司104家，与7月、8月的境内上市公司数目持平，总市值1.50万亿元；正常存续的上市公司153家，总市值2.53万亿元；新三板中，挂牌公司累计493家，与7月、8月的数目持平，比年初增加了5家，其中正常存续的企业309家，创新类企业24家，募资累计达158.24亿元，总市值为813.04亿元。累计有15640家企业在广东股权交易中心挂牌展示，达到历史新高，总融资规模累计达1130.68亿元。

2019年6月13日，在创新驱动和科技强国战略的指导下，科创板正式开盘。截至2019年10月，广州市实现境内上市融资的实体企业共99家，有37家企业通过深圳或上海主板上市，中小板有33家，创业板有28家，有1家企业通过科创板进行上市融资（如图2所示）。

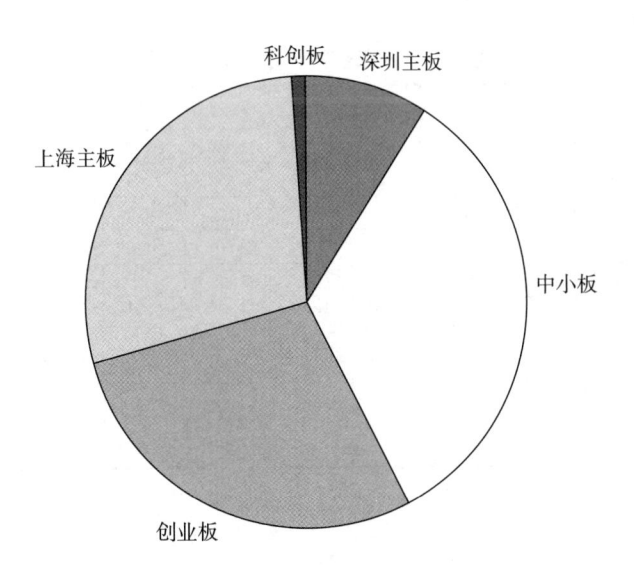

图2 截至2019年10月广州市实体企业上市类型

资料来源：CSMAR上市企业数据库。

在证券交易方面，广州市证券交易额累计达到11.56万亿元，与上年同期相比增长12.27%；股票交易额达6.00万亿元，与上年同期相比增长40.80%。广州市期货累计交易额为4.16万亿元，与上年同期相比增长32.85%。

在风险投资与私募股权方面，2019年4月，广州市地方金融监督管理局下发《广州市促进外商投资股权投资类企业集聚发展工作指引》，旨在与粤港澳大湾区的金融市场协作发展，助力进一步建设私募股权交易市场，重点打造广州"风险投资之都"，聚集更多外商投资股权投资类企业在私募股权市场进行私募基金份额托管和交易，营造广州QFLP（合格境外有限合伙人政策）试点工作的共享局面。

总体来看，广州市9月直接融资情况有所改善，其中股权交易中心累计挂牌企业数与前几个月相比有较大增幅，全市累计证券交易额和期货营业部累计代理交易额稳定增长，投资意愿持续增强，直接融资规模得到扩大。此外，广州市2019年1~8月股权融资现状的相关数据指标总结如表4所示，可以大致看出广州市的股权融资状况在稳步改善。

表4 股权融资体系相关数据指标

指标	1月	2月	3月	4月	5月	6月	7月	8月
证券交易额（万亿元）	0.99	2.02	3.80	5.46	6.72	7.78	9.03	10.29
期货交易额（万亿元）	0.38	0.65	1.12	1.58	2.07	2.54	3.07	3.65
累计培育上市公司（家）	161	161	163	163	164	165	169	169
境内上市公司（家）	100	100	101	101	102	103	104	104
境内上市公司总市值（万亿元）	2.41	1.48	1.54	1.51	1.41	1.44	1.42	1.51
新三板挂牌企业数（家）	488	489	491	492	492	492	493	493
广州股权交易中心挂牌企业数（家）	13687	13813	14015	14214	14468	14803	15338	14848

资料来源：广州市地方金融监管局。

（二）债权融资体系现状

广州市从2019年至2021年，其行政区域内企业可以通过"直通车"

机制申请企业债券,即企业不需向省级发改部门转报,而直接向国家发改委申报。发动企业在发债时谋划项目,为重点项目注入低成本、长期的资金供其建设。同时,要贴近企业需求,契合企业发债需求,推动企业转变观念,吸引企业发债融资。除此以外,2019年的广东省绿色金融政策指出:支持企业投资绿色循环低碳建设项目,发行绿色债券等融资工具。截至2019年9月末,广州发行地区信用债规模7343.84亿元,同比增长25.19%。

在银行类金融机构方面,广州市本外币各项存款余额5.68万亿元,本外币各项贷款余额4.54万亿元,银行业总资产额6.78万亿元;不良贷款余额369.06亿元,不良贷款率0.90%,比深圳以外的广东省其他城市低0.33个百分点,比上年同期下降0.04个百分点。

此外,广州市2019年1~8月信贷融资体系的相关数据指标总结如表5所示。总体看来,广州信用债融资规模新增1477亿余元,全市银行业规模持续增长,不良贷款率改善明显,相比于全省口径,资产质量较好。

表5 信贷融资体系相关数据指标

指标	1月	2月	3月	4月	5月	6月	7月	8月
银行业总资产(万亿元)	6.42	6.50	6.61	6.57	6.71	6.82	6.68	6.81
银行业利润(亿元)	69	135	211	250	309	346	431	507
非金融企业贷款(亿元)	22359	22418	22879	—	—	23748	23687	23744
不良贷款余额(亿元)	362	362	382	398	403	361	357	364
本外币存款余额(亿元)	55139	54712	55235	55164	56833	57333	56767	57628
本外币贷款余额(亿元)	42071	41983	42747	43013	43734	44428	44633	44886
存贷比(%)	76.30	76.73	77.39	77.00	76.00	77.49	78.62	77.89

资料来源:广州市地方金融监管局,4月、5月的非金融企业贷款数据缺失。

(三)融资服务体系现状

在企业担保服务方面,目前,广州市企业担保机构以融资性担保机构为主，在服务地方中小企业和经济发展方面发挥了积极的不可或缺的作用。截至2019年9月底，广州市融资担保公司共33家，各市辖区融资担保公司分布情况如图3所示，排名第一的天河区有19家融资担保公司，约占总数的58%；排名第二的越秀区有6家融资担保机构；其次是萝岗区和海珠区，各有2家；其余的白云区、番禺区、黄埔区和荔湾区各有1家。此外，由广州市金融监管局的信息可知，其中民营控股占比在70%以上，国有控股公司、国有参股公司与省内外融资担保公司的分支机构均占比较少。总体来看，广州市的融资担保机构数相比于2018年末的机构数增长了1家，比2016年1月的机构数减少了14家，地域分布有失衡的现象，其经营性质以民营为主。

在企业保险服务方面，广州市金融工作局于2019年践行了有关政策性小额贷款保证保险的行动办法，全面支持小微企业健康发展、缓解小微企业融资成本高问题，其执行内容主要包括：支持政策性小额贷款保证保险服务广州市农业企业、科技企业、小微企业和城乡创业者的融资需求；通过对保险公司的市场化运作，实现保险业承保企业小额贷款的可持续发展；根据借款企业的资信状况、贷款金额、贷款期限、行业特点等因素，保险公司可实行差异化费率；保险公司应对有条件且自愿提供抵押或担保的借款企业适当下浮保险费率。此外，2019年8月，白云区政府举办了广州保险行业综合服务中心产融对接活动，促进了区项目融资企业有效对接珠江人寿保险股份有限公司、众诚汽车保险股份有限公司、太平投资控股有限公司、中国人保资产管理有限公司等的保险产品与服务，推动保险资金进一步服务实体企业多样化的金融需求。

在产权交易方面，2019年，广州市产权交易市场积极拓展创新金融资产板块，先后开展多家金融机构的不良资产业务挂牌，拓展不良资产后端的投融资服务，达成构建可持续发展的特殊金融资产交易服务模式场景的目标。2019年11月，粤港澳大湾区知识产权交易博览会（简称知交会）在广州开幕。知交会现场启动了知交会在线交易系统，为国内外优质知识产权资源提供常态化、便利化的交易平台和合作机制。随后3天举办了知识产权拍卖会、项目路演、新品发布会、活动签约和粤港澳大湾区资源对接会等专场活动，对促进广州市企业创新成果转化运用、打造国际科技创新中心有重要意义。

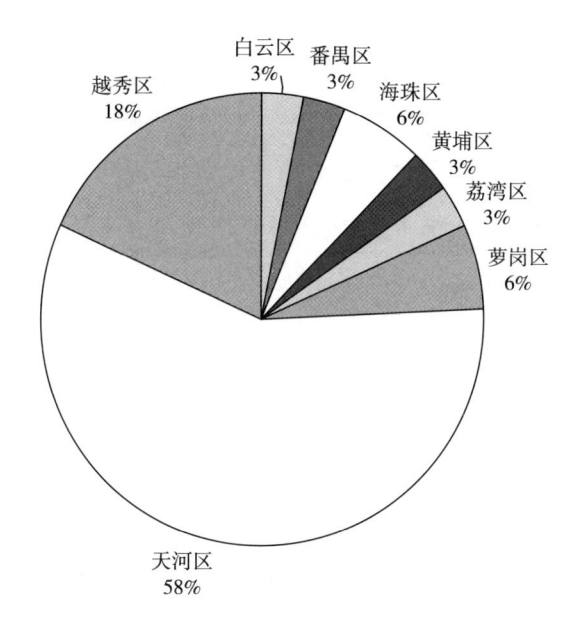

图3　广州市融资担保公司区域分布

资料来源：广州市地方金融监管局。

三　广州市实体企业金融支持体系存在的问题

（一）股权融资体系的问题

1. 未形成科技型企业的多层次股权融资服务体系

截至2019年10月，广州市共有99家公司分别在上海主板或深圳主板、中小板、创业板和科创板上市。其中在主板市场上，科技型企业占比较低，主要集中于交通、电力和能源等传统行业，如南方航空、粤电力和TCL集团等；科技型企业更多地分布在中小板、创业板以及科创板上。由此可见，上市公司行业分布不够均衡，针对科技型企业的股权融资服务缺乏多样性，此外，随着科技型企业发展的不断壮大，待到快速成长期或是成熟期，企业面临逐渐增大的上市资产压力和融资规模，股权融资分布不均势必会对此造成一定的限制。

2.广州市上市股权融资发展的地域不平衡性

广州市各大企业存在着地区发展不平衡，资源水平和政策支持力度不合理的现象，企业上市"一边倒"，使得广州市股权融资市场地域发展不平衡的格局逐渐扩大。通过整理国泰安数据库的数据资料（见图4），可以明显看到，黄埔区、天河区、越秀区上市企业较多，主要是得力于政策对于黄埔区企业的扶持和天河区、越秀区较高的经济实力和优越的地理环境，对于相对落后的地区如花都区和增城区分别只有两家和一家上市企业，而图中没显示的从化区至今没有企业上市。

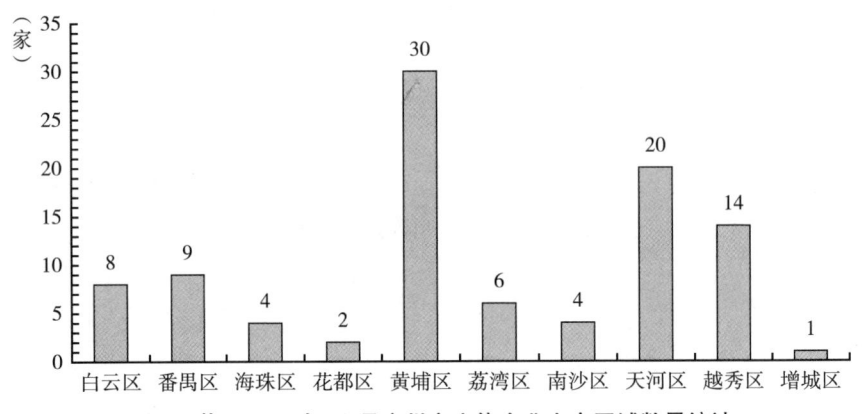

图4 截至2019年10月广州市实体企业上市区域数量统计

资料来源：国泰安数据库。

3.初创期企业风投资金较少、缺乏完善的风投绩效评价体系

广州市风险投资主要集中在中后期较为成熟的战略新兴产业项目，对处于初创期的企业投资额度较少，主要是因为处于初创期的企业收益不稳定，且风险较大。目前完整的风险投资绩效评价体系还未建立，业界对于风险投资绩效的标准尚未确立，学者之间的研究较为分散。同时，通过定量化研究风险投资绩效的例子较少，大多数研究都是集中在整个投资机构运作的流程，具有一定的局限性。

（二）债权融资体系的问题

1. 商业银行针对中小企业的信贷融资投入较少

近年来，广州市不断增加优化的存款余额，支持商业银行向中小企业发行贷款，但由于商业银行经营体制的稳定性以及对中小企业的信贷收益率较低、风险较高的特性，约束商业银行对中小企业的信贷投入。同时，在借款期限结构上，大多是以短期债券为主，难以满足企业长期的经营需要。

2. 较高的债券市场门槛限制中小企业进入

受限于规模小、信用等级低，大多数中小微企业无法获得发行企业债的资格，从而难以从债券市场中获得用于经营的资金。同时，发行债券的成本费（承销费和手续费等）较高，资金短缺的中小微企业无法承担资金压力。

3. 广州市各地区信贷融资市场发展不协调

广州市各区之间信贷融资体系存在规模不协调的问题，由于企业分布的不同，各个地区信贷融资规模不同，比如，天河区、黄埔区和越秀区占比较大，其他地区因占比较少其实体经济发展受限。

（三）融资服务体系的问题

1. 融资担保机构分布失衡、缺乏资金以及竞争实力较弱

广州市担保机构主要集中于天河区、越秀区和黄埔区，其他地区融资担保的机构较少。缺乏担保机构使得该地区的中小企业申请贷款的成功率不高，资金周转较差，不利于该地区整体经济的发展，同时这样的差距还会逐渐拉大，造成各地区担保行业乃至整个中小企业等发展更为不均衡的局面。

担保费用收入与政府补贴是担保机构的主要资金来源，其中，政府补贴更多是属于一次性的补贴，仅对当期的利润产生影响，对于后期持续的资金补充作用不大；而担保费用的收入是担保公司能够获取资金的主要渠道，但目前担保机构对于中小企业的担保费率收取较低，难以维持公司未来持续发展，所规定的未到期责任准备金与赔偿准备金也对担保企业的财务状况形成

压力，由此担保行业的规模难以持续扩大。

广州市担保机构中，民营机构占比较大，并且与政府或者是商业银行等存在着合作关系，但商业银行在一定程度上不认可民营企业的经营实力和管理能力，使得民营企业处于相对弱势的局面，不利于双方的深入合作与业务的持续拓展。

2. 保险产品模式单一、缺乏科技保险

目前广州市的保险产品大多数是在财产险和人身险的基础上发展的，在品种和运营模式上缺乏一定的创新，特别是针对中小微企业，难以进一步保障其风险需求。中国科技保险于2006年首次推出，广州市于2016年3月被纳入科技保险的试点中，相较于深圳市来说起步较晚，规章制度和运营模式等都处于初步执行阶段，在以后的操作过程中需要不断地调整和完善。

3. 产权市场交易创新性不足、供应链不完善以及辐射效应较弱

广州市产权交易品种主要集中于碳交易等传统的业务品种，创新性不足，结合新时代互联网金融以及绿色金融的产品较少。目前，广州市各大产权交易平台上下游企业相互合作不够紧密，使得交易的成本较高、效率较低，尚未完善良好的供应链体系。此外，位于广州市的广东联合产权交易中心致力于整合全省的产权市场，推动粤港澳大湾区产权交易市场的协同发展，但目前粤港澳大湾区不同城市之间发展差距较大，并且在其他地区存在着规模小、体制不够健全、利益分配机制和保护机制不够完善的情况，难以满足其他地区企业发展的需要。

四 完善广州市实体企业的金融支持体系的对策建议

（一）完善广州市股权融资体系的对策建议

在创业板市场方面，创业板市场作为中小型科技企业风险投资退出的主要渠道，其完善和发展也将会带动和促进风险投资市场的发展。与此同时，风险投资不断活跃也会激化创业板的完善和改变。因此，广州市可以在鼓励

和支持风险投资机构发展的同时，设立政府性培育组织，对中小型科技企业进行科学化、专业化的上市前指导，完善其公司治理水平，使其中优秀的企业能够达到在创业板上市的准入标准。

在新三板市场方面，广州市中小型科技企业应努力提升自身科创能力，以提高挂牌企业质量。考虑到新三板市场对准入门槛不设置财务指标限制因高速的发展而使其弊端放大化，广州市应对挂牌企业质量加以管控，降低新三板市场极高的投资风险。具体而言，监管部门针对中小型科技企业的特点制定具有弹性、灵活的监管标准，为新三板市场的良好运作提供较好的监管环境。

在科创板市场方面，中小企业要发展和利用自身科技创新等优势，抓住科创板带来机遇并应对由此带来的挑战。一方面，中小企业通过注册制实现较快的上市，扩大自己的知名度，吸引更多投资者；另一方面，科技型中小企业之间的竞争会更加剧烈，优胜劣汰会激励企业争相以较短的周期推出新技术或新产品，由此会面临相应的管理经验和手段落后的风险，以及创新成果的不稳定性、无赢利性和非法违规性。为防止这些情况，需要尽快完善科创板的相关法律法规。

在风险投资与私募股权方面，广州市应加大风险投资和私募股权融资对初创期企业的扶持力度，提供一定的资金支持和资金渠道的指引，培育具有发展潜力的种子企业。与此同时，广州市应创建适合本市的风险投资机构与风险投资人才的绩效评价标准，建立有效的跟投机制、声誉激励机制，以提高广州市风险投资机构和人才的努力程度与创新力，从而有效地吸引社会资本流入中小实体企业。

此外，广州市应注重资源水平和政策支持力度的合理分配，对于符合公司治理结构规范、产业政策、信息披露透明条件的欠发达区域实体企业给予上市扶持和指导，帮助其达到上市或挂牌的财务门槛，配合大数据技术积累企业的历史诚信数据以进行跟踪监管，从而提高企业的质量和上市计划，减小上市股权融资市场的地域发展不平衡度。

（二）完善广州市债权融资体系的对策建议

一方面，政府部门应适当地降低中小企业贷款门槛，改变其融资的弱势地位，可以引入信用担保并对现行体系进行改革；另一方面，从银行本身出发，也应出台措施加大对银行信用担保制度的制定与多种模式并行担保模式的探索。具体有以下对策建议。

1. 加强中小企业征信制度建设

银行需要建立一套针对中小企业的信用征信体系，减少银行的逆向选择风险，提高银行对企业贷款风险评估的精确性，进一步加大对中小企业的信贷支持力度。将中小企业信用信息纳入整个金融系统，为银行提供一个可靠的渠道来共享企业信用信息。

2. 注重信用评级机构的独立性

应保持信用评级的客观性，保证评级机构的独立性。因此若要建立一个完善的信用评级机构就必须使信用评级机构在人事上和资金支持上彻底和金融机构脱离利害关系，进一步调整评级机构的股权结构，隔断信用评级机构和商业银行在"血缘"上的联系，以保证信用评级机构的中立和公正。评级业务和辅助业务应该在信用评级机构的内部被分离，可以建立合适的信息防火墙以隔离核心与非核心业务的运营，以防止出现利益冲突和利益输送。

3. 完善信用担保机制

应完善中小企业信用担保风险补偿的制度建设。担保机构除了做好风险控制工作，政府也要在政策层面给予支持建立以财政为主导的风险补偿机制。中小企业信用担保业务的风险很大，故担保机构所建立的风险自留机制应该具有高可信度与完备性；除此之外，财政主导的风险补偿诸如贷款贴息率、担保补贴等也可以作为信用担保机构长期而稳定的补偿资金来源，政策的合理介入不仅可以保持该行业的稳定发展，而且可以发挥一定的"杠杆"效应，有利于信用担保机构增加对中小企业信用担保的业务，从而降低了中小企业融资成本。

4. 对企业进行更全面的信用评价

为了更客观全面地检查中小企业的信用度，银行或其他金融机构可以对企业的相关利益者的信用进行评估。此外，应重视中小金融机构的发展，因为有研究表明，中小银行与中小企业建立的关系能有效缓解信贷中的约束，故这也是缓解中小企业融资困境的选择之一。

此外，广州市应鼓励银行类中介机构提供从小额信贷扩展至理财、支付、汇兑等综合服务，降低欠发达地区企业的发债标准与发债费用，以调整地区企业之间债权融资结构和规模的不平衡性，提升金融的普惠性。广州市也需要进一步完善各商业银行跨区域合作体系，紧密围绕着《粤港澳大湾区规划纲要》打造国家级中心城市和综合性门户城市，积极发挥各地区债权资源的汇聚效应，克服各地区体制的差异和潜在风险，以健全广州市商业银行与港澳金融机构的合作体系。

（三）完善广州市融资服务体系的对策建议

1. 拓展担保业务品种和资金来源

传统的融资担保业务应该继续加以完善，与此同时，信用担保机构需要尽力创新业务种类，比如，质量工程履约担保、合同履约担保、保理业务等，还可以开展金融衍生品的担保业务，丰富个人融资类担保业务、非融资类担保业务。同时，担保机构要积极开展中间业务，如担保配套、项目评估、信用评级与资产评估等，还要健全再担保机制，以丰富业务品种和增加机构的资金来源，分散为中小企业进行信用担保所面临的信用和经营风险。

2. 强化信用担保机构定位和独立性

政府在不断通过发放补贴和健全制度等方面支持信用担保机构服务中小企业的同时，也应该鼓励其进行独立的信用担保决策，进行适当的引导和监督，减少对其业务的直接干预。此外，现代企业制度也是中小企业信用担保机构的良好选择，有助于担保机构优化法人治理的内部结构，避免受到其他机构的任意干预。

3. 完善担保机构的风控机制

广州市应建立起担保机构与银行之间的良好合作关系，与银行之间的风险承担比例和涵盖范围要加以明晰，包括担保资金的违约概率、违约责任以及偿付条件等。此外，担保机构应注重增加风险控制方式，合理运用金融衍生品对冲风险，对一些受保的项目采取科学的跟踪方法，制定科学合理的代偿追偿和处置机制。

4. 完善实体经济的保险体系

广州市应以粤港澳大湾区建设为纲，使得保险同地方经济发展与战略实施相匹配；要支持建设保险公司分支机构和引入外资保险机构，同时也要推动保险机构并购重组海外的金融机构，引导更多的投资流向大湾区；保险业的发展也需要与实体经济的发展相适应，加大对农业保险和商业健康险的建设，有利于传统行业加快优化升级进程。此外，在保险资金的运用方面，建议保险机构和相关监管部门实施地区差异化措施，即鼓励将暂时积聚的闲置资金投入欠发达地区的实体经济体，以提升该区域融资服务实体的协调度。

5. 推动产权交易体系的发展

广州市产权交易市场需要不断地去探索创新的业务品种，形成广州产权市场交易的规模效应和大湾区的头部效应；应加强广州商品交易所、企业财务清算所二者的紧密合作，以现货购销平台为中心，打造立体化的产权交易业务生态化体系，不断地拓展新品种和新服务，形成丰富的产品线网络；此外，广州市产权交易市场需要发挥其辐射作用，结合各个地区的实际情况，推动大湾区整体产权交易更加积极、更加创新地协同发展。

（四）完善广州市金融科技产业的对策建议

广州市政府应重视金融科技的发展，继续制定和完善在大数据、云计算、人工智能等方面的相应战略规划。金融科技本身已形成一个独立的子产业，金融科技产业的发展可以促进经济的转型升级，降低地区之间经济发展的不平衡性。当前融资困境在民营企业和小微企业中普遍发生，同时传统制造业目前已经面临着升级换代的处境，大量低效落后的产能有待改进，金融科技产业的发展则可以帮助广大民营企业、小微企业更便利地获得融资，推动传统制造业升级转型为智能制造，促进更多的传统产业迈向现代化产业。

广州市可以借鉴北上深的经验，合理推动金融科技产业园区布局。产业园区具有集聚辐射作用，园区内企业具有上下游关系，有利于实现产业链之间的合作互利，从而在推动科技创新、产业发展方面意义重大。广州建设金融科技产业园区可以是原有园区的升级，也可以紧密结合广州市的产业优势和经济特点建设新的产业园区。

另外，广州应注意区域金融科技产业发展布局的平衡性，利用金融科技等手段加大对欠发达区域企业的融资指导、培育和监督；同时需要重视对金融科技行业的创新与监管，对此，可以借鉴英国的沙盒监管模式，即让金融科技创新企业在"监管沙盒"里测试其新产品和服务的有效性和安全性，等到产品和服务足够成熟和完善再推广到市场，从而兼顾促进创新与防范风险。

B.7
广州市金融产业创新政策工具文本量化分析研究[*]

广州大学广州发展研究院课题组[**]

摘　要： "创新驱动"的时代背景下，金融产业创新是推动金融发展的核心动力，地方政府出台了哪些组合政策，有何特点？本文通过将广州与北京、上海、深圳、杭州、成都、香港等七个城市2009~2019年113项金融产业创新政策进行取样、编码、分类、统计等文本量化分析研究，从基本政策工具、时间、城市三个维度构建分析框架。研究得出政策工具结构不均衡，供给型政策工具使用过溢，需求型政策工具使用严重不足等结论，以资对我国金融产业创新政策建设提供有益的借鉴。

关键词： 金融产业创新政策　政策工具　量化分析

随着改革开放的不断深入与经济全球化的逐步扩展，作为社会资金总枢纽，金融业对于融通和运用社会资金，促进现代经济的发展起着极大的推动作用。目前我国正处于全面推进供给侧结构性改革、促进新旧动能转换的关键时期，

---

[*] 本研究报告系广东省普通高校人文社会科学重点研究基地广州大学广州发展研究院、广东省高校创新团队项目"广州城市综合发展决策咨询创新团队"的研究成果。

[**] 课题组组长：谭苑芳，广州大学广州发展研究院副院长，教授，博士。执笔人：周雨，广州大学广州发展研究院助理研究员，硕士生导师，博士。参与课题学生：梁晓琪、邓淼尹、李小燕、秦康翔。

金融创新产业的发展正在为经济结构的调整和产业结构的优化升级提供动力。金融产业政策作为推进金融产业发展主要的力量，对其进行研究的意义可见一斑。

本文以政策工具为视角对我国的金融创新政策进行量化分析，通过收集整理北京、上海、广州、深圳、杭州、成都、香港七个城市2009年1月至2019年10月近10年间由各市级政府部门颁布的相关金融创新政策，对其进行量化编码、分析和研究，并构建对应的政策分析框架。对现阶段金融创新政策存在的问题进行剖析，为政府未来工作提出有针对性的改善措施。

一 七大城市金融业发展现状简介

近年来，随着我国各地政府对金融产业的重视程度日益加深，七个城市在"全球金融中心指数"的排名也有了较大的提升。在第26期"全球金融中心指数"中，广州市的排名是稳中前进的，评分较上期增加3分，排名上升1位，目前排名全球第23。香港、上海、北京和深圳均跻身全球金融中心指数排行榜前十。香港特区全球排名第3，与上期排名一致。上海与新加坡的评分差距由上期的2分缩小至本期的1分，上海与前四位的金融中心差距也在进一

表1 七大城市金融业发展现状

	上海	北京	深圳	广州	杭州	成都	香港
金融业增加值（亿元）	6600.6	6544.8	3667.63	2041.87	1791	1750.2	885.73
金融业同比增长率（%）	11.60	9.50	9.10	8.20	9.10	9.09	6.50
在同期GDP中的比重（%）	17.30	18.50	13.60	8.60	11.65	12.00	24.65
全球金融中心指数（GFCI）排名	5	7	9	23	104	73	3

注："全球金融中心指数"（Global Financial Centers Index, GFCI）是全球最具权威的国际金融中心地位的指标指数。由英国智库Z/Yen集团和中国（深圳）综合开发研究院共同编制。此排名采纳的是2019年9月21日发布的第26期"全球金融中心指数"。

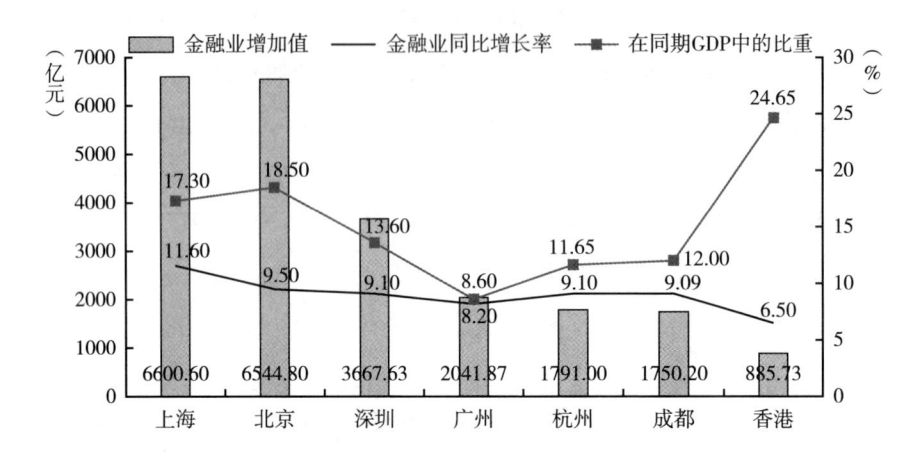

图1　七大城市金融业发展现状

注：北京、上海、杭州、广州、深圳采用的是2019年度数据统计，但成都、香港由于2019年第四季度数据仍未发布，所以香港的数据使用《2018年信息及通讯、金融及保险、专业及商用服务业的业务表现及营运特色的主要统计数字》进行统计，并将其计值币种转换为人民币，成都则使用2018年统计数据。

步缩小。北京、深圳表现亮眼，排名较上一期各提升2位和5位，分别位列第7和第9。成都的评分较上期评分大幅增加25分，排名上升14位，目前全球排名第73。杭州市在第26期全球金融中心排名中为第104位。

在金融增加值方面，广州2019年金融业产值的增加值为2041.87亿元，在七个城市中排名第4，与排名第一的上海相差超过4500亿元，这说明广州仍需进一步加强自身金融实力。上海和北京在七个城市中排名前列，均超过6500亿元；其次为深圳、杭州、成都，香港的金融增加值最少，仅有885.73亿元。金融业增加值反映的是相对上年而言本年所取得的金融成果，其反映城市本身的金融发展后劲实力。

在金融业同比增长率中，广州在内地六市中排名最后，增速为8.2%。这说明相比于其他五个内地城市，广州市对于金融创新产业发展的支持力度仍然不足。上海以11.6%的同比增长率排名第一。

在金融业在同期GDP的占比中，广州市金融业占比较其他城市低，说明广州市政府在金融业的去杠杆工作方面较有成效，这也表明广州市在支持实体经济"脱虚向实"方面迈出了重要一步。排名第一的为香港,其次是北京、上海、深圳、成都、杭州,广州以8.60%的占比排名末位。

综合而言,广州的金融业发展速度平稳且稳步前行,如今广州作为粤港澳大湾区的重要城市之一,未来金融产业创新的发展必有更大的空间。广州市不断完善的金融发展环境必将为中国南方地区搭建快速且稳定的金融发展平台,为粤港澳大湾区的未来发展注入磅礴动力。

二 政策样本选择与编码

本文选取的金融创新政策文本均来源于七个城市的网上公开数据资料,主要从政府门户网站、"北大法宝数据库"、"北大法意数据库"等具有公信力和权威性的相关网站选取。由于涉及金融行业的创新政策文本数量众多,为了保证政策文本的准确性以及代表性,本文按照以下四点要求对海量的政策文本进行筛选与梳理:一是政策文本需与金融产业自身创新有着紧密的关系,包括制度、市场、产品、机构、科技、管理等自身创新。二是市级政府或市级部门单位为政策发文单位。三是法律法规、规划、意见、办法、通告等体现政府政策意志的公文形式为政策文本首要选择类型,不计入在内的类型为行业标准、相关会议摘要总结及相关主管部门负责人的发言等。四是2009年1月到2019年10月为本文选取的政策文本发文时间。依照上述筛选标准,本文最终梳理了2009~2019年与金融创新有关的有效政策样本113份,具体如表2所示。

表2 本文金融产业创新政策文本列表(节选)

序号	政策名称
1	印发广州区域金融中心建设规划(2011~2020年)的通知
2	关于加快建设广州区域金融中心的实施意见
3	印发广佛肇经济圈发展规划(2010~2020年)的通知
4	印发广州市国民经济和社会发展第十二个五年规划纲要的通知
5	广州市人民政府办公厅关于印发广州市金融业发展第十二个五年规划的通知

续表

序号	政策名称
6	广州市人民政府办公厅关于印发2015年广州金融创新发展重点工作实施方案的通知
……	……
112	立法会财经事务委员会金融科技发展　立法会CB(1)760/18-19(04)号文件
113	行政长官2019年施政报告政制及内地事务局有关内地合作与台湾事务的政策措施政制及内地事务局局长发言要点

对选取的113份政策文本进行编号排序，并将政策文本中的有关金融产业创新的具体政策条目作为分析要素，利用数据分析软件Maxqda10，按照"政策序号－章节序号－条款序号"的方式进行编码排序从而形成如表3所示的金融产业创新政策文本编码表。例如"1-6-2"表示序号为1的文件即《印发广州区域金融中心建设规划（2011~2020年）的通知》第6章节中的第2条款"加快发展国内有示范作用的广州金融创新服务区。……规划建设广州金融创新服务区，重点发展风险与股权投资、金融后台及外包服务、金融电子设备制造……"。在基本政策工具维度中"供给型"政策为一级指标，"基础设施建设"为二级指标。"28-3-5"表示序号为28的《杭州市人民政府关于推进互联网金融创新发展的指导意见》第3章节中的第5条款"……鼓励符合条件的互联网金融企业申报软件企业、高新技术企业、技术先进型服务企业等方面认定，按照规定享受相关财税优惠政策"。在基本政策工具维度中"环境型"政策为一级指标，"税收优惠"为二级指标。因此归纳编码可得出七个城市在2009年1月至2019年10月共387条编码信息，其中需要注意的是由于政策具体内容可能会涉及多方面的政策工具指标，则该具体内容会重复编码并进行其他分类。

表3　金融产业创新政策文本编码表（节选）

序号	具体内容	编码	一级指标	二级指标
1	加快发展国内有示范作用的广州金融创新服务区。……规划建设广州金融创新服务区，重点发展风险与股权投资、金融后台及外包服务、金融电子设备制造……	1-6-2	供给型	基础设施建设

续表

序号	具体内容	编码	一级指标	二级指标
……	……	……	……	……
28	……鼓励符合条件的互联网金融企业申报软件企业、高新技术企业、技术先进型服务企业等方面认定,按照规定享受相关财税优惠政策。	28-3-5	环境型	税收优惠
……	……	……	……	……
55	加强经验总结推广。建立和完善绿色金融改革创新的信息、案例收集与整理机制,及时总结宣传和推广绿色金融创新做法……	55-5-22	需求型	示范工程
……	……	……	……	……
83	(1)研究制定创业投资企业发行企业债券方案……推动创业投资企业发行企业债券,建立创业投资企业融资新机制。(2)支持针对中小企业、高新技术企业的信用贷款、知识产权质押贷款、科技保险等金融创新业务,探索设立专门服务于中小企业和创业投资机构的科技创业银行……	83-4-6	环境型	金融支持
……	……	……	……	……
113	特区政府积极发挥"促成者"和"推广者"的角色作用,通过不同区域合作平台,与内地各省市及自治区开展务实合作,提升合作水平……深化与相关内地省市及自治区在商贸、金融、创新科技、创意产业及青年交流等领域的合作	113-9	环境型	法规管制

三 政策文本量化分析

(一)基本政策工具统计描述

基本政策工具对金融产业创新的作用角度是不同的,因此可分为供给、环境、需求三种类型,其中供给型政策工具主要表现为对金融产业创新的推动力,环境型政策工具主要表现为对金融产业创新的影响力,需求型政策工具主要表现为对金融产业创新的拉动力(见表4)。

表4 政策工具分类及其作用

工具类型	工具品种	工具作用
供给型政策	教育培训、信息支持、资金投入、基础设施建设、公共服务	政府通过对人才、信息、技术、资金等的支持直接扩大供给,改善金融企业相关要素的供给,推动金融创新的发展
环境型政策	目标规划、金融支持、税收优惠、法规管制	政府通过财务金融、税收制度、法规管制等政策影响金融创新的环境因素,为金融创新营造有利的政策环境,间接影响金融创新的发展
需求型政策	交流合作、公共技术采购、市场塑造、示范工程、海外机构管理	政府通过采购与贸易管制等措施减少市场的不确定性,积极开拓并稳定金融创新的市场,从而拉动金融创新

1. 内地五个城市及香港特区基本政策工具描述

本文共收集了七个城市387条政策,其中广州共有58条,内地五个城市共有227条,香港共有102条。在供给、需求、环境三大政策工具的运用中,内地五个城市与香港特区对其的使用程度存在明显差异。环境型政策工具被内地五个城市最为频繁地使用,共124条,占比54.63%;供给型政策工具次之,共80条,占比35.24%;需求型政策工具共23条,占比仅为10.13%(见表5)。上述数据反映在金融产业创新政策体系中环境型政策工具与供给型政策工具的使用数量稍有过溢,需求型政策工具则严重不足的现象。

①内地五个城市倾向于应用环境型政策工具,但环境型政策工具内部利用不平衡。环境型政策工具主要表现为对金融产业创新的影响力。政府部门借助目标规划、税收优惠、金融支持、法规管制等手段打造有利于金融创新产业发展的健康环境。在环境型政策工具中,占比最高的"目标规划"为62.90%,这表明五个城市均注重建立促进金融创新产业发展体系,引导金融创新产业发展方向。占比最少的"税收优惠"和"法规管制"相加仅有13.71%,税收优惠作为减少企业负担,激发企业活力的重要部分,政府若能大力加以利用,必定能促进我国金融产业创新的蓬勃发展。而法规管制将

会为金融创新产业打造一个健康的市场环境。

②内地五个城市供给型政策工具内部结构较不合理。供给型政策工具主要表现为对金融产业创新的推动力，主要指当局通过自上而下各种方式的支持，直接作用于生产要素方面，扩大有效供应力度，推进金融创新产业发展的深度与广度，如提供教育培训、信息支持、基础设施建设、资金投入、公共服务等手段。在供给型政策工具中，"基础设施建设"占比最高，为28.75%。近年来，我国的金融产业创新处于起步发展阶段，现阶段为支持金融创新产业的发展，政府比较重视金融创新产业基础平台的建设，为金融创新产业提供了优质办公楼宇和孵化空间。然而，在供给型政策工具中，"公共服务"占比不足4%，这表明政府对于公共服务方面的重视程度远远不足。当局可着力设立科普教育、政策辅导、技术咨询、创业培训等相关公共服务类政策举措，为金融产业创新提供充足的公共服务支撑。另外，在资金投入方面，五个城市政府在财政资金投入方面力度较大，但现实中实际取得的效益还有待观察，所以政府对金融创新产业实施资金投入的同时应注重充分发挥政府投资效率与杠杆效应，引导社会资本参与投资，激活市场活力。

③内地五个城市需求型政策工具使用严重不足。需求型政策工具与供给型政策工具和环境型政策工具相比，对金融产业创新的拉动力施展得更加直接和有效。然而，在三类政策工具中，需求型政策工具占比最低，其使用存在严重的不足与缺失，表明我国政府当前主要通过加大供给和营造良好的政策环境为金融产业创新发展提供助推力，却忽视了从需求端拉动金融创新产业的发展。在需求型政策工具中，五个城市几乎未曾提及"公共技术采购"、"市场塑造"和"海外机构管理"这三方面，表明这五个城市对此的利用程度仍需较大的提高。需求型政策的缺少致使当局对金融创新产业发展拉动力严重不足，使得金融创新产业在长时间发展中存在必然问题，如金融创新产业靠政策支撑获得补贴勉强维持生存，但自身的盈利能力微弱等问题。所以，当局不但应进一步加强对需求型政策工具的利用，踊跃拉动金融创新产业的发展，而且同时可采用多元化工具并用，促进各种工具实现优势互补。

④内地五个城市与香港特区就政策工具使用角度呈现强烈互补态势。香港特区政府更加侧重于采取发挥推动作用的供给型政策工具。通过加强对人才、信息、基础设施、资金、公共服务等要素的支持力度,直接扩张供给面以增进金融创新产业的发展。需求型政策工具均衡性优于内地五市;环境型政策工具子分类使用频率差异较大,最为关注的"法规管制"占比高达81.25%,表明政府行政权力对市场的直接干预程度较强,其目的在于规范市场主体行为,维持良好的市场竞争秩序。各地政府应加强内地与港澳台之间政策工具交流与互鉴,促使政策源于群众,切实惠于人民。

表5 内地五个城市及香港特区政策工具频数统计

工具类型	工具品种	内地五个城市合计(条)	百分比1[①]	百分比2[②]	香港合计(条)	百分比1[①]	百分比2[②]
供给型政策	教育培训	14	17.50%	35.24%	13	21.67%	58.82%
	信息支持	19	23.75%		5	8.33%	
	资金投入	21	26.25%		11	18.33%	
	基础设施建设	23	28.75%		7	11.67%	
	公共服务	3	3.75%		24	40.00%	
环境型政策	目标规划	78	62.90%	54.63%	0	0.00%	15.69%
	金融支持	29	23.39%		2	12.50%	
	税收优惠	6	4.84%		1	6.25%	
	法规管制	11	8.87%		13	81.25%	
需求型政策	交流合作	10	43.48%	10.13%	16	61.54%	25.49%
	公共技术采购	2	8.70%		2	7.69%	
	市场塑造	1	4.35%		3	11.54%	
	示范工程	9	39.13%		2	7.69%	
	海外机构管理	1	4.35%		3	11.54%	

注:①表示指定政策工具品种在其所属政策工具范例条款中的比重;②表示指定政策工具范例条款在总的政策工具条款中的比重。

2. 广州市基本政策工具描述

广州市政府共颁布了 58 条相关政策，其中占比最高的仍是环境型政策，共 24 条，占比高达 41%；其次为供给型政策，共 23 条，而利用频率最低的是需求型政策，共 11 条，占比不足 19%。广州市颁布的政策数目与内地其他城市最大不同为供给型政策数量与环境型政策数量的接近程度。笔者认为该差异特点与近年来国家提出的粤港澳大湾区建设发展相关。

①环境型政策工具占比最高，这表明广州市政府更加侧重于采取改进环境的政策工具。通过加强对目标规划、金融支持、法规管制等要素的支持力度，直接对金融创新环境进行改进，侧面促进金融创新产业的发展。其中，占比高达 62.50% 的"目标规划"应用最为显著；其次是"法规管制"，而"金融支持"占比相对较低，仅为 16.67%；"税收优惠"则完全被忽视，市政府在过去 10 年间未颁布相关政策。完善的税收优惠制度是金融产业发展的基础，广州市对其利用程度有待进一步加强。

②在供给型政策工具中，均衡性处于内地五个城市较高水平，五种类型均有涉及。最为突出的"基础设施建设"占比高达 34.78%，这与近年来粤港澳大湾区的设立不无关系，湾区的建设与基础工程的发展紧密相连，在湾区建设的初级阶段，作为龙头城市的广州，有效地将基础设施建设作为建设粤港澳大湾区的核心和重点，颁布相关政策以保证设施建设的质量和数量。但关注最少的"资金投入"和"公共服务"占比均不到 10%。相关有效政策的颁布和实施可作为城市发展原动力，如广州市政府能加大对金融创新产业的资金投入，并加大公共服务力度的推动，定能为金融创新产业的发展注入强大的动力。

③需求型政策工具的使用情况受大湾区初期发展影响较大，其使用频率差异明显。在需求型政策中，最为关注的"交流合作"，占比高达 72.73%，这表明政府对于推动城市与外界交流合作的意图明显，其目的在于深化城市间金融产业融合，促进金融行业发展全球化的进程，进而为粤港澳大湾区和中国南方经济圈建设注入更多能量。然而，"示范工程"和"海外机构管理"未能得到足够的重视；"公共技术采购"和"市场塑

造"则完全没有提及，广州市政府可适当平衡相关需求型政策工具的政策工具品种数。

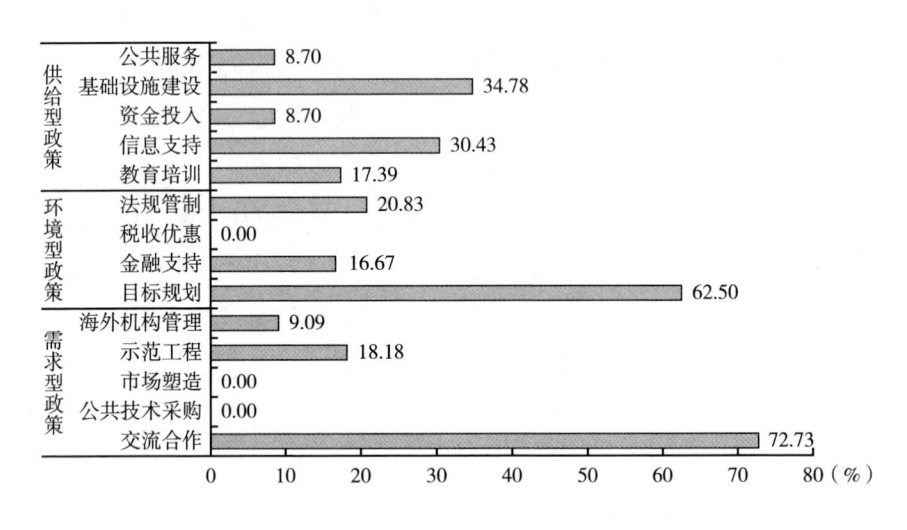

政策类型	工具	数值
供给型政策	公共服务	8.70
	基础设施建设	34.78
	资金投入	8.70
	信息支持	30.43
	教育培训	17.39
环境型政策	法规管制	20.83
	税收优惠	0.00
	金融支持	16.67
	目标规划	62.50
需求型政策	海外机构管理	9.09
	示范工程	18.18
	市场塑造	0.00
	公共技术采购	0.00
	交流合作	72.73

图2 广州市基本政策工具分布

（二）时间维度分析

从总体数据分析，内地城市在研究范围的十年内政策颁布数量较为分散与均匀，这主要取决于不同年份国家方针的指导，从而促进金融产业创新的政策制定；香港在金融产业创新方面政策颁布数量在十年内呈现明显的递增趋势。

1. 内地五个城市及香港时间维度分析

总体上看，内地五个城市和香港的政策数量在年份上呈现波动上升的趋势，并且存在三个峰值年份，分别在2011年、2016年和2018年。第一个显著的峰值为2011年，较之先后两年，2011年的供给型、环境型、需求型政策数目均明显增加。笔者认为这与中国人民银行于2010年底初次公布《中国金融标准化报告》有关。该报告指出"十二五"期间，我国金融标准化的工作重点是围绕金融业发展大局，创立并健全科学的标准体系，加速重要标准的研制和公布，并通过加大金融标准实行力度，提高金融行业服务质量和运行效率。第二个明显峰值出现于 2016 年，该年份在我国资本市场上，熔断机制、IPO 扶贫等政策的颁布，G20 提出拟定《数字普惠金融高级原则》，将金融与科技不断融合，覆盖传统金融的数字化、移动化和新兴的互联网等范畴。同期作为互联网金融监管元年，国务院办公厅印发《互联网金融风险专项整治工作实施方案》，多项政策法规出台，内地各大城市积极响应，从制度层面为行业规范发展确定了准则。在第三个明显峰值 2018 年，内地五个城市及香港的金融创新政策数量总值达到最高，中国人民银行的易纲行长在博鳌亚洲论坛上宣布扩大金融业对外开放力度的具体措施，以及规范金融机构业务的指导意见和措施相继出台，银保监会合并等大量相关政策信息释放，各地再次积极响应，加大对金融行业创新政策的投入。内地五个城市及香港金融产业创新政策在 2009~2019 年十年间，总量分布均衡，政策的颁布响应国家政策指导方针，其中主要手段集中在环境型政策，2018年后转向供给型政策的投入（见图 3）。

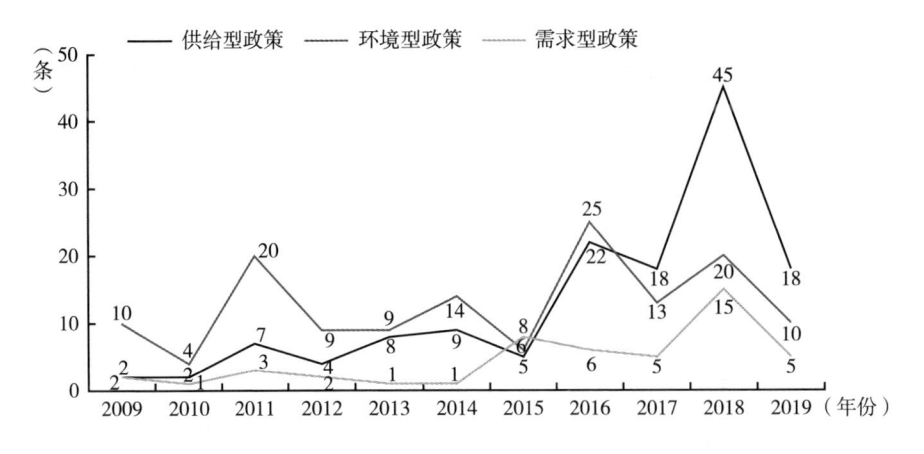

图 3 内地五个城市与香港政策数量时间分布

2. 广州市政策时间维度分析

与其余六地在横向时间轴上政策数量呈现波动上升趋势不同，广州市出台的政策数量波动可分为两个阶段。在 2009~2015 年，广州市有关金融产业创新的政策数量呈现大小年的特点，单数年的政策数量较多并且近十年政策数量高峰出现于2011年、2013年、2015年。中国人民银行于2010年底初次公布《中国金融标准化报告》，市政府于2011年印发了《广州区域金融中心建设规划（2011~2020年）》，从而深入推进金融改革创新，2011年作为建设广州区域金融中心的开局之年，因此首次高峰出现于2011年。而双数年如2010年、2012年、2014年的政策数量则为0。在前六年的政策中，政策数量覆盖供给、环境、需求三个维度，但仍主要集中于供给型政策和环境型政策，需求型政策相对较少。近四年广州市有关金融产业创新的政策数量较少、支持力度较弱，政策的覆盖面仍比较窄，如2017年的1条、2018年的1条等（见图4）。

政策数量上的波动容易对行业企业的发展造成不确定性的影响，使得广州内部的发展环境与国际发达城市的金融产业创新的行业环境具有较大差距。与北京、上海、深圳等城市的金融产业创新速度相比，广州在这方面稍显逊色，因此广州市政府应在未来抓住金融产业创新发展的机遇，出台多项政策推动其发展，继续扩大金融对外开放水平，加快金融国际化的进程。

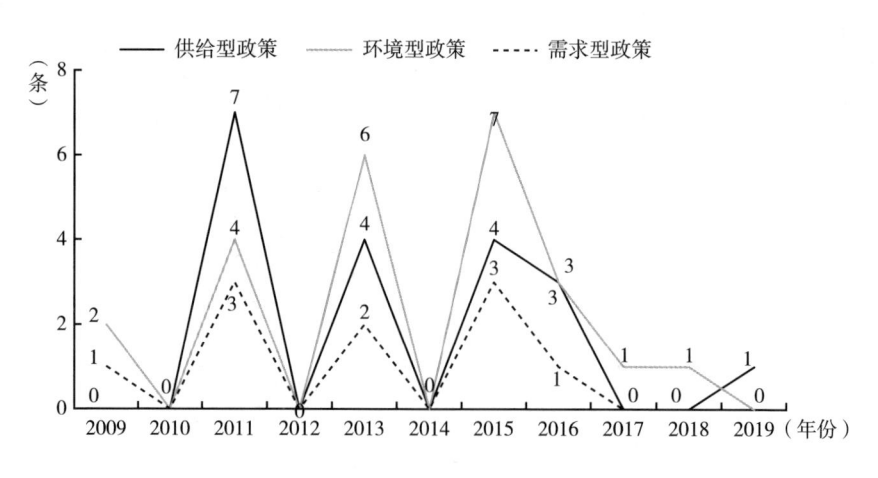

图4 广州市政策数量时间分布

（三）城市维度分析

综观各个城市的政策工具分布，发现其政策颁布情况存在较大差异：过去10年间，香港特区政府颁布政策数量最多，共102条，占比26.4%；杭州市和广州市次之，前者颁布政策数为60条，后者颁布数为58条，2个城市分别占比15.50%、14.99%；上海市、北京市和深圳市颁布数量靠后，分别为52条（13.4%）、49条（12.7%）、44条（11.4%）；成都市排名末位，仅颁发22条政策，占整体的5.68%（见表6）。依据分析得出如下结论。

1. 广州市金融创新行业将迎来新一轮发展契机，金融产业创新在未来拥有较大改进趋势

城市中一个行业的未来发展及前景预测，很大程度上可以用政府颁布相关政策数量进行等价评估。广州市的金融创新政策颁布数量为58条，位居7个参考城市的前列，侧面突出广州市政府对于金融产业创新的发展意图，这无疑在为相关从业人员提供新的发展契机：一方面，政府决定一个城市未来的发展方向，广州市政府很好地把握了未来金融业的发展动向，并依托广州市整体城市发展制度，形成适合相关从业人员以及广大人民的金融行业创新发展政策；另一方面，广州市政府相关政策颁布的积极性，同样反作用于包括银行业、保险业、证券服务业等行业的相关金融行业从业人员，进而形成强大的需求圈，刺激城市金融业的进一步发展，最终演变为"良性"金融创新产业发展循环，为广州市综合发展注入全新动力。

对于城市中该行业目前状况的整体评价，可以比较政府对于相关政策工具的工具品种利用频率。广州市夯实自身金融创新行业发展基础的同时，积极为南方金融行业发展提供有益经验。广州市供给型政策分类均衡性位居内地六市及香港特区中的前列。尽管环境型政策以及需求型政策的均衡性较差，但由于近年来的粤港澳大湾区以及广州市自身的飞速发展，广州市政府相关部门未来面对金融产业创新发展问题时，将会拥有积极有效的应对手段以及解决问题的强硬有效措施。总体来看，广州市金融行业目前整体状况较好，未来在行业发展完善方面将拥有较大潜力。

表 6 各城市政策数量分布情况

	供给型政策					环境型政策					需求型政策				
	教育培训	信息支持	资金投入	基础设施建设	公共服务	合计	目标规划	金融支持	税收优惠	法规管制	合计	交流合作	公共技术采购	市场塑造	示范工程	海外机构管理	合计
北京	4 22.22%	2 11.11%	0 0.00%	12 66.67%	0 0.00%	18 36.73%	10 47.62%	7 33.33%	1 4.76%	3 14.29%	21 42.86%	3 30.00%	2 20.00%	1 10.00%	4 40.00%	0 0.00%	10 20.41%
上海	0 0.00%	6 50.00%	5 41.67%	1 8.33%	0 0.00%	12 23.08%	32 82.05%	4 10.26%	1 2.56%	2 5.13%	39 75.00%	0 0.00%	0 0.00%	0 0.00%	1 100.00%	0 0.00%	1 1.92%
成都	0 0.00%	2 22.22%	2 22.22%	5 55.56%	0 0.00%	9 40.91%	10 90.91%	1 9.09%	0 0.00%	0 0.00%	11 50.00%	5 50.00%	0 0.00%	0 0.00%	1 50.00%	0 0.00%	2 9.09%
深圳	4 22.22%	3 16.67%	7 38.89%	3 16.67%	1 5.56%	18 40.91%	8 40.00%	9 45.00%	0 0.00%	3 15.00%	20 45.45%	5 83.33%	0 0.00%	0 0.00%	1 16.67%	0 0.00%	6 13.64%
广州	4 17.39%	7 30.43%	2 8.70%	8 34.78%	2 8.70%	23 39.66%	15 62.50%	4 16.67%	0 0.00%	5 20.83%	24 41.38%	8 72.73%	0 0.00%	0 0.00%	2 18.18%	1 9.09%	11 18.97%
杭州	6 26.09%	6 26.09%	7 30.43%	2 8.70%	2 8.70%	23 38.33%	18 54.55%	8 24.24%	4 12.12%	3 9.09%	33 55.00%	1 25.00%	0 0.00%	0 0.00%	2 50.00%	1 25.00%	4 6.67%
香港	13 21.67%	5 8.33%	11 18.33%	7 11.67%	24 40.00%	60 58.82%	0 0.00%	2 12.50%	1 6.25%	13 81.25%	16 15.69%	16 61.54%	2 7.69%	3 11.54%	2 7.69%	3 11.54%	26 25.49%

2. 粤港澳大湾区呈现内部交流合作的积极态势

城市的金融行业创新发展需要城市内部政府的推动、环境的塑造，以及与其他城市进行的深度交流和沟通。广州市、深圳市以及香港特区在"交流合作"方面表现极为突出：其颁布数量分别占据需求型政策工具总量的72.73%、83.33%、61.54%，比例远高于其他4个城市。这一特征的现实背景来源于自2017年以来，中央提出建立粤港澳大湾区的明确方针，广州市、深圳市、香港特区即成为大湾区的3个发展支点，也让这3座城市成为中国南方最重要的贸易出口和国际交流城市。在未来，三市市政府也应当合理地调整与金融产业创新相关的"交流合作"政策数量占比以满足城市和大湾区未来的国内国际各方面交流需求。

3. 国内四大一线城市拥有详尽的未来目标规划，带领中国准一线城市迎接新一轮提升

按照本文的统计数据，我国公认的四大经济一线城市北京、上海、深圳、广州的市政府对"目标规划"出现一致性的重视，体现出北上广深的金融创新行业未来规划的代表性和领先性。而四大一线城市的表率作用正不断影响着国内的其他城市，杭州市的"目标规划"占比同样突出，高达54.55%并超过了北京市。而成都市更是一跃成为"目标规划"政策数量的首位（90.91%）。过去10年，由四大一线城市市政府带领的金融产业创新"目标规划"颁布工作正在为我国金融产业创新注入磅礴动力。

四　结论

（一）广州市政策总体数量居于前列，需求型政策使用频率优于内地五个城市

广州市关于金融产业创新的政策总体数量居于七个城市高等水平，虽然三大政策数量分布的均衡性相差较大，但广州市需求型政策数量仅次于香港，从侧面可反映出广州市政府对于金融产业创新需求的重视。但需求型政

策工具内部使用频率不均衡,"交流合作"使用频率最高,"市场塑造"和"公共技术采购"则被忽视。由于广州市正处于粤港澳大湾区建设的核心地带,因此政策中较多涉及与其他城市或港澳地区的合作。

(二)政策工具结构不平衡,环境型政策工具与供给型政策工具使用稍有过溢,需求型政策工具使用严重不足

七个城市的三大政策工具中,使用最频繁的是环境型政策(42.38%),其次是供给型政策(42.12%),最后是需求型政策(15.50%),这说明七个城市对这三方面的政策工具运用结构不合理,而且差异明显。内地六个城市和香港特区由于政策法规制定机制、政府管理体制的不同,对三大政策工具的使用程度也不一样。内地六个城市主要使用环境型政策工具,注重为金融创新产业营造一个健康的市场环境,体现为政策对金融创新产业的影响力。香港特区主要使用供给型政策工具,注重为金融创新产业提供推动力。香港特区比内地六个城市在需求型政策工具方面使用得更加频繁,更加注重对金融创新产业的拉动力。但是与其他政策工具相比,需求型政策工具使用存在严重不足的现象,这说明我国当前金融产业创新政策工具的选择过于强调政策的推动力和影响力,而忽视了市场需求的拉动力。

(三)金融产业创新政策出台的数量与不同年份国家方针的指导相关,政策阶段性特征明显

内地金融产业创新政策总量分布均衡,虽然广州市近年来政策数量较少,但其余内地五个城市的政策数量仍呈现波动上升的趋势,香港特区政策数量上具有明显的增长趋势,政策颁布数量的高峰值均与国家相应指导政策或政策宏观背景相关,七市的政策颁布数量体现了响应国家政策指导方针的特征。目前正处于经济改革转型发展的新时期,金融创新对经济的支撑作用举足轻重。因此各个城市对金融创新的重视程度随着时间的推移而不断加强,在未来也会出台更多相应的政策扶持当地金融产业创新的发展。

（四）内地六市金融创新的可持续能力较低

内地城市需求型政策数量较少，供给型政策较多，容易导致产生金融创新行业的输入（政府和其他行业的直接支持）与输出（社会市场对于金融创新行业发展的推动）的不平衡，进而使金融创新行业在未来的发展中缺乏稳定性和持久性。内地六市政府所颁布的金融创新相关的政策数量与香港特区的政策数量相比差距仍然较大，即内地金融创新行业的各方面发展情况均较香港特区有较大差距，相关政府部门应该在前10年颁布的政策基础上更加积极地颁布有益发展的相关政策，进一步深化金融创新行业的推进和发展，从而缩小我国内地城市与国际发达城市在金融创新方面的差距。

五 建议

（一）完善供给型政策工具内部使用结构，着力加强改善金融企业相关要素供给

广州市与香港特区相比而言，供给型政策工具使用频率较低，供给型政策工具注重加强企业的要素供给，如加强人才的引进、构造信息平台及体系建设、完善基础设施配套等。发展是第一要务，人才是第一资源，创新是第一动力，因此加强人才的引进与培养应放在首要位置。政府应完善人才的支持与培养政策，加强广州对顶尖人才及海外人才的吸引力，营造良好的工作环境与氛围，从而打造华南金融人才第一高地。

（二）运用综合性的政策工具，加强需求型政策工具的拉动作用

在金融产业创新的初期阶段，供给型政策工具与环境型政策工具的使用对金融产业创新发挥了重要的推动与影响作用。但随着金融产业创新日渐蓬勃发展步入中后期阶段，政府部门应周全应用综合性的政策工具，适量降低供给型政策工具与环境型政策工具的利用频率，增强需求型政策工

具的拉动作用，如当局加强公共技术采购或将部分产业发展交由市场等举措。

（三）市政府需加深对中央政策的理解，积极制定符合自身城市发展需求的金融产业创新政策

随着金融产业在国民经济中的重要性日渐提高，中央政府在2009~2019年出台多项相关政策。地方政府应遵循中央政府扶持金融产业创新的政策文件精神指导，加深对于中央政府指导方针与思想的理解，结合地方实际情况，积极制定符合地方发展特色的金融产业创新政策，加快形成与完善各具特色和优势的金融行业体系，因地制宜地发展地方金融行业，融入国际经济全球化的浪潮。

（四）城市间应互相沟通交流，加强广州与其他城市、港澳地区等的合作，在政策制定和实施过程中取长补短

内地城市的政策集中在注重对金融产业创新的影响力的环境型政策。在微观的政策工具运用上，政府应适当加强内地对金融行业供给型政策的制定，提高环境型政策中"法规管制"类型的运用度，为金融行业繁荣发展提供良好有序的环境。宏观上，政策应趋向健全金融行业法规管制、提高金融市场运作透明度与高效性、金融机构与人才的高度国际化等角度，并加大与香港以及其他城市的金融产业政策的合作交流，形成政策合力。

行业发展篇

Industry Development

B.8
2019年广州市二手车电商平台服务质量分析

广州市消费者委员会课题组*

摘　要： 随着二手车交易与"互联网+"概念的结合及政府对二手车交易政策的放开，二手车电商行业潜能得以进一步释放，多种不同商业模式的二手车电商平台涌现，一方面促进了行业的整体发展，另一方面也带来了负面的问题。广州市二手车电商交易业态仍面临不少困难和挑战，如二手车评估、售前售中售后服务体系仍未完善，行业内恶性竞争、交易欺诈等现象时有发生。建议前瞻立法，完善法律法规，加强监督管理，充分发挥行业协会的作用，提高消费者的维权意识，促进二手车电商行业可持续发展，提升服务水平、规范服务质量。

---

* 课题组组长：张开仕，广州市消费者委员会副主任。课题组成员：谭琛铧，广州市消费者委员会工作人员；李琼，广州市消费者委员会工作人员；魏伟力，消费者报道杂志社有限公司执行出品人；杨海梅，消费者报道杂志社有限公司测评部主管。

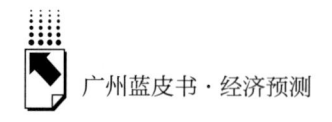

关键词： 二手车电商平台　服务质量　可持续发展

作为"国家重要的中心城市"、"国际商贸中心"和"综合交通枢纽"，广州市在广东以及华南地区有着强大的辐射力。经济的快速发展促使城市私人用车更新换代频率加快，同时也加快了二手车的流通，使广州市二手车流通行业的发展规模越来越大、活跃程度越来越高。据广东省汽车流通协会统计，广州市二手车在2018年交易量达22.8万辆，全省二手车交易排名第二，二手车交易量连续三年上涨，广州二手车市场交易活跃，带动了整个汽车的销售，拉动了汽车工业生产，使汽车产业链更加完整通畅，对汽车成为广州市的支柱产业做出了积极的贡献。

尤其是在"互联网+"概念的推动下，广州市二手车交易从传统线下渠道走向"线下+线上"结合的O2O模式，从最早的二手车信息发布平台，到垂直二手车网站，再到专业的二手车电商平台，二手车网络交易的兴起也在不断地改造并推动着广州市二手车行业的进步与发展。各类二手车电商平台的应运而生，一方面促进了行业的整体发展，另一方面也带来了负面的问题。受多重因素的影响，广州市二手车电商交易业态仍面临不少困难和挑战，如社会尚未建立科学权威的二手车评估规范，缺乏完善的二手车售后服务体系，行业内恶性竞争、不诚信甚至发生交易欺诈的现象，反映出二手车电商平台在服务方面，与消费者对美好购车环境的期待存在较大差距，服务质量还有大幅提升空间。

为进一步深入了解广州市二手车电商平台发展现状，深入研究解决该行业服务存在的短板，为消费者打造和谐放心的二手车消费环境，为广州市充分发挥好粤港澳大湾区和深圳先行示范区"双区驱动效应"，不断强化广深"双核联动"，深化珠三角城市战略合作，加快推进"四个出新出彩"[①]，建

[①] 详见《中共广东省委全面深化改革委员会关于印发广州市推动"四个出新出彩"行动方案的通知》。

设现代服务业强市提供有力支撑，广州市消费者委员会（以下简称"广州市消委会"或"消委会"）担当起社会监督的角色，委托第三方机构消费者报道杂志社，组织开展了"2019年广州市消委会二手车电商平台服务质量调研"。

一 广州市二手车电商平台服务质量调研概况

（一）线上问卷调查情况

本次调查活动中，广州市消委会联合消费者报道杂志社组成调研组，通过多个线上发布渠道（如广州市消委会微信公众号、消费者报道杂志社的微信公众号等）向广大消费者持续推送了《二手车电商平台服务情况调查问卷》，问卷陆续回收后，主办方经过核实校验和分析筛选，最终保留有效问卷共计2564份。

本次线上问卷主要针对三大部分进行调查：

一是受访者对二手车电商平台的认知，包括使用过的平台、使用感受、使用深度等。

二是受访者遇到或见到的二手车电商平台存在的问题，包括宣传、车辆检测、服务、合同协议方面的问题。

三是受访者在遭遇二手车交易问题时，对维权方面的实际感受或看法。

（二）线上问卷调查受访者基本情况

据统计，这些受访者年龄在20~60岁，常住地在广州，不同程度地使用过二手车网络平台。受访者性别比例约为1.77∶1，其中男性受访者1639人，女性受访者925人（见表1）。

表1 线上问卷调查基本情况（性别分布）

性别	样本量（个）	占比（%）
男性	1639	63.92
女性	925	36.08
合计	2564	100

在受访者的年龄分布上，30岁以下的有1154人，30~40岁的有1286人，41~60岁的有124人（见表2）。

表2 线上问卷调查基本情况（年龄分布）

年龄	样本量（个）	占比（%）
30岁以下	1154	45.01
30~40岁	1286	50.16
41~60岁	124	4.84
合计	2564	100

二 广州市二手车电商平台服务质量调研现状

（一）广州市二手车电商平台使用情况

1. 二手车电商平台逐渐被消费者接受

虽然4S店、传统二手车交易市场、熟人等传统二手车交易渠道仍是消费者进行二手车交易的优选渠道，但随着二手车电商平台大量广告的营销，二手车电商平台逐渐被消费者熟知，逾四成消费者表示会考虑通过二手车电商平台进行二手车交易（见图1）。

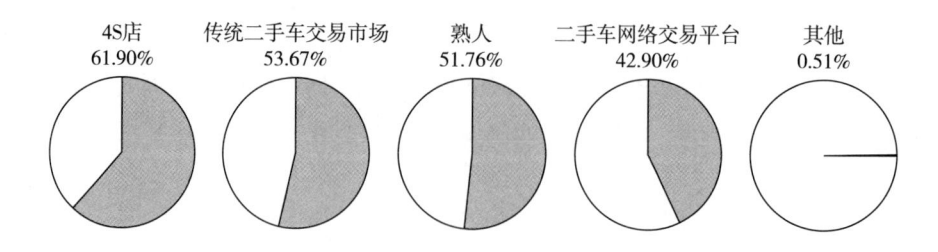

图1 受访者买卖二手车会考虑的交易渠道

4S店 61.90%　传统二手车交易市场 53.67%　熟人 51.76%　二手车网络交易平台 42.90%　其他 0.51%

2. 最多受访者使用"瓜子""汽车之家""58同城"二手车网络平台

这些受访者也不同程度地使用过各类二手车电商平台，包括仅下载App浏览，也包括咨询客服、发生实际交易等操作。本题为多选题，最多受访者使用过的三大平台为"瓜子二手车""汽车之家""58同城",使用过的人数均超过总人数的60%(见图2)。

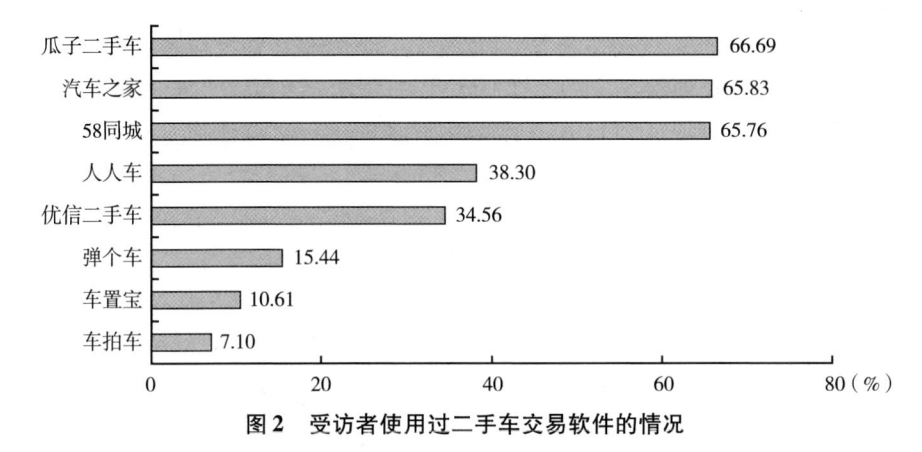

平台	百分比
瓜子二手车	66.69
汽车之家	65.83
58同城	65.76
人人车	38.30
优信二手车	34.56
弹个车	15.44
车置宝	10.61
车拍车	7.10

图2 受访者使用过二手车交易软件的情况

而受访者使用二手车电商平台为两种目的:买车及卖车。本次调查的受访者中,想使用二手车电商平台了解买车信息的人数为1875人,占比七成以上,另外两成多的受访者是想通过平台卖车,人数为689人(见图3)。

3. 七成以上受访者认为"二手车+互联网"优于传统交易模式

在意向买车的1875名受访者中,有七成以上认为"二手车交易平台+

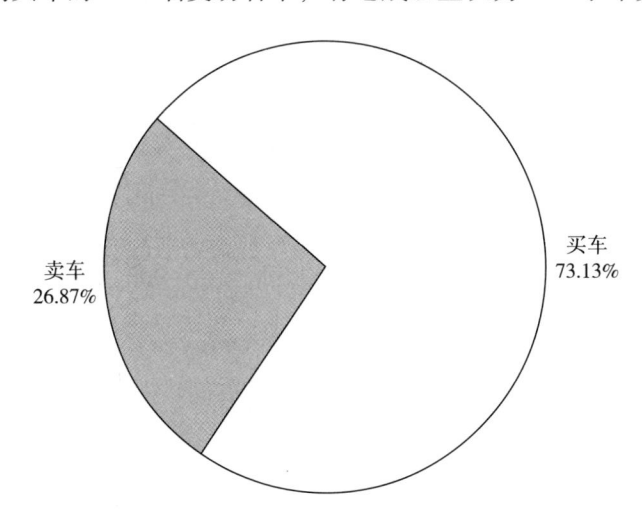

买车 73.13%
卖车 26.87%

图3 受访者使用过二手车交易软件的目的

113

互联网"（即二手车电商平台使用的模式）比传统二手车交易模式好，只有不足3%的人认为不及传统交易模式。在意向卖车的689名受访者中，得出的数据结论也基本相似（见图4）。专家郭俊荣认为，互联网的加入对于传统二手车交易行业而言是一个很大的提升，特别是在车型价格信息的透明度、交易的效率等方面，有着明显促进作用。二手车与互联网结合的模式

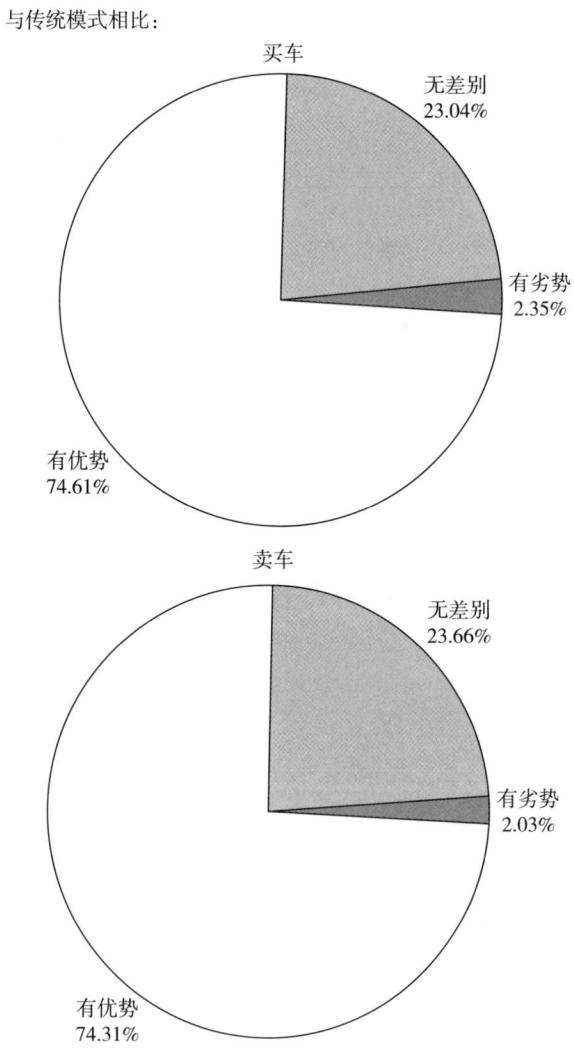

图4 受访者对"二手车交易平台+互联网"模式的使用感受

已有几年时间，消费者也越来越习惯于使用这种方式进行二手车相关咨询。

在意向买车的受访者中，有83.70%的人认为"二手车交易平台＋互联网"模式与传统交易模式相比，优点在于"车源更多，搜索查看更方便"，69.84%的人认为"价格信息等更加公开透明"，有62.33%的人认为"预约看车及选车更方便"（见图5）。

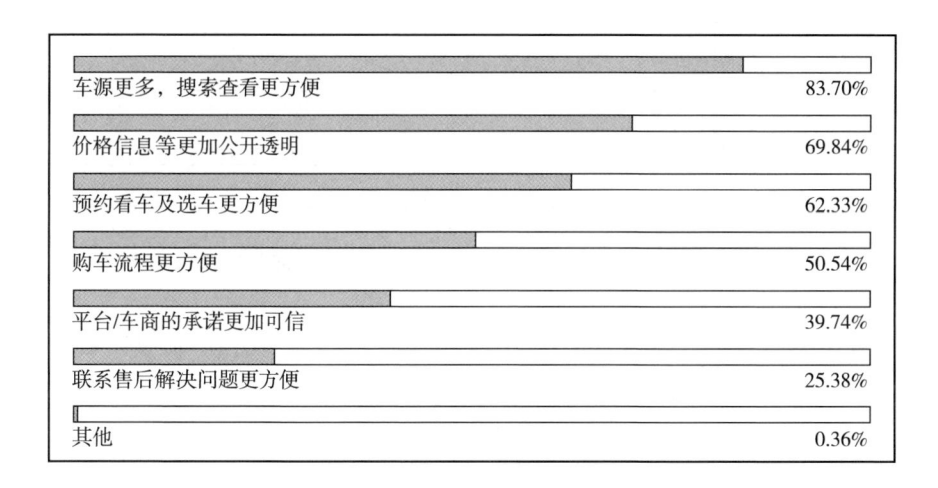

项目	比例
车源更多，搜索查看更方便	83.70%
价格信息等更加公开透明	69.84%
预约看车及选车更方便	62.33%
购车流程更方便	50.54%
平台/车商的承诺更加可信	39.74%
联系售后解决问题更方便	25.38%
其他	0.36%

图5　对比传统交易模式，"二手车交易平台＋互联网"买车的优势

而"二手车交易平台＋互联网"模式的缺点在于个人信息容易泄露（见图6），例如在登记个人信息后有可能遭遇推销电话骚扰。

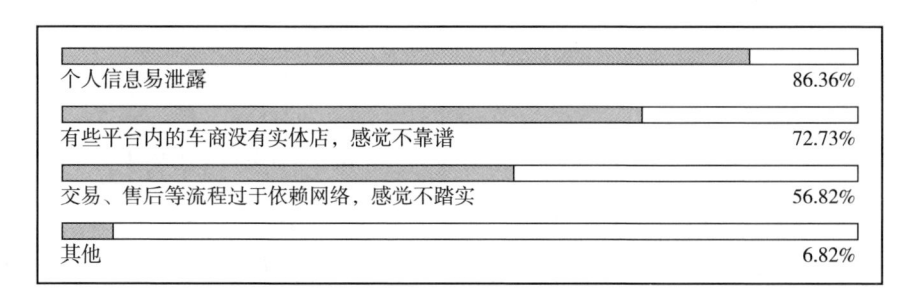

项目	比例
个人信息易泄露	86.36%
有些平台内的车商没有实体店，感觉不靠谱	72.73%
交易、售后等流程过于依赖网络，感觉不踏实	56.82%
其他	6.82%

图6　对比传统交易模式，"二手车交易平台＋互联网"买车的劣势

而多数的意向卖车受访者认为新模式在搜索查看、预约买家、卖车流程上比传统模式更为方便（见图7）。

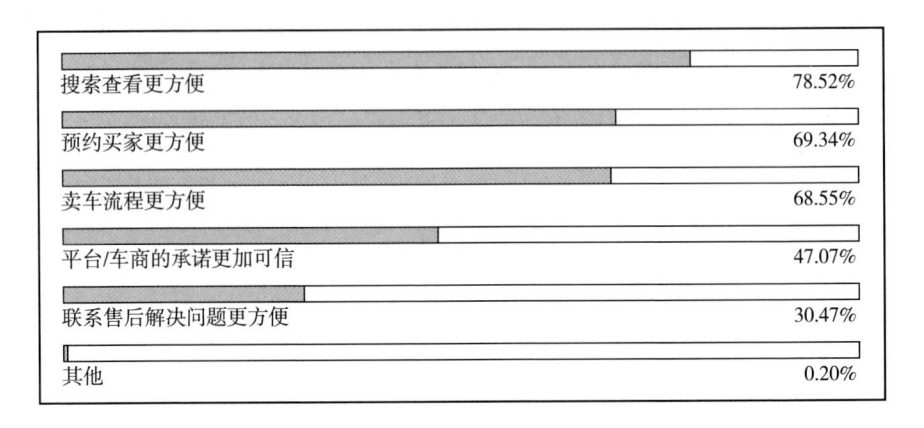

项目	比例
搜索查看更方便	78.52%
预约买家更方便	69.34%
卖车流程更方便	68.55%
平台/车商的承诺更加可信	47.07%
联系售后解决问题更方便	30.47%
其他	0.20%

图7　对比传统交易模式，"二手车交易平台＋互联网"卖车的优势

缺点是有些平台内的部分车商没有实体店，感觉不靠谱，而且登记手机后个人信息也容易泄露，会招致骚扰推销电话等（见图8）。

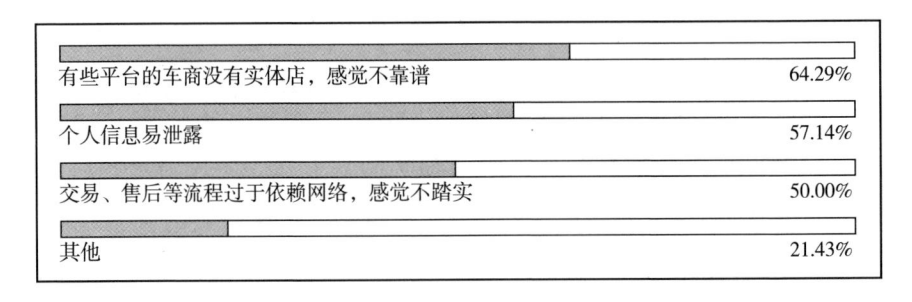

项目	比例
有些平台的车商没有实体店，感觉不靠谱	64.29%
个人信息易泄露	57.14%
交易、售后等流程过于依赖网络，感觉不踏实	50.00%
其他	21.43%

图8　对比传统交易模式，"二手车交易平台＋互联网"卖车的劣势

4. 受访者使用二手车电商平台以咨询为主，过半数受访者认为平台宣传与实际情况一致

本次调查筛选出的有效问卷中，受访者均不同程度地使用过二手车网络平台，其中，浅度使用者占大多数，无论是意向卖车还是买车，大部分受访者进行了跟平台客服联系/拨打平台的咨询电话、了解平台的车辆和交易流

程等操作。随着交易的深入，进行到签协议、车辆过户等步骤的人数逐步减少，符合现实情景（见图9、图10）。

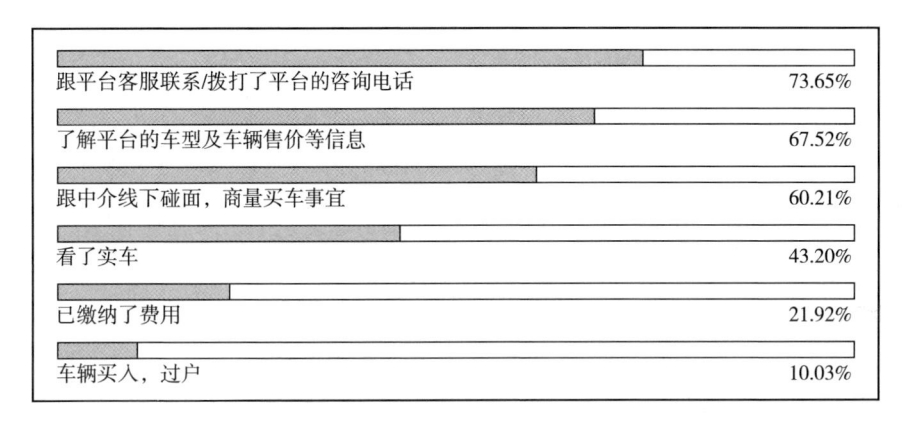

操作	比例
跟平台客服联系/拨打了平台的咨询电话	73.65%
了解平台的车型及车辆售价等信息	67.52%
跟中介线下碰面，商量买车事宜	60.21%
看了实车	43.20%
已缴纳了费用	21.92%
车辆买入，过户	10.03%

图9　意向买车者使用二手车电商平台进行操作的情况

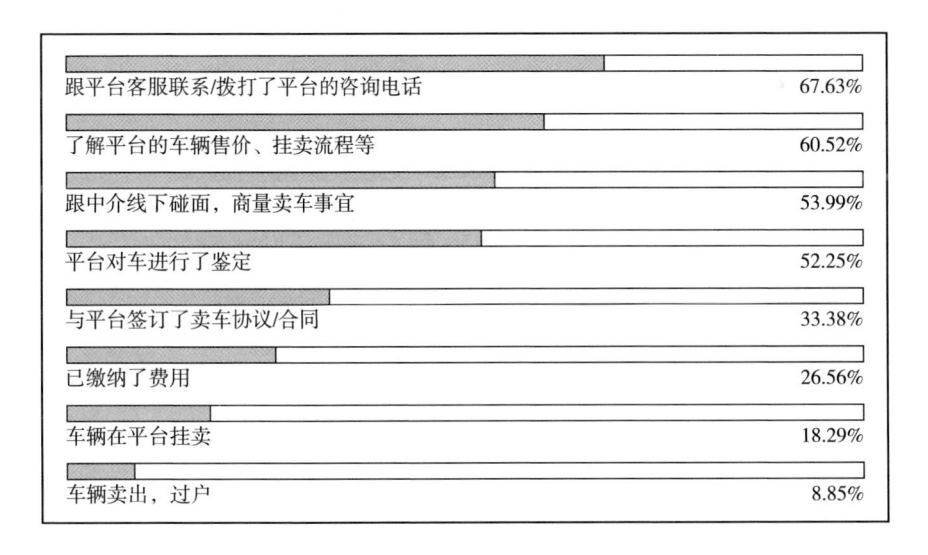

操作	比例
跟平台客服联系/拨打了平台的咨询电话	67.63%
了解平台的车辆售价、挂卖流程等	60.52%
跟中介线下碰面，商量卖车事宜	53.99%
平台对车进行了鉴定	52.25%
与平台签订了卖车协议/合同	33.38%
已缴纳了费用	26.56%
车辆在平台挂卖	18.29%
车辆卖出，过户	8.85%

图10　意向卖车者使用二手车电商平台进行操作的情况

当受访者被问及"使用后，您认为平台的宣传与实际是否有出入"，无论是意向买车还是意向卖车者，均有超过五成的受访者认为平台实际情况"与宣传的一致"，认为实际"比宣传做得更好的"占40%左右，认为实际情况比不上宣传的仅占5%左右（见图11）。鉴于本次调查以平台的浅度使用者占多数，故以上数据在某种程度上反映了受访者对平台浅度使用后的感受。

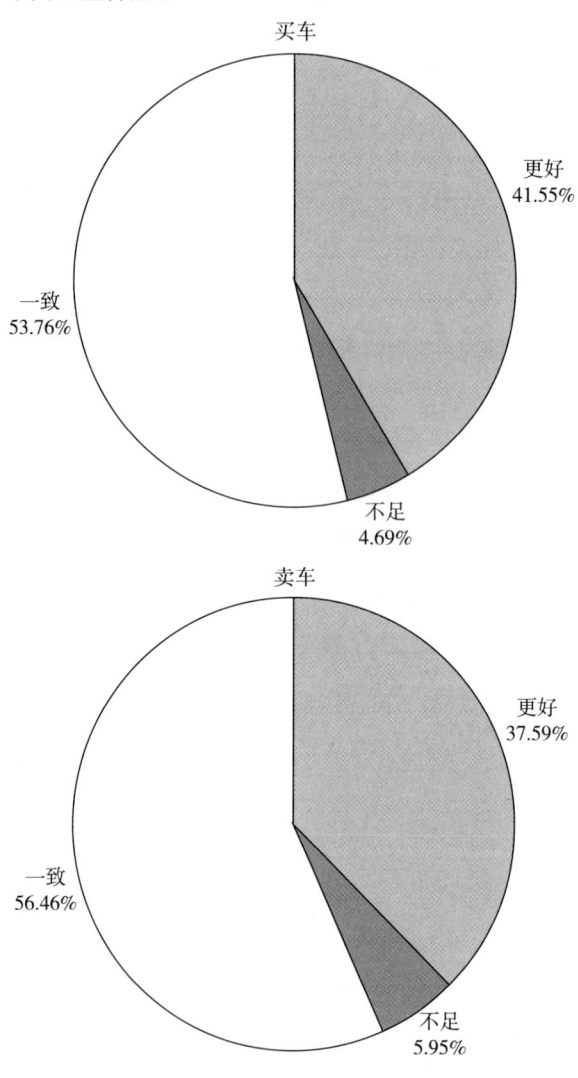

与平台的宣传相比：

买车

更好 41.55%
一致 53.76%
不足 4.69%

卖车

更好 37.59%
一致 56.46%
不足 5.95%

图11 受访者实际使用平台的感受

2019年广州市二手车电商平台服务质量分析

若是要选择一个二手车网络平台进行交易，意向买车和卖车的受访者都最看重"平台口碑好，极少有差评和投诉"。而同时大多数意向买车者也看重"平台的品牌知名度高，或有明星代言"以及"平台车源丰富，品牌型号多"（见图12）。

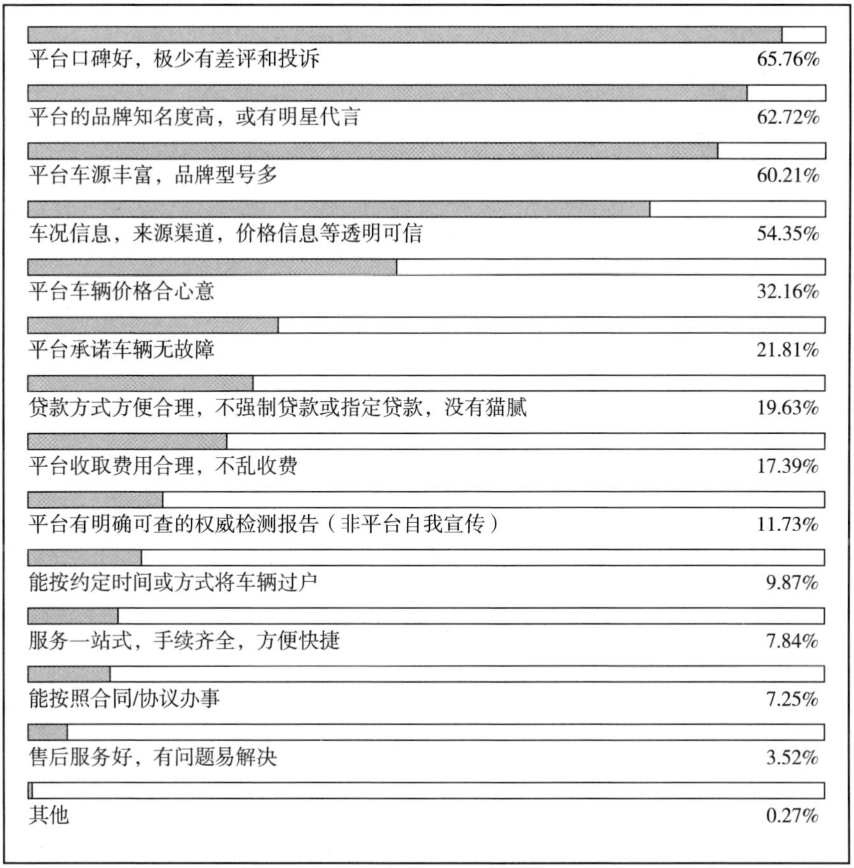

选项	比例
平台口碑好，极少有差评和投诉	65.76%
平台的品牌知名度高，或有明星代言	62.72%
平台车源丰富，品牌型号多	60.21%
车况信息，来源渠道，价格信息等透明可信	54.35%
平台车辆价格合心意	32.16%
平台承诺车辆无故障	21.81%
贷款方式方便合理，不强制贷款或指定贷款，没有猫腻	19.63%
平台收取费用合理，不乱收费	17.39%
平台有明确可查的权威检测报告（非平台自我宣传）	11.73%
能按约定时间或方式将车辆过户	9.87%
服务一站式，手续齐全，方便快捷	7.84%
能按照合同/协议办事	7.25%
售后服务好，有问题易解决	3.52%
其他	0.27%

图12　受访者在平台选购二手车时会看重哪些方面

意向卖车者亦看重"平台口碑好，极少有差评和投诉"，同时看重"车辆检测、挂卖等流程方便"及"平台的品牌知名度高，或有明星代言"（见图13）。可见，平台在口碑、知名度上的宣传打造，在某种程度上会影响人们的选择。

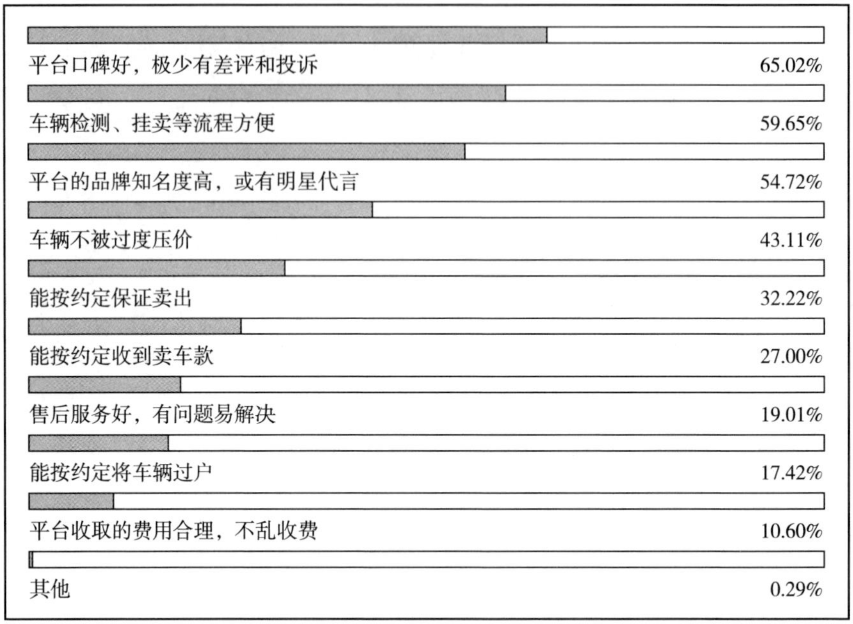

项目	百分比
平台口碑好，极少有差评和投诉	65.02%
车辆检测、挂卖等流程方便	59.65%
平台的品牌知名度高，或有明星代言	54.72%
车辆不被过度压价	43.11%
能按约定保证卖出	32.22%
能按约定收到卖车款	27.00%
售后服务好，有问题易解决	19.01%
能按约定将车辆过户	17.42%
平台收取的费用合理，不乱收费	10.60%
其他	0.29%

图 13　受访者在平台挂卖二手车时会看重哪些方面

（二）受访者对二手车电商平台服务的评价

1. 七成左右受访者对平台相关服务感到满意

二手车电商平台往往会设置售前的客服，随着交易的深入，还会有销售人员、办理专员等不同职能的服务人员与买家或卖家接洽，这些人的素质和形象代表着交易平台的服务水平。当被问及平台的整体服务态度如何时，有77.03%的受访者表示"态度好"，有21.49%的受访者表示"态度一般"，觉得"态度差"的只占1.48%（见图14）。

而平台对于问题的响应速度也能反映平台的服务水平，在本问题中，有接近七成的受访者认为平台响应速度"迅速"，认为速度"一般"的不到三成，而认为响应速度"较慢"甚至"完全不理会"的仅占3.67%（见图15）。

除了上述的服务态度及响应速度，调查更关注的还是平台的解决问题情况能否让使用者满意。数据显示，对平台解决问题感到"满意"的受访者

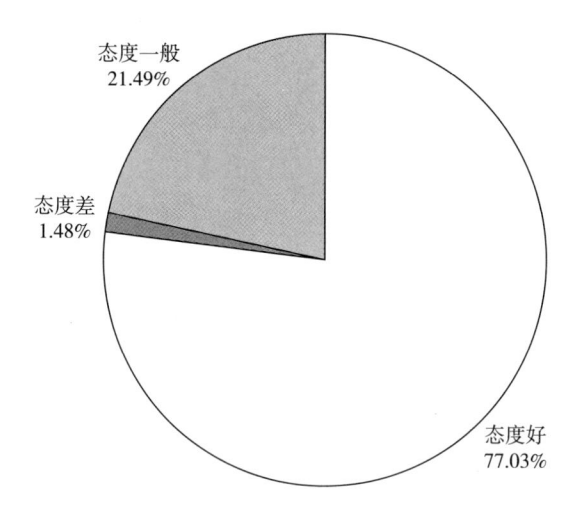

图 14 平台的整体服务态度

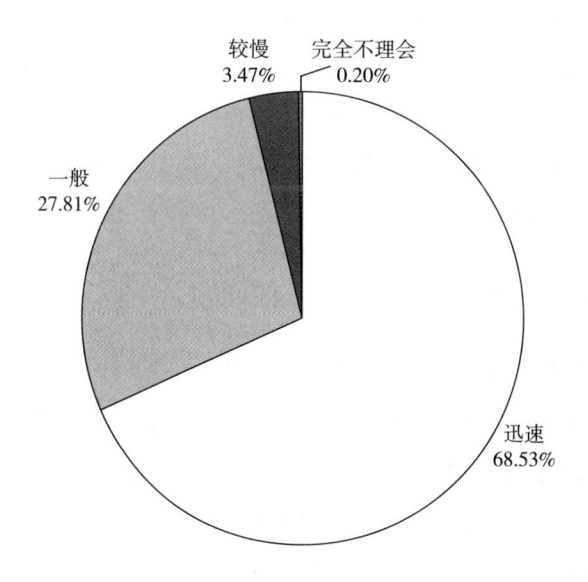

图 15 平台对问题的响应速度

接近八成,感觉"一般"的超过二成,而感觉"不满意"的仅占 1% 左右（见图 16）。

一般
21.68%

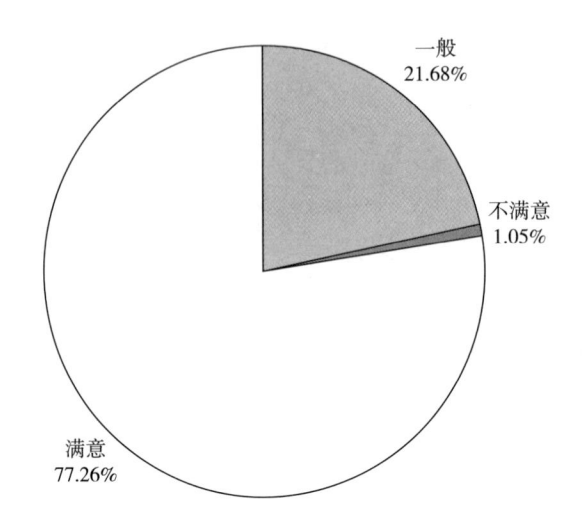

不满意
1.05%

满意
77.26%

图16 受访者对平台解决问题的满意度

2. 仅刚过半数的受访者认为"车辆检测"结果完全可信

二手车电商平台在宣传上会承诺对交易车辆进行专业检测评估，这种承诺是否为消费者所信任？本题要求受访者根据自己对平台的实际体验情况做出选择。结果显示，对这种车辆检测评估的结果表示完全相信的人数占51.52%，认为可信度一般的占43.37%，选择"不可信"和"不清楚"的仅占5.11%（见图17）。

（三）目前二手车电商平台存在的问题

虽然有七成受访者对二手车电商平台的整体服务感到满意，超五成受访者认为"车辆检测"结果可信，但是二手车服务平台仍存在一些问题亟待改进。

1. 买车：车辆有问题被认为是二手车平台存在的最主要问题

本题为多选题，在意向买车的受访者中，"车辆有问题"被认为是二手车平台存在的最主要问题，占51.63%（见图18）。

当被细问车辆有问题体现在哪些方面（多选）时，这群人中有66.94%的选择了"车辆被改装"，另有63.33%的选择了"车辆有明显故障"。二手车平台存在的第二问题为"收费问题"，其中"强制贷款或指定贷款"一项有最多人选择，占70.22%（见图19）；二手车平台排行第三的存在问

2019年广州市二手车电商平台服务质量分析

不可信 不清楚
3.90% 1.21%

可信度一般
43.37%

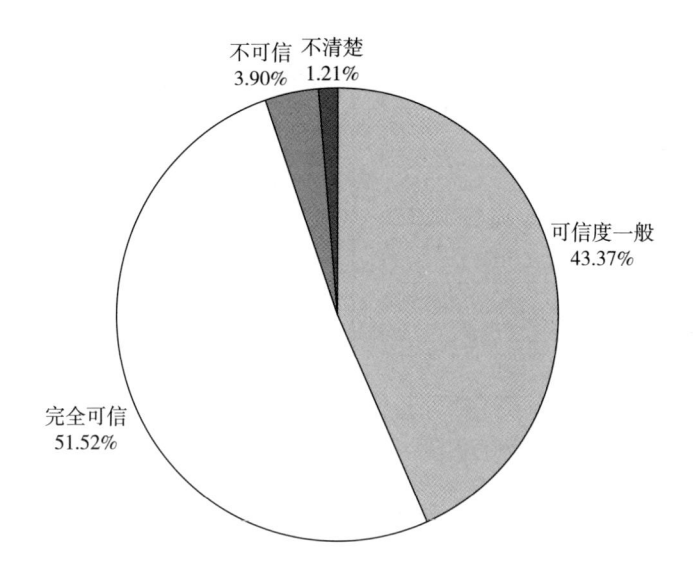

完全可信
51.52%

图 17 受访者对平台车辆检测评估的信任程度

车辆有问题　　　　　　　　　　　51.63%
收费问题　　　　　　　　　　　　51.57%
服务问题　　　　　　　　　　　　44.05%
不遵守合同/协议　　　　　　　　　37.23%
没有问题　　　　　　　　　　　　13.44%
其他　　　　　　　　　　　　　　4.69%

图 18 意向买车受访者认为平台主要存在的问题

题为"服务问题",多体现在"售中服务混乱,乱承诺"方面,占72.40%;最后"不遵守合同/协议"问题多体现在"承诺要检测的车未按协议进行检测"(见图20)。而认为目前二手车平台不存在问题的占意向买车人数的13.44%(见图18)。

123

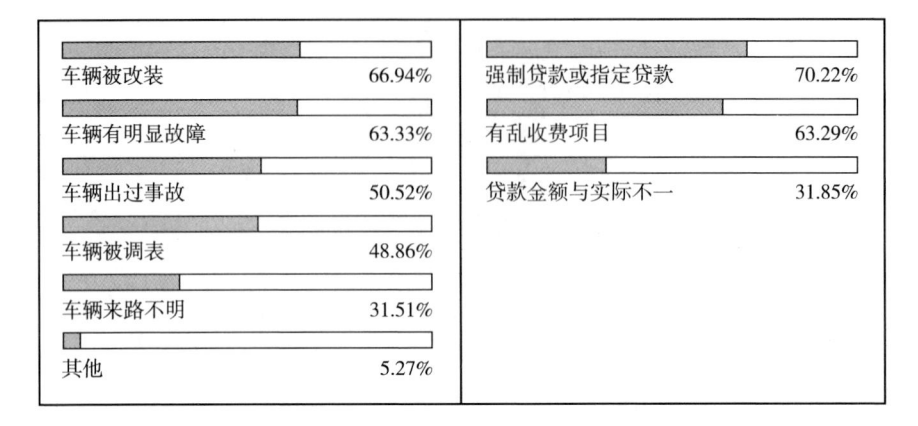

车辆被改装	66.94%		强制贷款或指定贷款	70.22%
车辆有明显故障	63.33%		有乱收费项目	63.29%
车辆出过事故	50.52%		贷款金额与实际不一	31.85%
车辆被调表	48.86%			
车辆来路不明	31.51%			
其他	5.27%			

图19　"车辆有问题"及"收费问题"体现在哪些方面

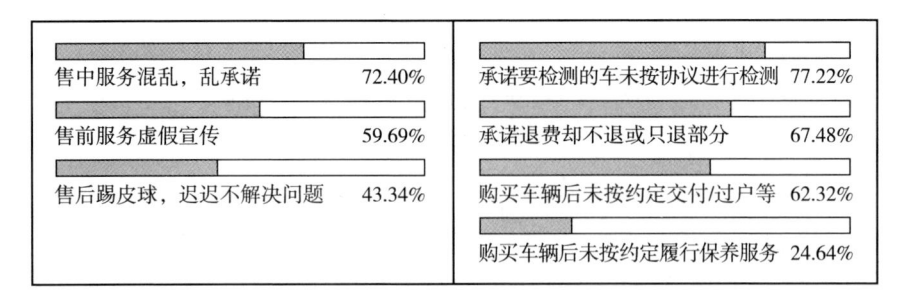

售中服务混乱，乱承诺	72.40%		承诺要检测的车未按协议进行检测	77.22%
售前服务虚假宣传	59.69%		承诺退费却不退或只退部分	67.48%
售后踢皮球，迟迟不解决问题	43.34%		购买车辆后未按约定交付/过户等	62.32%
			购买车辆后未按约定履行保养服务	24.64%

图20　"服务问题"及"不遵守合同/协议"体现在哪些方面

2. 卖车：价格问题被认为是二手车平台存在的最主要问题

本题为多选题，在意向卖车的受访者中，"价格问题"被认为是二手车平台存在的最主要问题（见图21）。

当被问及价格问题体现在哪些方面（多选）时，大多数受访者选择"承诺可全部退还的费用最后不能退或只退部分"（见图22）。二手车平台存在的第二问题为"服务问题"，占比50.65%，在这群人中，有65.90%的人认为问题体现在"售中服务混乱，乱承诺"（见图23）；而有35.85%的意向卖车者认为二手车平台主要存在"不遵守合同/协议"的问题，这群人中有70.85%的认为问题主要存在于"承诺'保证卖出'的车辆却没按约定卖出"（见图24）。而认为目前二手车平台不存在问题的意向卖车者占12.19%（见图21）。

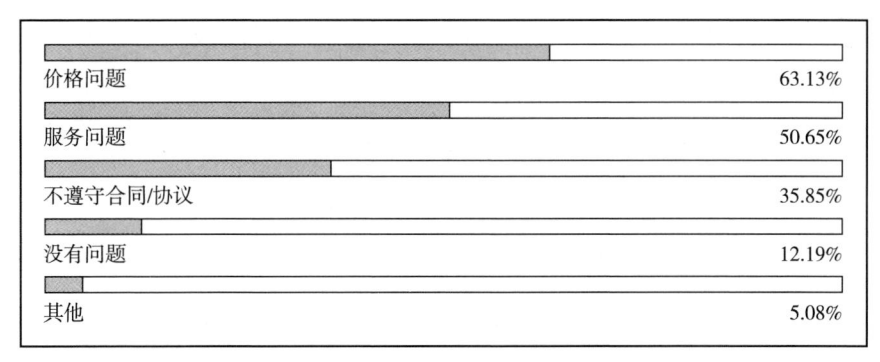

2019年广州市二手车电商平台服务质量分析

项目	比例
价格问题	63.13%
服务问题	50.65%
不遵守合同/协议	35.85%
没有问题	12.19%
其他	5.08%

图21 意向卖车受访者认为平台主要存在的问题

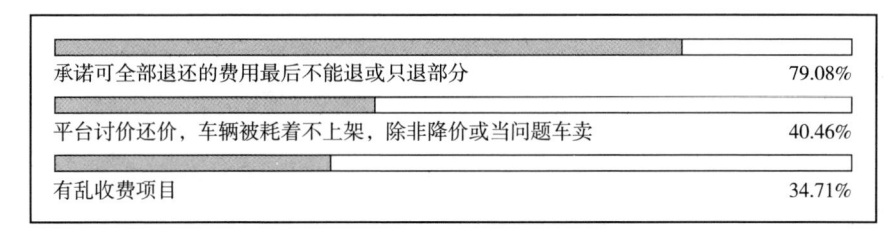

项目	比例
承诺可全部退还的费用最后不能退或只退部分	79.08%
平台讨价还价，车辆被耗着不上架，除非降价或当问题车卖	40.46%
有乱收费项目	34.71%

图22 "价格问题"体现在哪些方面

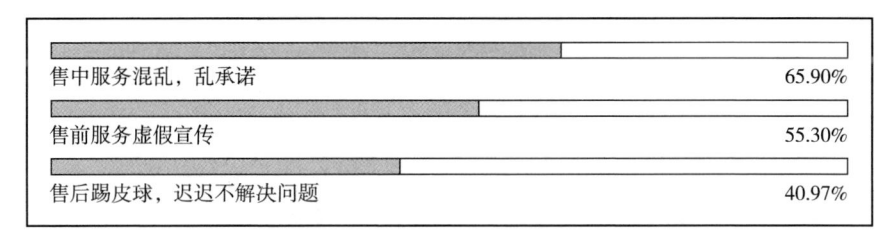

项目	比例
售中服务混乱，乱承诺	65.90%
售前服务虚假宣传	55.30%
售后踢皮球，迟迟不解决问题	40.97%

图23 "服务问题"体现在哪些方面

项目	比例
承诺"保证卖出"的车辆却没按约定卖出	70.85%
卖出车辆后没按合同约定给车辆过户	64.37%
过户超时没有按合同赔偿违约金	57.09%
车辆未按约定进行认真检测	20.24%

图24 "不遵守合同/协议"体现在哪些方面

125

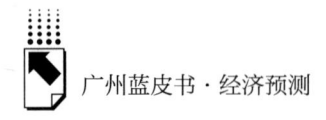

另外，专家郭俊荣也在访谈中提到，二手车电商交易模式发展迅猛，一些平台在交易数据的真实性方面会打折扣，而互联网中的承诺在实际落地时也有不能兑现的情况发生，造成承诺与服务脱节的现象。

（四）二手车电商平台服务相关消费维权现状

1. 过半数受访者曾遭遇二手车消费陷阱

当调查二手车消费陷阱情况时，超过50%的受访者表示遭遇过不同程度的消费陷阱（见图25）。

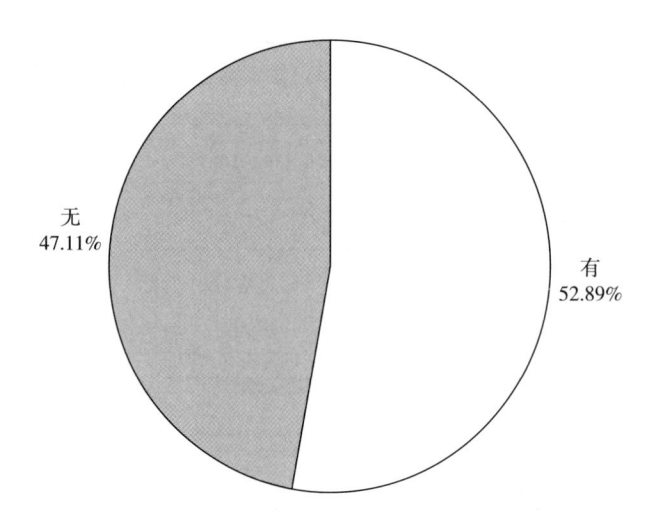

图25 受访者遭遇二手车消费陷阱的情况

2. 消费维权方式多样，六成以上的人会求助消委会，满意人数占比高

在遭遇过消费纠纷的人群中，被问及如何维权时（多选），有65.41%的受访者表示会"寻求消费者委员会/消费者协会的帮助"，其次是"与商家协商"和"寻求行业协会帮助"，而有2.80%的受访者选择"不解决，自己妥协"（见图26）。

而对消费纠纷的处理结果感到"很满意"的人数占比为63.72%，"比较满意"的占比为25.29%，不满意的仅占2.28%（见图27）。

2019年广州市二手车电商平台服务质量分析

维权方式	比例
寻求消费者委员会/消费者协会的帮助	65.41%
与商家协商	52.80%
寻求行业协会帮助	49.26%
向有关政府职能部门投诉	42.99%
申请仲裁	28.76%
在网络投诉平台发帖投诉	22.49%
到法院打官司	21.98%
向媒体曝光	17.63%
不解决，自己妥协	2.80%
其他	1.77%

图26 受访者遇到消费纠纷后的维权情况

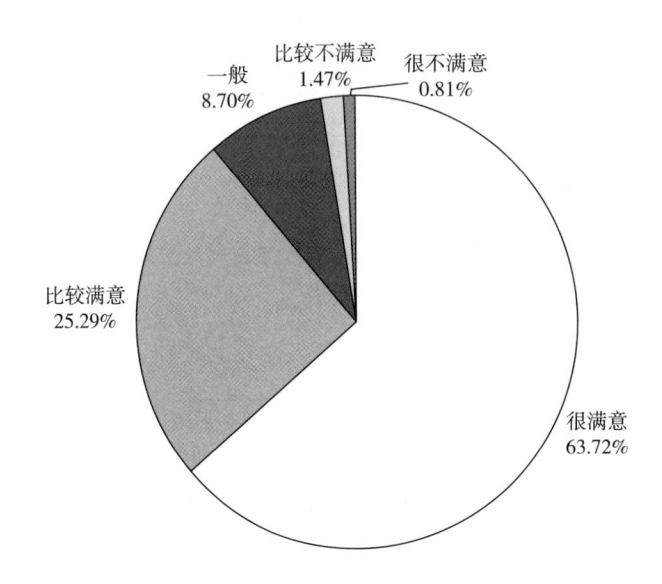

- 一般 8.70%
- 比较不满意 1.47%
- 很不满意 0.81%
- 比较满意 25.29%
- 很满意 63.72%

图27 受访者对上述维权渠道的满意度情况

127

（五）无遇到纠纷的受访者大多考虑寻求消委会帮助

另外47.11%的无遇到消费纠纷的人群中，当被问及如果遇到消费纠纷将如何维权时（多选），有74.50%的受访者表示会"寻求消费者委员会/消费者协会的帮助"，其次是"与商家协商"和"向有关政府职能部门投诉"，而有1.32%的受访者选择"不解决，自己妥协"（见图28）。

维权渠道	比例
寻求消费者委员会/消费者协会的帮助	74.50%
与商家协商	50.50%
向有关政府职能部门投诉	47.85%
寻求行业协会帮助	45.36%
申请仲裁	27.90%
在网络投诉平台发帖投诉	25.41%
到法院打官司	21.44%
向媒体曝光	20.53%
不解决，自己妥协	1.32%
其他	0.66%

图28 受访者如遭遇消费纠纷会选择的维权渠道

三 广州市二手车电商平台存在的问题及分析

（一）当前广州市二手车网络交易市场中存在的问题

在第一部分的问卷调查结果中，有七成以上的受访者认为"二手车交易平台+互联网"（即二手车电商平台使用的模式）比传统二手车交易模式更优，在搜索查看、预约、交易流程等方面的便捷程度更为突出。二手车网络交易市场业态值得肯定。

但上述问卷调查结果及消费者访谈案例（案例略），在一定程度上反映了当前广州市二手车网络交易市场中存在的问题。结合问卷调查结果及案例征集结果，广州市消委会归纳出二手车网络平台的使用者（卖车或买车者）在交易中常遇到的五大"陷阱"。

1. 买家支付费用后难退款

如第一个案例所示，买家相信了销售人员的口头承诺，付了第二台车的手续费后遇到第一台车手续费退款上的延迟。第四个案例的消费者也是交首付时爽快，掉进了退款难的"坑"里。除此之外，其他案例显示，平台销售人员还有可能在"订金"和"定金"方面打马虎眼，诱导买家支付费用，过后却无法退款。在问卷调查中，"承诺退费却不退或只退部分"占买车"不遵守合同/协议"的67.48%。

2. 买家实际支付金额与预计贷款金额不一致

案例三的X先生提到，销售人员在确定合同前会给买家计算汽车总价，但签订合同后却有很多隐形收费逐步冒出来，如果按照原计划完成供车，实现"以租代购"，那么最终的总价会超出预期。在案例征集中也发现不少类似情况。而问卷调查显示，在收费方面的问题上，有31.85%的问题涉及"贷款金额与实际不一"。

3. 买家购买到问题车

在问卷调查部分，"车辆有问题"被认为是二手车平台存在的最主要问题，其中多体现在买到的车辆"被改装""有明显故障"等方面，这种情况对消费者来说困扰非常大，影响恶劣。在案例征集过程中还发现有买家买到调表车、改装车、故障车、事故车，甚至来路不明的车辆等。

4. 卖家不能按约定时间获得车牌指标

第二个案例中的N先生因为平台迟迟没能腾出车牌指标，自行花费上千元租赁车牌使用，极为不便。类似案例并不少见，因广州和深圳受限牌政策影响，车牌指标能否及时腾出是卖家十分关心的问题。传统二手车商往往将车辆卖出后才完成过户，很少产生这种矛盾。但目前电商平台为收揽更多车源，会承诺一定限期内"保证卖出"，按时腾出指标，然而在这个限期内又无法将车卖出，造成了这种新型矛盾。在问卷调查中，"承诺'保证卖出'的车辆却没按约定卖出"这一现象占卖车"不遵守合同/协议"问题的70.85%。

5. 销售人员诱导签约

这种情况无论是买家还是卖家都会遇到。个别销售人员为了促成交易，会用催促或诱导的手法加快签约，这就为后续的交易或维权埋下了隐患。这种行为属于"售前服务虚假宣传"或"售中服务混乱，乱承诺"，在问卷调查中有不少受访者都曾经遭遇过。

（二）广州市二手车电商平台存在问题的原因分析

造成以上"陷阱"频出的原因有多种，具体有以下三个方面。

1. 平台内部管理不善，遇事推诿

在上述征集的案例中可见，纠纷的产生多由于平台内部管理不善，一线人员解决问题的能力不足。如瓜子二手车，因为各个流程过度细分，每个流程都有专人负责，同一个问题要在多个流程的负责人之间传递，加之部分人员离岗流动等情况，使得解决问题的效率低下，给消费者造成"踢皮球"的感受。在二手车平台迅速发展对外扩张的时候，往往会忽略对内部人员的管理，忽略售后服务的重要性，这就需要二手车经营者摆正重心，回归到以服务为根本，自觉维护平台使用者和二手车消费者的各种正当权益。

2. 部分车辆检测不尽如人意

不少平台在交易前会对车辆进行检测，以此判断车辆的真实情况，并对检测结果做出承诺。在调查中，有近五成的受访者认为检测结果不完全可信，现实中甚至还会因检测结果与消费者的实际使用感受差距太大而出现纠纷。对此，瓜子二手车广州公司的负责人回应道，这种情况出现主要有两类原因，一是公司复检师出现工作失误，对于细节没有把控到位，将有问题的车辆收进来；二是部分客户对车子的期望较高，一些在检测中属于合理范围而没做记录的刮痕，与部分买家的心理期待不符，认为是平台有意隐瞒，造成误会和矛盾。

而专家郭俊荣则认为，车辆检测能否独立公正是更为根本的问题。在美国、日本等二手车交易市场发达的国家，车辆检测和评估机构已发展成熟，而且基本由独立的第三方担任检测的"裁判"角色，能够保证权威和公正。而国内目前的车辆检测还是由经营者自行操作，难免有"既当运动员又当裁判"的尴尬。再者，为控制成本，经营者也会倾向于提供较为简单的检测流程，导致检测结果与实际有所出入。

3. 平台使用者和二手车消费者维护权益的意识不足

在上述案例中，消费者在前期粗放式地信任平台或销售人员，签订合同前没有仔细阅读，或是轻信销售人员或客服的口头承诺，对自身权益的保障意识较为薄弱，最后导致维权困难。

四　广州市二手车电商平台发展建议

产生上述问题的主要原因，一是广州市二手车网络交易行业整体质量发展水平依然偏低，经营平台的规模水平、技术手段、管理能力都还有较大提升空间；二是平台主体责任落实不到位，从业人员素质整体水平不高，部分经营平台的法治观念、社会责任意识和诚信意识还有待加强；三是监管整体效能不高；四是社会共治氛围不浓，相关行业协会受自身能力水平等制约，对行业企业的约束力较弱。

一个完整的汽车流通产业链应由新车与二手车组成，成熟活跃的二手车电商平台对汽车市场新旧更迭能否持续发展有着直接的推动作用。为促进广州二手车电商平台向着良性健康的方向发展，共同解决各种问题，共建和谐的消费环境，广州市消委会综合了二手车企业负责人、二手车行业专家、律师团的意见，提出了以下观点和建议。

（一）前瞻立法，完善法律法规

首先是政府层面的相关职能部门应当制定和完善立法。目前我国针对二手车行业法律法规只有2005年颁布实施的《二手车流通管理办法》[①]，以及2006年配套颁布的《二手车交易规范》[②]，后在2013年有了首个国家标准《二手车鉴定评估技术规范（GB/T 30323-2013）》，另外2019年颁行的《电子商务法》对于二手车电商平台的规范也做了一些补充，但与现在的市场状况相比，这些管理法律法规与标准仍然存在滞后的缺陷，无法充分发挥对行业发展的指导与规范作用。因此，相关政府职能部门制定出科学有效的法律法规和行业管理规范及标准，并将配套制度建设不断完善，是对二手车市场和二手车电商平台发展的最大扶持。

（二）补足监管漏洞，加强监督管理

对二手车市场有直接监管权限的相关部门应加强对二手车市场的监督和管理，指导和督促二手车交易市场和二手车经营者认真履行法定义务和社会责任，配合相关部门做好信息采集工作，如二手车交易双方当事人和代理人的身份信息、车辆信息、交易信息等，做到逐车、实时、准确地录入政府相关管理系统，确保职能部门对二手车交易数据信息的全局把控。

（三）借鉴国外先进经验，打造诚信环境

在美国、日本等二手车交易行业发达的国家，诚信环境已然成熟，对二手车检测、二手车交易等一系列环节起着极大的保障作用。在我国，通过相关政府职能部门加快推动社会诚信体系建立，二手车行业协会在诚信体系逐步形成的大背景下，建立全方位的二手车信息数据中心，结合溯源制度和信用制度，收录二手车电商平台及传统二手车实体市场的实时数据。政府和社会组织可合作建立网上信息服务中心，分析二手车流通动态，建立车辆使用、贷款、事故等记录跟踪、收集渠道，使二手车信息公开化、透明化。在交易中如遇到有隐瞒问题的二手车辆，可通过中心追溯至源头卖家，厘清出

[①] 商务部、公安部、工商总局、税务总局令2005年第2号《二手车流通管理办法》。
[②] 商务部公告2006年第22号《二手车交易规范》。

现问题的环节，解决问题并将情况纳入信用登记，更好地为消费者提供放心的交易环境，增强消费信心。完善二手车市场信用环境，才能从整体环境上改变目前二手车行业交易现状。

（四）提升服务水平，开启维权绿色通道

二手车电商平台的服务应包括售前服务、售中服务、售后服务三大部分，任何一个环节都不能落下。在售前，平台可通过自身强大的互联网纽带，形成一套实用的数据披露制度和科学管理体系，将各种车况数据、客情数据加以沉淀，让消费者用较少的搜寻成本做出理性的购车决策，并通过透明的车辆价格、规范的售前承诺，为顾客提供更便捷的精准服务。在售中，即交易的各个环节，平台经营者可设置醒目提醒，提示消费者交易注意事项。如瓜子二手车，已在车辆交易环节增加消费者录制视频，提醒消费者注意车辆交易细节包括车辆检测报告和合同条款等。售后方面，经营者可设立对外解疑窗口或投诉热线，向消费者公示，邀请消费者对员工工作进行监督，并建立专门的投诉应对机制，划分投诉类型，如按合同退款、按时腾出指标等无争议的投诉，应以遵守合同为原则及时处理；对于有争议的投诉，应开启消费纠纷绿色通道，优化处理时效，及时介入调查，积极解决问题。而某些客服人员服务态度差、解决问题的能力欠缺等情况，一是部分从业人员门槛低，二是平台培训不到位，三是奖惩制度不合理所致，针对这些内部管理漏洞，平台经营者应适当提高从业人员门槛、加强内部人员培训，设置合理的进入退出和奖惩机制，切实提升工作人员的专业水平和职业素养。

更重要的是，二手车交易市场企业和二手车经营者在交易、经营二手车时，要按照国家《二手车流通管理办法》《二手车交易规范》的要求，规范各自的经营行为，认真负责签订双方合同，并对经营行为承担法律责任。如实提供车辆在使用、维修、事故、保险以及行驶公里数等方面的真实情况和信息，方可办理过户手续。按照有关规定，必须在各自经营范围内从事业务活动，不得超范围经营。

（五）协会助力，推动行业发展

相关行业协会在二手车交易行业有着举足轻重的作用，须秉持自有的公信力和凝聚力，充分发挥行业协调的作用。一方面，行业协会要把握行业形势，当二手车交易发展到一定规模后，行业自律、行业创新、行业服务等都迫切需要"质"的提升，行业协会须进行规划和统筹，扮演好行业助推器的重要角色；另一方面，行业协会要加强与主管部门的沟通与联系，打破信息壁垒，建立共享数据平台，盘活数据，推动大数据与政府治理、协会管理的深度融合，最大限度地实现数据的交流与共享，提升政府治理能力和协会的服务效率。再者，行业协会还可以树立行业服务标杆，促进业界自发维护行业秩序。例如，2016年广东省消费者委员会指导行业协会建立了"广东省二手车行业诚信联盟"，鼓励联盟企业向消费者主动做出诚信经营承诺，共同约定"不销售假冒伪劣商品、'三无'产品以及不合格产品""切实做好售后服务，积极解决消费者的投诉"等，并约定自觉接受行业协会、新闻媒体及广大消费者的监督，这种将行业监督与企业自发承诺相结合的办法，将有力推动二手车经营者诚信自律。

（六）加大宣传，结合当前政策，促进线上线下发展对接

目前，广州市仍有不少二手车市场保持原始面对面的交易方式，未完成线下模式向线上模式的流畅转化，电商平台也仍有极大的发展空间。随着5G、人工智能、大数据、物联网、工业互联网等前端技术的快速发展，将迎来后端"5G＋AI"全景应用、万物互联的发展机遇。立足粤港澳大湾区建设的重要战略机遇，二手车交易的发展大有可为。相关部门在加强相应支持力度的同时，也应加大宣传力度，结合当前政策，搭乘科技时代的高速列车，打造智能二手车电商平台生态链，为二手车线上线下交易业态的衔接、创新、发展注入新动能，激发出新活力。

（七）消费者在使用二手车电商平台时应谨慎识别陷阱，提高保护意识

1. 不要轻信广告宣传

二手车市场的车辆质量参差不齐，低质量的二手车可以借助虚假广告掩盖其缺陷，误导消费者选购。这些虚假广告通常表现为：进行虚假描述，用处理过的外观来隐瞒二手车的真实车况；以"低价格"为诱饵出售事故车辆、水泡车、火烧车等；以及广告宣传中模糊概念，做出一些无法核实或实现的承诺。作为消费者来说，要理性看待广告宣传语，通过咨询、网络搜索等对平台可靠性进行判断，注重实际的信誉评价而非广告宣传，并结合鉴定评估机构的检测结论以及身边专业人士的建议多加甄别。

2. 要检查车辆手续是否齐全

车辆手续含车辆登记证、行驶证、原车发票、车辆购置税完税凭证、车辆保修凭证、养路费及交强险等，特别要注意二手车的"两证"（车辆登记证、行驶证），没有两证的车辆建议不要购买，否则在车辆使用过程中会有无法年检、购买保险、受损索赔等麻烦，还有可能是购买到抵押车、盗抢车、走私车等法律限制或禁止转让的车辆，可能会有被追回的风险。

3. 要注意列明车辆详细信息

包括二手车的品牌、标识号码、汽车代码、车辆主要配置、颜色、款式、价款等基本要素。还可以要求卖方明确提供车辆的使用、检验、事故、修理以及是否办理抵押登记、报废期、缴纳税费等真实情况信息。避免购买信息不公开不透明的二手车。

4. 签合同/协议时应仔细阅读条款

在签合同前耐心阅读，搞清楚条款，把签合同的节奏掌握在自己手里，尤其对于违约责任规定，一定要问清楚，对于卖方或平台的一些免责条款也要仔细关注，并且对于自己不同意或者要求加上的条款在合同上以文字形式固定下来。交易时要分清一些字眼的区别，例如"定金"和"订金"二者

的法律效力是不一样的，定金是属于担保的性质，主要是为了保证主合同的履行，所以具有一定罚则。如若车主违约，"定金"不能返还；若商家违约，则车主可要求双倍返还，这对双方都具有一定约束力。因此交"定金"对车主而言会有一定保障，但亦存在不可反悔的风险。而"订金"只是预付作用，交易不成功便可退回。

5. 二手车过户后还要一并办理"保险过户"

到保险公司办理过户手续在很多消费者看来是多此一举，但必须要了解的是交强险"随车不随人"，但也有很多二手车又购买了商业险，商业险则是"随人不随车"，按照合同相对性原则，保险过户是非常必要的。

6. 交车与付款交接均应留痕

对于二手车交易来说，签订合同后，还需一手交车一手交钱履行合同，交车和付款这两件事一般不能被合同直接证明，按照法律规定，交车需要原车主证明，过户亦是证明方式之一，但稳妥起见仍建议由买家写一纸收条，写明何年何月交接车钥匙、行驶证、所有权证书等，而付款则一般建议用转账方式，如是现金交易则也须有收据，以免发生不必要的纠纷，也方便日后举证。

7. 提高保护自身权益的意识和能力

当遭遇消费问题/自身消费权益被侵害时，消费者应以法律法规为后盾，在保障自身安全的情况下，留存证据，先向平台商家沟通协商，协商未果则主动向政府部门、消费者委员会、媒体平台等自己信任的渠道进行投诉、举报，理性维权。

B.9
2019年广州规模以上服务业运行情况分析

莫广礼*

摘　要： 2019年全球经济复苏趋缓，贸易摩擦负面冲击显现，下行风险加大。广州市规模以上服务业①总体发展平稳，质量效益稳步提升，重点门类继续保持稳中有进的运营态势；互联网软件信息新兴行业不断升级融合发展，继续为全行业的稳定增长保驾护航。但同时，工业生产继续回升难度依然较大，商贸业增长持续疲软，食品价格上涨压力较大，中美贸易摩擦影响仍需关注，服务业各行业发展仍面临压力，巩固经济运行向好仍需不断努力。

关键词： 规模以上服务业　城市对比　经济增长

2019年，在国际贸易争端不断，国内宏观经济增长承压的背景下，广

---

* 莫广礼，广州市统计局服务业处，一级主任科员。
① 规模以上服务业企业统计范围包括国民经济十大门类：1. 交通运输、仓储和邮政业；2. 信息传输、软件和信息技术服务业；3. 房地产业（不含房地产开发经营）；4. 租赁和商务服务业；5. 科学研究和技术服务业；6. 水利、环境和公共设施管理业；7. 居民服务、修理和其他服务业；8. 教育；9. 卫生和社会工作；10. 文化、体育和娱乐业。规模以上服务业统计标准：年营业收入在1000万元及以上或年末从业人数在50人及以上，执行企业会计准则的法人单位。其中，从事居民服务、修理和其他服务业，文化、体育和娱乐业，年营业收入在500万元及以上或年末从业人数在50人及以上，执行企业会计准则的法人单位。

州市规模以上服务业表现出较强的发展韧性。1~11月，规模以上服务业发展稳中向好，其他营利性服务业①增长较快，服务业增长新旧动能转换加快，互联网软件产业新经济增长贡献突出，推动广州市规模以上服务业较快发展。

一 2019年广州市规模以上服务业发展的基本情况

收入和利润增速双双回升，企业减负成效明显。2019年，广州市规模以上服务业迎来开门红，交通运输、仓储和邮政业，互联网、软件和信息技术服务业，租赁和商务服务业等重点行业发展迅速，加上部分重点企业业务集中在年前结算，1~2月全市规模以上服务业增速达16.8%。随着企业结算逐步正常化和上年新增加企业基数逐步增加，各月累计增速趋于平稳。1~11月，全市规模以上服务业延续平稳较快增长势头，实现营业收入11256.50亿元，同比增长12.6%，比1~10月提高0.3个百分点；实现营业利润1171.33亿元，同比增长11.3%，比1~10月提高0.8个百分点；降税减费政策进一步减轻企业经营负担，营业税和增值税两税合计257.62亿元，同比下降3.0%；企业应付职工薪酬保持稳步增长，同比增长11.4%；规模以上服务业吸纳社会就业劳动力稳定增长，期末从业人数176.45万人，同比增长4.9%。

其中，其他营利性服务业增速明显提升。1~11月实现营业收入4757.99亿元，同比增长17.3%，分别比1~10月和1~8月提高1.2个和0.3个百分点。非营利性服务业②增速回升，实现营业收入1220.50亿元，同比增长15.8%，分别比1~10月和1~8月提高0.9个和0.4个百分点（见图1）。

---

① 其他营利性服务业是指：A.互联网和相关服务，B.软件和信息技术服务业（两个大类）；①租赁和商务服务业，②居民服务、修理和其他服务业，③文化、体育和娱乐业（三个门类）。
② 非营利性服务业是指：①科学研究和技术服务业，②水利、环境和公共设施管理业（不含79大类），③教育，④卫生和社会工作这4个行业门类。

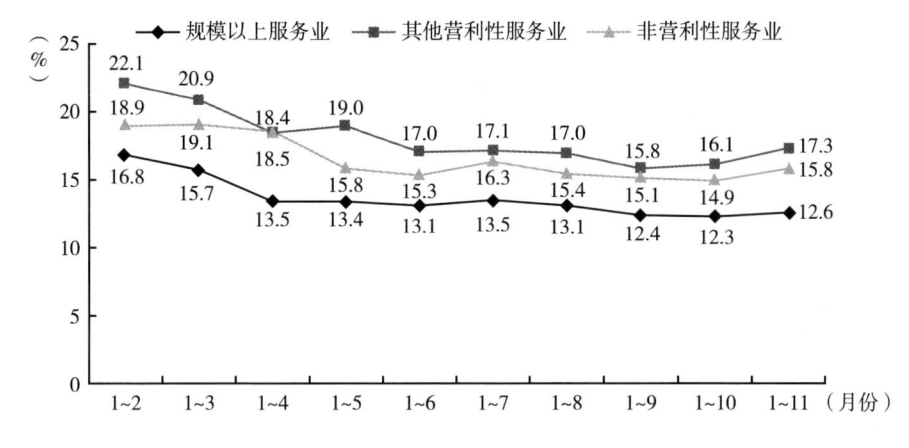

图1 1~11月广州市规模以上服务业营业收入增长走势

二 2019年广州市规模以上服务业运行的主要特点

（一）十大行业"六升四降"，三大支柱行业表现分化

1~11月，从规模以上服务业十大行业运行情况来看，除交通运输、仓储和邮政业，教育外，其他行业营业收入均实现两位数增长。三大支柱行业交通运输、仓储和邮政业，信息传输、软件和信息技术服务业，租赁和商务服务业营业收入合计9109.75亿元，占规模以上营业收入的80.9%，同比增长12.3%，对全市规模以上服务业增长贡献率为79.3%，拉动规模以上服务业增长10.0个百分点（见表1）。

表1 1~11月广州市规模以上服务业行业运行情况

行业	营业收入（亿元）	同比增速（%）	比1~10月增长（百分点）	比1~8月增长（百分点）
规模以上服务业	11256.50	12.6	0.3	-0.5
交通运输、仓储和邮政业	4227.00	8.5	-0.7	-1.8
信息传输、软件和信息技术服务业	2918.78	16.9	0.4	-0.2

续表

行业	营业收入（亿元）	同比增速（%）	比1~10月增长（百分点）	比1~8月增长（百分点）
#互联网和相关服务、软件和信息技术服务业	2473.23	20.3	0.7	-0.4
房地产业（不含房地产开发经营）	601.86	10.6	0.6	0.9
租赁和商务服务业	1963.97	14.5	2.1	1.1
科学研究和技术服务业	878.60	16.6	1.3	1.7
水利、环境和公共设施管理业	115.64	16.9	0.1	-7.8
居民服务、修理和其他服务业	73.59	10.9	1.3	2.5
教育	122.60	9.8	-0.1	0.9
卫生和社会工作	107.25	16.1	-0.4	-1.9
文化、体育和娱乐业	247.21	12.9	-0.6	-1.8

1. 交通运输、仓储和邮政业拉动力有所减弱

受外部环境及国内经济运行下行压力的影响，交通运输、仓储和邮政业增速持续放缓。1~11月，广州市交通运输、仓储和邮政业实现营业收入4227.0亿元，同比增长8.5%，分别比1~10月和1~8月回落0.7个和1.8个百分点，占规模以上服务业营业收入的37.6%，拉动规模以上服务业增长3.3个百分点，拉动力分别比1~10月和1~8月回落0.4个和0.5个百分点。其中，公路、水路、铁路和航空营业收入增速均出现回落，分别比1~10月增速回落1.2个、1.2个、0.8个和0.3个百分点。南航、广铁集团、中远海运散货等龙头企业营业收入增速均有所回落。

2. 信息传输、软件和信息技术服务业增速提升

近年来服务业新兴业态快速发展，互联网、软件和信息技术服务业作为广州市增长迅速的新兴行业，对加快广州市规模以上服务业发展动能转换起到关键作用。1~11月，信息传输、软件和信息技术服务业实现营业收入2918.78亿元，同比增长16.9%，比1~10月增速提高0.4个百分点，拉动规模以上服务业增长4.2个百分点，接棒交通运输、仓储和邮政业成为服务业发展的最主要增长引擎，是广州市规模以上服务业中拉动力最强的行业。其中，互联网和相关服务、软件和信息技术服务业高速增长，实现营业收入

2473.23亿元，同比增长20.3%，比1~10月提高0.7个百分点。龙头企业中网易、博冠、腾讯等保持平稳较快增长，北明软件、爱九游、中移互联网、新科佳都、奥维信息、奥飞数据等百强企业环比增速均提高超过20个百分点，带动行业较快增长。

3. 租赁和商务服务业平稳较快增长

1~11月，租赁和商务服务业实现营业收入1963.97亿元，同比增长14.5%，分别比1~10月和1~8月提高2.1个和1.1个百分点。究其原因，一是人力资源服务业增长较快，同比增长35.2%，比1~10月提高5.6个百分点，主要是得益于市场分工的进一步细化，企业劳务派遣和外包岗位较多，从而带动人力资源服务业增长，其中南仕邦、中智广州和南方人才等龙头企业均实现20%以上快速增长。二是广告业景气度略有提升，临近春节，广告逐步进入投放旺季，广告业营业收入降幅收窄，降幅比1~10月收窄了0.9个百分点。其中，省广告集团、南方广播影视传媒营业收入降幅均有所收窄，阳狮广告业绩增长迅速。三是以总部经济管理投资为基础的综合管理服务（11.2%）和组织管理服务（29.6%）增速提高，分别比1~10月提高5.5个和1.4个百分点。

4. 其他行业增长总体保持平稳

1~11月，科学研究和技术服务业（16.6%），水利、环境和公共设施管理业（16.9%），居民服务、修理和其他服务业（10.9%）增速提高，分别比1~10月提高1.3个、0.1个和1.3个百分点，实现较快增长，增速高于全市平均水平。与居民生活相关的教育，卫生和社会工作，文化、体育和娱乐业等行业稳中趋缓，分别比1~10月增速回落0.1个、0.4个和0.6个百分点。其中，长隆集团、恒大足球俱乐部和香港马会训练场等龙头企业增速放缓。

（二）南沙、增城增速继续领跑全市，天河、越秀增速回升

从区域发展来看，第一梯队天河、越秀其他营利性服务业营业收入合计占全市的55.9%，比1~10月增速均有不同程度回升，分别提高2.3个和0.4

个百分点。天河区互联网、软件和信息技术服务业保持较快增长，一方面网易、博冠、优视科技等龙头企业保持平稳增长，另一方面北明软件、中移互联网等企业部分业务集中在本月结算，营业收入环比增长迅猛，分别比1~10月提高67.1个和45.4个百分点；越秀区作为全市租赁和商务服务业主要聚集地，省广告集团、阳狮广告、南湖粤途等龙头企业增速均有所回升。第二梯队海珠、番禺、黄埔其他营利性服务业发展较快，增速均超过15%，其中，海珠区在腾讯、阿里巴巴华南技术、今日头条和新增企业数字广东拉动下增长迅速，黄埔区增长主要得益于火旋风、奥维信息、联通产业互联网、联通沃音乐、广州分众等新增企业拉动。第三梯队中，南沙、增城增速超70%，继续领跑全市。南沙区在新增企业南仕邦、存量企业中交城投带动下实现高速增长，两家企业合计拉动南沙区其他营利性服务业增长83.2个百分点；增城区车智汇通、湾区产融投资、雄舜投资等企业增长迅猛，拉动作用明显（见表2）。

表2　1~11月其他营利性服务业营业收入分区增长情况

地区	营业收入（亿元）	同比增速（%）	比1~10月增长（百分点）	比1~8月增长（百分点）
广州市	4757.99	17.3	1.2	0.4
荔湾区	165.28	20.0	3.9	-6.7
越秀区	800.27	4.1	0.4	-2.7
海珠区	490.78	31.9	-2.9	7.8
天河区	1858.66	13.6	2.3	0.0
白云区	246.97	19.3	2.4	2.9
黄埔区	395.93	20.9	3.5	-0.4
番禺区	489.21	15.4	-1.1	-1.9
花都区	63.91	34.8	-1.9	12.0
南沙区	190.63	99.2	1.5	11.8
从化区	21.48	10.3	2.3	-5.5
增城区	34.87	72.6	-18.0	-21.6

（三）新开业企业增长迅猛，贡献突出

从企业开业时间看，广州市规模以上服务业中，2017年以来新开业企业409家，1~11月实现营业收入755.59亿元，占规模以上服务业的6.7%，营业收入同比增长1.07倍，拉动规模以上服务业增长3.9个百分点。2017年以来新开业企业主要分布于其他营利性服务业中的租赁和商务服务业，互联网、软件和信息技术服务业，两个行业新开业企业数占全市规模以上服务业新开业企业总数的近七成，带动全市其他营利性服务业增长成效显著。2017年以来新开业其他营利性服务业企业305家，1~11月实现营业收入597.53亿元，占全市其他营利性服务业的12.6%，同比增长1.05倍，拉动其他营利性服务业增长7.5个百分点。新开业企业中，虎牙信息、聚禾信息、今日头条、唯品会电子商务、阿里巴巴华南技术、南仕邦、数字广东等企业1~11月实现营业收入均超10亿元。

（四）龙头企业拉动效用明显

广州市规模以上服务业企业营业收入增长呈现高度集中态势。1~11月，规模以上服务业营业收入前100强企业实现营业收入11256.50亿元，占全市规模以上服务业半壁江山，同比增长15.7%，比1~10月回落0.1个百分点，对全市规模以上服务业贡献率为61.1%，拉动规模以上服务业增长7.7个百分点。其中，其他营利性服务业营业收入前100强企业实现营业收入2264.77亿元，占全市其他营利性服务业的47.6%；同比增长28.5%，比1~10月增速提高1.5个百分点，对全市其他营利性服务业增长贡献率为71.6%，拉动其他营利性服务业增长12.4个百分点。

（五）其他营利性服务业增速居首

1~11月，除上海（8.4%）增速持平外，全国（9.4%）、北京（7.8%）、广东（11.9%）规模以上服务业增速均有不同程度回升，分别比1~10月提高0.3个、0.1个、0.7个百分点。其他营利性服务业一线

城市增速均有所提高，广州市其他营利性服务业营业收入同比增长17.3%，增速高于全国和全省，居一线城市首位，分别比深圳（17.0%）、北京（10.4%）和上海（8.8%）高0.3个、6.9个和8.5个百分点，北京、上海、深圳其他营利性服务业增速分别比1~10月提高0.3个、0.2个和2.2个百分点（见表3）。

表3 1~11月北上广深规模以上服务业营业收入及增长情况

地区	规模以上服务业			#其他营利性服务业		
	营业收入（亿元）	同比增速（%）	比1~10月增长（百分点）	营业收入（亿元）	同比增速（%）	比1~10月增长（百分点）
全　国	191123.1	9.4	0.3	76942.8	14.4	0.6
北京市	33143.1	7.8	0.1	18253.2	10.4	0.3
上海市	26941.7	8.4	0.0	13094.2	8.8	0.2
广东省	27622.0	11.9	0.7	12683.4	16.5	1.7
广州市	11256.5	12.6	0.3	4757.99	17.3	1.2
深圳市	11664.0	13.0	1.2	6414.35	17.0	2.2

三　值得关注的问题

2019年以来，广州市规模以上服务业呈现平稳较快的发展态势，为全市经济持续、健康发展提供了有力支撑，但仍存在重点行业发展后劲不足，企业结算周期导致基数走高、增速放缓，新增大企业减少等问题，需要持续关注。

（一）关注重点行业发展后劲的问题

2019年，规模以上服务业和其他营利性服务业虽保持平稳较快的增长，但从运行走势来看，总体仍呈现出震荡向下的趋势。主要是交通运输、仓储和邮政业，信息传输、软件和信息技术服务业，租赁和商务服务业三大行业增长逐步放缓（见图2）。其中，交通运输、仓储和邮政业营业收入占规模以上服务业的37.6%，航空、水路、公路和铁路营业收入高开低走，增速放缓，对全市规模以上服务业影响较大。信息传输、软件和信息技术服务业，受互联网和相关服务、软件和信息技术服务业营业收入高位回落的影响，分别比前三季度（错月）增速回落0.2个、1.5个和6个百分点。租赁和商务服务业也呈现出震荡向下运行走势，1~11月增速虽有所回升，但整个行业发展态势仍有待观察。

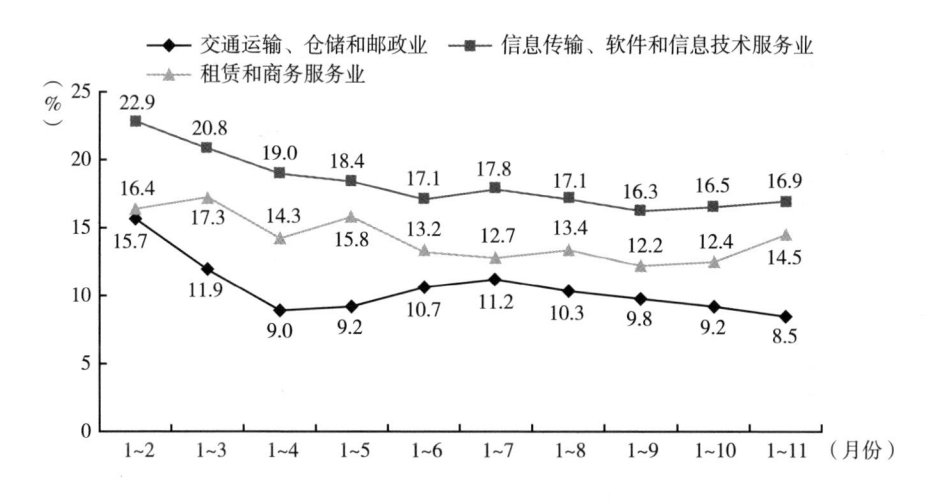

图2 1~11月广州市规模以上服务业三大行业增长走势

（二）关注企业结算周期对2020年增速影响问题

2019年1~2月，全市其他营利性服务业增速（22.1%）创历年新高，主要原因之一是部分龙头企业由于受项目进度和结算入账进度两年时间不一致的影响，1~2月营业收入增速较高，后续随着企业结算进度逐步统一，各月营业收入增速逐步回落。从全年（1~11月）核算来看，企业结算周期也存在相同影响因素，1~10月全市其他营利性服务业月均实现营业收入417.79亿元，而11月当月实现营业收入580.13亿元，对2020年形成较大基数，稳增长压力不容忽视。其中，北明软件、中移互联网、优视科技等龙头企业由于结算时点，11月营业收入大幅增长。由此可见，龙头企业结算时点对全市其他营利性服务业增速影响较大，部分行业或企业提前透支了全年营业收入，后续增长压力较大，需要重点关注2020年各月特别是核算月度企业结算情况。

（三）关注新增大企业减少的问题

从2019年各月新增企业来看，在数量上，1~11月全市新开业经营达到规模以上服务业标准入库企业只有74家，比2018年同期减少7家。在规模上，2019年1~11月新增营业收入超亿元的服务业企业有14家，比2018年同期减少了13家。其中，2019年其他营利性服务业新增亿元以上企业13家，比2018年同期减少8家，新增10亿元以上企业仅1家，比2018年同期减少2家。在行业上，广州市新增企业主要集中在互联网和相关服务、软件和信息技术服务业，租赁和商务服务业。新增企业对全市其他营利性服务业拉动效用十分明显，新增企业特别是亿元以上企业减少，将对全市其他营利性服务业增长后劲产生影响。

四 推动广州规模以上服务业发展的对策和建议

（一）进一步抓好重点要点，增强龙头行业和企业引领和辐射

进一步抓好规模以上服务业重点行业和重点企业监测，客观真实地反映全市规模以上服务业发展状况。加强与行业主管部门联动和对企业的调研。1~11月，全市其他营利性服务业营业收入下降，100强企业降幅比1~10月收窄了4.0个百分点，影响全市其他营利性服务业营业收入增速0.6个百分点。下一步建议充分发挥行业主管部门作用，共同抓好重点支撑指标的动态监测，加大对龙头企业、行业重点企业的调研指导，掌握企业主要经营指标波动的原因，了解企业经营存在的困难和需求，提供高效的政务服务。

（二）进一步挖掘增长潜力，增强发展后劲

一是优存量，做好存量单位经营情况的摸查，尤其是对存在跨省市多地经营龙头企业，深化商事改革，改善营商环境，制定"一企一策"，积极做好企业招商引资，吸引企业重点项目进驻广州市，进一步增强企业在广州市的发展后劲。二是促增量，新增企业是近年广州市其他营利性服务业保持快速增长的重要支撑。2019年1~11月，其他营利性服务业企业中，2017年以前开业的老企业营业收入增速仅为10.5%，步入平稳增长期，而新开业企业对当年和后续几年增长拉动作用仍然较大。建议一方面加快对新增企业纳统，加强与工商、税务等部门信息共享，及时将新增开业达标企业纳入统计范围，及早体现企业发展成果；另一方面加强对储备企业的培养，特别对规模临界点企业和成长性较好的企业，加强培育，促进企业做强做大，实现"小升规"。

（三）进一步加快科技创新，推动要素升级和优化配置

当前，经济由高速增长阶段转向高质量发展阶段，要素规模扩张的发展模式越来越难以为继，高投资、低产出的发展方式亟须改变，要从要素驱动全面转为创新驱动：一是由政府牵头，积极引导企业、机构在大数据、人工智能的一些关键核心技术上开展研究，增强基础研究能力、技术创新能力，引进和培育具有独立法人资格的企业研发机构；二是健全科技金融服务和财政支持体系，设立专项奖励资金和风险补偿资金池，对投资广州科技企业的相关投资按实际投资额和投资损失每年给予风险补偿；三是加强与创新经济特征突出的地区合作，充分利用粤港澳大湾区集聚重点产业的创新资源，为高层次人才提供具有竞争力的薪酬。

（四）进一步促进行业整合发展，打造更为均衡的产业结构

服务业经过近年来快速发展，加上传统行业转型遭遇瓶颈，逐步进入平稳发展阶段。应充分利用广州市产业健全优势，通过建设强有力的平台

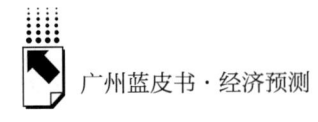

进行资源整合，逐步形成要素配置合理有效、资源环境友好协调、质量效益明显提高的产业发展新格局，推动区域产业联动发展、错位发展，从而推动产业的转型升级，形成新的增长动力。一是积极构建产业互联网，大力实施"互联网+消费""互联网+制造"，统筹谋划高端芯片、人工智能等高端产业，促进互联网软件行业与集成电路、智能终端、新材料产业等先进制造业整合发展。二是着力培育未来产业。紧盯科技新动向、对标产业新标准，着眼于布局5G、物联网等新兴行业，统筹规划好全市重点培育的未来产业。

B.10
广州生产性服务业发展现状及优势分析

广州市统计局核算处课题组*

摘　要： 生产性服务业作为制造业的配套产业，是三次产业加速融合、协同发展的关键。一直以来，广州市生产性服务业在全省乃至全国都具有比较优势，在粤港澳大湾区省内9个城市中更是规模最大、占比近四成，为整个大湾区的制造业生产提供坚实的服务性保障。生产性服务业作为广州经济的优势产业，存在一定的短板，但更多的是机遇。报告指出，以大湾区为依托，巩固广州市生产性服务业发展成果及优势，推进广州市生产性服务业向专业化与高级化延伸，打造粤港澳大湾区生产服务大中心。

关键词： 生产性服务业　粤港澳大湾区　广州

生产性服务业①作为制造业的配套产业，是三次产业加速融合、协同发展的关键。李克强总理用产业转型的"中场发动机"来形容生产性服

---

* 课题组成员：邓谦，广州市统计局核算处处长；方越峦，广州市统计局核算处副处长；蓝蔚芬，广州市统计局核算处一级主任科员。执笔人：蓝蔚芬。
① 根据《广东生产性服务业增加值核算工作方案》，生产性服务业是指为保持工业生产过程的连续性、促进工业技术进步、产业升级和提高生产效率提供保障服务的服务行业。它的范围包括：为生产活动提供的研发设计与其他技术服务，货物运输、通用航空生产、仓储和邮政快递服务，信息服务，金融服务，节能与环保服务，生产性租赁服务，商务服务，人力资源管理与职业教育培训服务，批发与贸易经纪代理服务，生产性支持服务。

务业的特殊地位和作用。一直以来，广州市生产性服务业在全省乃至全国都具有比较优势，在粤港澳大湾区[①]省内9个城市中更是规模最大、占比近四成，为整个大湾区的制造业生产提供坚实的服务性保障。生产性服务业作为广州经济的优势产业，存在一定的短板，但更多的是机遇。广州应以大湾区为依托，巩固生产性服务业发展成果及优势，推进生产性服务业向专业化与高级化延伸，打造粤港澳大湾区生产服务大中心。

一 生产性服务业发展现状

（一）广州市生产性服务业增加值[②]稳居首位

广东省生产性服务业主要集中在广州、深圳两地，2019年上半年两地生产性服务业增加值总量占广东省的64.7%，广州总量比粤港澳大湾区省内除深圳以外的7市之和多了34%，广深两地又以广州总量为最。

2019年上半年，广州市生产性服务业实现增加值4904.2亿元，比深圳多出463.1亿元。除广州、深圳以外的省内7个城市，按总量可分为三个层级，一是规模在850亿~1100亿元的有两个城市，分别为东莞（1077.5亿元）和佛山（887.6亿元）；二是规模在350亿~450亿元的有3个城市，分别为中山（433.1亿元）、珠海（398.8亿元）和惠州（359.4亿元）；三是规模在200亿~300亿元的有两个城市，分别为江门（265.3亿元）和肇庆（227.5亿元）。这7个城市生产性服务业增加值合计3649.2亿元，广州比7市合计多了1255亿元（见图1）。

---

① 粤港澳大湾区指的是由广州、佛山、肇庆、深圳、东莞、惠州、珠海、中山、江门9市和香港、澳门两个特别行政区形成的城市群。
② 文中数据统一使用省统计局核定反馈的数据，只在广东省内具有可比性。

广州生产性服务业发展现状及优势分析

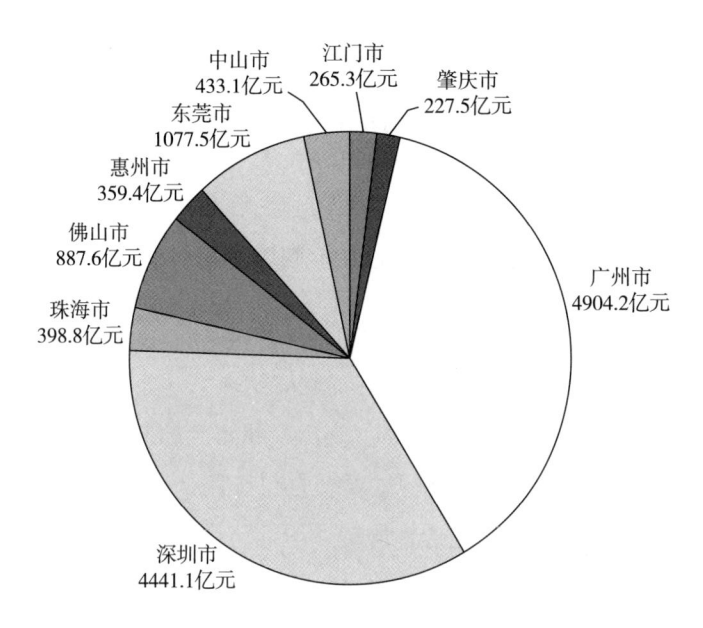

图1 2019年上半年大湾区9市生产性服务业增加值情况

表1 2019年上半年大湾区9市生产性服务业增加值占比

地区	所占9市份额(%)	排名
合计	100.0	
广州市	37.7	1
深圳市	34.2	2
东莞市	8.3	3
佛山市	6.8	4
中山市	3.3	5
珠海市	3.1	6
惠州市	2.8	7
江门市	2.0	8
肇庆市	1.8	9

（二）以批发与贸易经纪代理服务、金融服务等行业为主

从行业结构来看，生产性服务业中，批发与贸易经纪代理服务占比最

151

大,其次为金融和商务服务。2019年上半年批发与贸易经纪代理服务、金融服务、商务服务、信息服务增加值在广州市生产性服务业中的比重分别为19.3%、15.3%、15.0%、13.4%,四类合计占全市生产性服务业的63%。

(三)年均增长率高于生产总值年均增速

随着经济的快速发展,广州生产性服务业保持持续较快发展走势。2016~2018年,广州生产性服务业增加值从7964.19亿元增加到9399.92亿元,按可比价计算,年均增长8.1%,高出广州市生产总值年均增速1个百分点,成为推动广州服务业发展的主要动力和新亮点(见表2)。

2019年上半年,广州市生产性服务业增加值增速为7.2%,比全市生产总值增速高0.1个百分点,比2018年上半年高0.3个百分点,比深圳高0.8个百分点。

表2 近三年广州市生产性服务业发展情况

行业	2016年 总量(亿元)	2016年 同比增速(%)	2017年 总量(亿元)	2017年 同比增速(%)	2018年 总量(亿元)	2018年 同比增速(%)
生产性服务业	7964.19	9.0	9037.66	9.4	9399.92	6.0
#货物运输、通用航空生产、仓储和邮政快递服务	857.61	12.6	940.36	11.2	922.19	5.3
信息服务	698.10	20.7	1037.93	24.4	1260.80	13.6
金融服务	1258.02	9.5	1351.60	6.7	1439.22	6.2
商务服务	1119.80	8.9	1249.37	7.2	1412.23	5.3
批发与贸易经纪代理服务	2019.17	5.3	2085.59	5.6	1814.41	4.8

(四)占第三产业比重近六成

近三年来,广州市生产性服务业增加值占生产总值的40%~42%,占第三产业增加值的57%～59%。2019年上半年，广州市生产性服务业增加值在全市生产总值中的比重高于深圳5.1个百分点，高于全省13.1个百分点，位居大湾区9市第一位；生产性服务业增加值在第三产业增加值中的比重仅次于深圳，位居大湾区9市第二位。（见表3）

表3　2019年上半年大湾区9市生产性服务业增加值情况

地区	总量（亿元）	占比（%）地区生产总值	占比（%）第三产业	增长（%）
广东省	14437.3	28.6	51	7.8
广州市	4904.2	41.7	57.3	7.2
深圳市	4441.05	36.6	60.2	6.4
珠海市	398.77	26.9	55.6	8.5
佛山市	887.55	18.5	45.1	8.6
惠州市	359.35	17.2	38.8	4.8
东莞市	1077.53	25.6	51.1	7.8
中山市	433.13	22.6	46.1	4.9
江门市	265.26	18.5	39.8	8.3
肇庆市	227.45	23.2	42.3	9.5

二　广州市生产性服务业在大湾区省内9市中的发展优势

（一）总量规模优势

近三年，广州市的生产性服务业总量在大湾区省内9市排名中稳居第一，占大湾区省内9市总量的37.7%，在本市生产总值中的比重也是最大的，达到41.7%。作为商贸之都、国内的主要交通枢纽之一、区域金融中心，广州拥有坚实的服务业基础，为湾区制造业的生产提供一系列成熟的、完备的链条式服务。

（二）行业结构优势

2018年，归属生产性服务业的批发和零售业，交通运输、仓储和邮政业，住宿和餐饮业均为广州传统优势产业，这三个行业增加值均位居9市首位，占全市生产总值的23%；生产性服务业的另外两大行业金融业和房地产业创造的增加值，广州也仅次于深圳（见表4）。

表4 2018年大湾区省内9市主要行业增加值情况

单位：亿元

地区	生产总值	第三产业					
		总量	批发和零售业	交通运输、仓储和邮政业	住宿和餐饮业	金融业	房地产业
合计	81048.50	46400.62	8879.27	3442.61	1406.01	6964.35	6466.11
广州	22859.35	16401.84	3294.76	1577.95	458.11	2079.46	1899.28
深圳	24221.98	14237.94	2508.70	733.26	419.48	3067.21	2080.42
东莞	8278.59	4226.34	931.22	265.66	148.24	511.45	586.67
佛山	9935.88	4177.43	685.24	429.26	78.54	439.22	811.00
中山	3632.70	1790.88	348.04	79.09	40.49	209.85	266.02
珠海	2914.74	1430.83	277.85	62.37	61.16	210.05	168.22
惠州	4103.05	1765.50	415.42	89.72	95.92	216.18	348.17
江门	2900.41	1290.57	209.18	97.95	40.44	146.61	165.79
肇庆	2201.80	1079.29	208.86	107.35	63.63	84.32	140.54

（三）产业能级优势

经过多年发展，广州经济形成以服务业为主体、其他产业为辅助的，较高层级的产业结构。近三年，广州第三产业增加值在生产总值中的比重均达到70%以上。2019年上半年，广州第一产业实现增加值103.04亿元，第二产业实现增加值3096.73亿元，第三产业实现增加值8555.77亿元，三次产业结构为0.9:26.3:72.8，第三产业增加值总量和占比均位居全省第一（见图2、图3），第三产业增加值占比在北上广深中排名第二位。广州服务业发展的绝对优势，为广州生产性服务业的更高定位发展提供基础和保障。

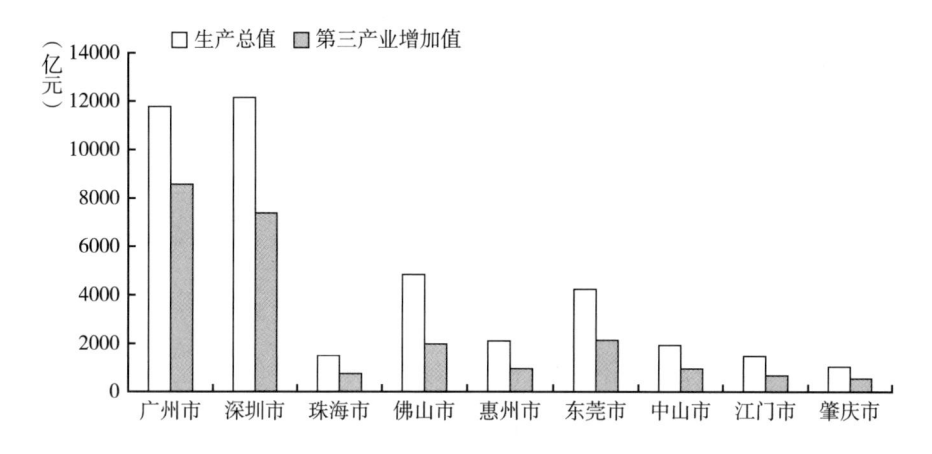

图 2　2019 年上半年大湾区 9 市生产总值情况

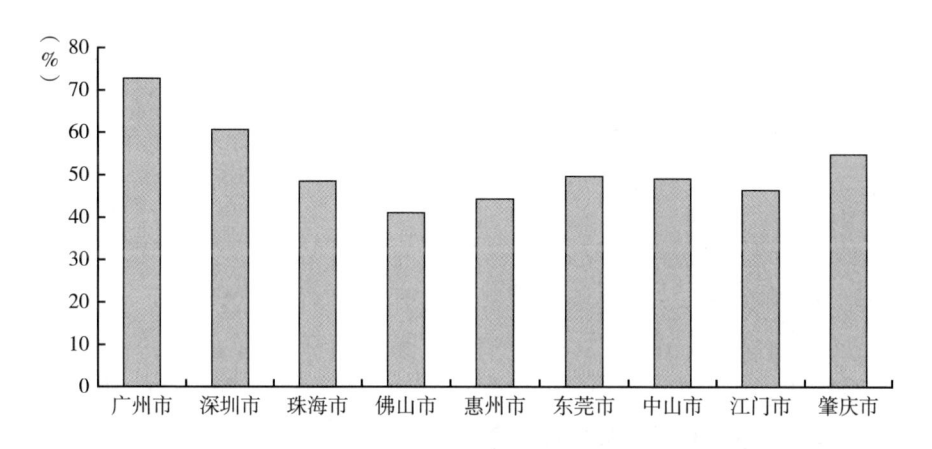

图 3　2019 年上半年大湾区 9 市第三产业增加值占比情况

（四）交通枢纽优势

广州是我国涵盖海、陆、空各种运输方式的典型枢纽代表，是全国三大综合交通枢纽之一，主要基础设施包括广州白云国际机场、广州港、铁路枢纽、公路站场及集疏运网络等。广州白云国际机场是我国三大国际航空枢纽机场之一，2018 年机场旅客吞吐量 6974 万人次、货邮吞吐量 249 万吨，世界排名分别位居第13位、第19位。广州铁路枢纽是华南地区重要的特大型铁路枢纽，已形成以广州南站、广州站、广州东站为主，广州北站为辅的"三主一辅"客运格局。广州拥有健全的交通网络，使得广州与大湾区其他城市之间，无论铁路、公路、水路均衔接便利，广州辐射周边的完备交流网络和完备交通线路为大湾区制造性生产业提供畅通的物流服务保障。

（五）人才储备优势

广州市政府、广州日报数据和数字化研究院（GDI智库）联合发布的《广州人才发展白皮书（2018）》中数据显示，截至2018年底，广州地区具有大专以上学历人才资源总量达377万人，在广州地区工作的诺贝尔奖获得者6人、"两院"院士97人、国家重大人才工程入选者493人。广州通过创新出台产业领军人才政策、打造梯次全覆盖的人才政策体系、大力推进和实施各类市级人才项目等多项措施，探索人才发展体制机制创新，营造良好的人才发展环境。广州出台实施全国首个地方性公派留学项目"菁英计划"，2011~2018年已资助8批270名优秀青年人才到国外一流高校攻读博士学位或进行联合培养。截至2018年底，博士后培养项目已成功设立博士后（工作站）流动站、分站99个，在站博士后研究人员599人。

从不同类别的在校学生数来看，广州市普通高等学校在校学生数达106.73万人，占大湾区省内9市总数的六成，超过其他8市合计的36万人。广州市其他类别在校学生数均远远高于大湾区省内其他8个城市，说明广州市人才储备不仅目前具有一定优势，且具有可持续性（见图4）。

三 广州生产性服务业的短板

（一）政策体系仍待完善

近年来各省市及相关部门基于国务院制定的《关于加快发展生产性服务业促进产业结构调整升级的指导意见》《服务业创新发展大纲（2017~

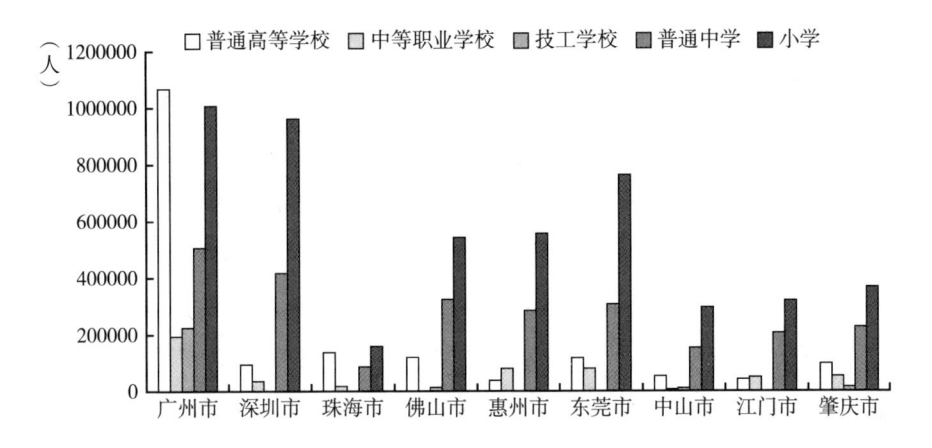

图4 2017年大湾区9市各类学校在校学生数

2025年）》出台了一系列举措，如《山东省生产性服务业发展布局规划》《浙江省生产性服务业高质量发展行动计划（2019~2022年）》《上海市生产性服务业功能区建设指引》《关于优化提升苏州市生产性服务业的实施意见》等，推动了生产性服务业快速发展。广州也相应出台了生产性服务业发展规划，但覆盖面广，能彻底得到贯彻的政策还较少，完善的政策体系仍有待建立，例如缺乏对广州市生产性服务业发展的定位；缺乏针对性强的金融扶持政策；缺乏有针对性解决企业运营问题的政策措施，营改增后部分服务企业内部人力成本等支出无法抵扣导致实际税赋不减反增，影响了企业经营活动；缺乏对如何利用生产性服务业提升经济转型等问题的指导意见和具体措施；缺乏促进制造业和生产性服务业融合发展的规划和政策引导。

（二）内部结构有待优化

从生产性服务业内部结构来看，当前广州市生产性服务业以传统劳动密集型行业为主，知识密集型行业比重偏低。从行业结构来看，信息服务、批发与贸易经纪代理服务、商务服务、金融服务增加值占比均为15%左右，比重较大的传统生产性服务业占据了较多生产要素，产能过剩程度的不同和转型升级速度的不一致，影响了高端生产性服务行业的进场步伐。

（三）研发投入少

研发投入是衡量创新能力的核心指标，2017年广州市全社会研发经费投入532.41亿元，占生产总值的2.48%，低于发达国家3%~4%的一般水平。其中，与生产性服务业转型升级息息相关的科技机构和高校的R&D仅为188亿元。2017年，深圳研发投入超过900亿元，达976.94亿元，占生产总值的4.35%。广州科技机构及高校创新投入较少，在生产总值中的比重很小（0.8%），限制了技术创新服务质量的提升，在关键领域难以形成具有自主知识产权的核心专利和技术标准，阻碍了生产性服务业结构优化升级的步伐。

（四）信息技术服务专业化水平不高

信息技术服务产业整体不强，缺少世界知名品牌、实力雄厚的旗舰型企业，本土骨干企业存在总量偏少、规模偏小等问题。2018年，1506家规模以上软件和信息技术服务业企业营业收入合计为1751.15亿元，户均营业收入为1.16亿元；营业收入达到10亿元以上的企业只有22家；企业效益普遍不佳，亏损的企业数量达482家，占比高达32%。

（五）金融创新有待进一步强化

金融创新是优化资源配置，刺激实体经济发展的重要推动力量，也是生产性服务业整个链条发展的重要带动点。金融创新就是将金融与人工智能、大数据等新兴技术手段相结合，提高资源配置效率，进而推动制造业的转型升级，实现"中国制造2025"中提出的制造强国的战略目标。2017年6月，广州获批成为全国首批五个绿色金融改革创新试验区之一，还只是侧重构建有利于绿色金融创新发展的体制机制，未能拓展到整个湾区，未能与湾区中的香港、深圳传统业务形成有效互补。

四 加快发展生产性服务业的建议

生产性服务业作为广州经济的优势产业，存在一定的短板，但更多的是机遇。广州要充分发挥国家中心城市和综合性门户城市的引领作用，全面增强国际商贸中心、综合交通枢纽功能，培育提升科技教育文化中心功能，以大湾区为依托，巩固生产性服务业发展成果及优势，推进生产性服务业向专业化与高级化延伸，打造粤港澳大湾区生产服务大中心。

（一）进一步提升和优化基础设施建设

从世界各城市的角度来看，生产性服务业高度集中在基础设施完善、经济发达的城市。基础设施越完善，城市经济越发达，生产性服务业的空间集聚就越显著。一些学者研究表明，省会城市生产性服务业的集中度更为明显。当前广州在传统生产性服务业方面具有绝对优势，但是其知识、技术产出对周边地区的辐射作用十分有限，需要在进一步提升自身高端生产性服务业发展水平的基础上，通过合理的产业空间布局，加强产业协同程度，利用空间上的产业关联与技术关联，实现以广州传统、高端服务为主而向外渗透，带动实现周边地区的制造业升级，并加速实现产业融合。

（二）进一步完善和出台相关法律法规

当前以信息技术为代表的新科技革命兴起，信息传输、软件和信息技术服务业快速增长，广州要抓住机遇，以生产性服务业为重点，强化政策引导，在政策上给予优先、持续支持。在用足用好国家给予政策的同时，结合广州实际，进一步完善和出台促进生产性服务业发展的政策意见和配套措施，对需要重点发展的生产性服务业重点行业、重大项目给予政策倾斜，并在资金、土地、税收、环境、人才、服务等方面给予扶持，营造有利于生产性服务业发展的氛围。特别是需要重点研究针对服务业不同行业特点的增值税收抵扣配套措施，制定降低企业经营成本，增强服务企业发展活力的政策措施。现阶段政府需要提供政策支持，鼓励科学研究、技术服务、信息服务等知识密集、科技含量高的关键领域企业加强自主创新，提高核心环节竞争力，从单纯地引进技术，到自主创新研发技术，拓展产业链，开拓生产性服务业市场，从而带动整个生产性服务业的发展。

（三）进一步调整和完善区域协调和定位

结合广州实际，调整和完善广州市服务业特别是生产性服务业发展布局，有效发挥服务业对经济的拉动作用。要深度参与"粤港澳大湾区"建设，大力发展金融后台服务，加快推进金融产品创新，着力改善融资环境，积极营造有利于金融产品、服务和管理创新的良好环境；深化工业企业与电子商务融合发展，提升数字信息服务比重，支持企业通过推进设计研发、生产制造和供应链管理等环节改造，创新基于个性化产品的服务模式和商业模式，推动专业市场电子商务模式应用，实现电子商务业跨越发展。

（四）进一步支持和抓好专业融资租赁业的发展

广州市融资租赁业的服务领域涵盖航运、汽车、轨道交通、成套设备、能源、节能环保、医疗、印刷和工程建筑等，服务对象从珠三角辐射到全国各省区。融资租赁业发展前景广阔，其发展的深度和广度在一定程度上可决定这一区域服务周边的能力和供给强度。广州应通过各项政策支持和引导，加快其发展，使融资租赁业务领域覆盖面不断扩大，融资租赁市场对湾区的渗透率提高，形成一批专业优势突出、管理先进、竞争力强的龙头融资租赁业企业。

（五）进一步构建和推动信息技术服务产业化

国家粤港澳大湾区规划提出构建现代化综合运输体系、培育壮大战略性新兴产业、加快发展现代服务业等发展战略，将进一步推动信息传输、软件和信息技术服务业，交通运输、仓储和邮政业，科学研究和技术服务业等行业的发展。广州应抢占先机，在目前即将建成的面向全国乃至亚太地区的云计算公共平台和大数据处理中心基础上，培育一批大数据和云计算领军企业。依托琶洲拥有的资源，建成全国产出密度最大的互联网产业集聚区，培育一批具有自主知识产权和国际竞争力的互联网龙头企业。

（六）进一步培育和扩大特色金融服务实体经济

在融资方面，加强财政对生产性服务业发展的资金支持，把服务业发展引导资金向生产性服务业领域倾斜。同时，建立健全民营企业互保联保机制，完善为生产性服务业发展服务的信用担保机构和风险投资基金运行机制，扩大企业融资渠道。强化金融服务实体经济功能，常态化办好重大项目融资对接会，加大力度推动企业上市挂牌，大力发展绿色金融、普惠金融、科技金融，强化金融风险防控。推动粤港澳金融竞合有序、协同发展，培育金融合作新平台，扩大内地与港澳金融市场要素双向开放与联通。

B.11
2019年广州市房地产开发市场运行分析

广州市统计局投资处课题组*

摘　要： 2019年广州市以"稳地价、稳房价、稳预期"为目标，坚持"房子是用来住的、不是用来炒的"定位，因地制宜、因城施策，精准调控房地产市场，房地产市场总体运行平稳健康。但商品房结构性和区域性供需失衡、开发投资增长对土地购置费依赖过大和企业融资压力加重等问题仍然存在，建议通过优化市场供应结构、加快项目推进进度和构建多元化融资体系等多种方式保障市场健康平稳运行。

关键词： 房地产开发　开发投资　新建项目　交易市场　区域发展

2019年，广州市以"稳地价、稳房价、稳预期"为目标，坚持"房子是用来住的、不是用来炒的"定位，因地制宜、因城施策，精准调控房地产市场，房地产市场总体保持平稳健康运行，主要表现在：一是房地产开发投资增长稳健，完成投资3102.26亿元，比上年增长14.8%，较上年提高14.8个百分点；二是企业到位资金充裕，本年到位资金5503.56亿元，同比增长24.1%，较上年提高17.7个百分点，高于房地产开发投资增幅9.3个百分点；三是新建商品房市场交易略有回调，全市商品房销售面积1464.64万平方米，下降5.5%。当前外部环境更趋复杂严峻，国

---

* 课题组成员：郑振威，广州市统计局投资处处长；倪静，广州市统计局投资处副处长；谢璇，广州市统计局投资处主任科员；王方东，广州市统计局投资处科员。执笔人：谢璇、王方东。

内经济下行压力加大,房地产开发市场走势存在较大不确定性,需密切关注。

一 房地产开发市场运行情况

(一)房地产开发投资情况

1. 开发投资保持两位数增长,总体呈现先高后低态势

2019年,全市完成房地产开发投资3102.26亿元,同比增长14.8%,增速高于全国(9.9%)4.9个百分点,高于全省(10.0%)4.8个百分点。从月度变动情况看,2019年房地产开发投资增速均高于上年同期,增幅保持在2位数以上快速增长,其中二季度粤港澳大湾区的利好为楼市带来了生机,上半年房地产开发投资增速达到最高点(26.1%),进入下半年,投资增势有所放缓,增幅趋于稳定(见图1)。

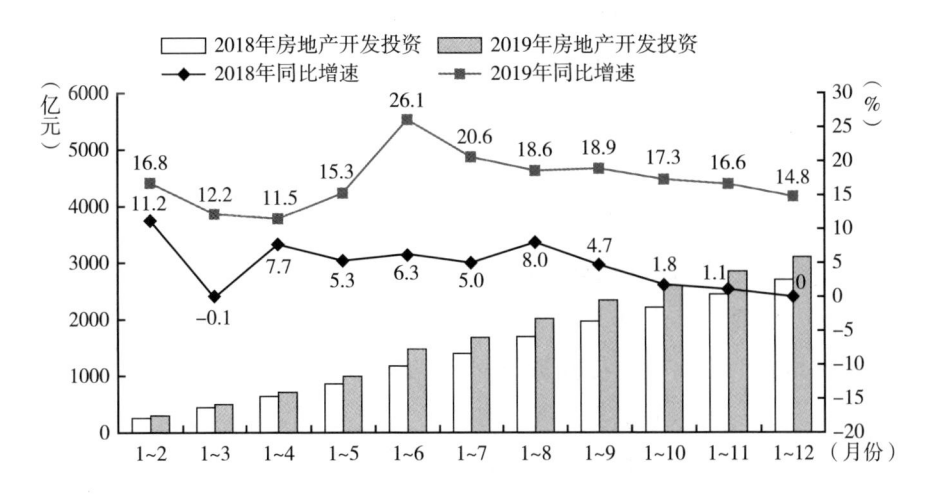

图1 广州市房地产开发投资完成情况

2. 新建项目注入活力,助推开发投资快速增长

2019年是房地产项目大量开工的一年,新建项目完成投资占房地产

开发投资的近一半,是开发投资的主要增长动力。全市新建房地产开发项目152个,同比增加53个,同比增长53.5%;计划总投资3707.12亿元,增长43.0%;新建房地产开发项目完成投资1526.41亿元,增长43.9%,占全市房地产开发投资的49.20%,对其增长的贡献率达到116.2%;新建房地产开发项目新开工面积1334.22万平方米,占全市房地产新开工面积的60.09%,对其增长的贡献率达到65.4%。新建项目数量增多,对房地产开发投资和新开工面积的快速增长带动作用明显。

3. 建筑安装工程投资降幅收窄,土地购置费再创历史新高

在新建项目增加的带动下,建筑安装工程投资降幅收窄为个位数。2019年,全市房地产开发企业建筑安装工程完成投资1085.36亿元,同比下降3.3%,降幅同比收窄26.5个百分点。其中,融创旅游城、凯达尔枢纽国际广场、新塘新合公司城中村改造复建安置房和敏捷绿湖国际城等大项目建设进度推进较好,建筑安装工程完成投资均超10亿元。

房地产开发投资对土地成本的依赖度持续增强,土地购置费占比继续攀升。土地购置费1780.98亿元,增长33.3%,占比再创历史新高,比重由上年的49.46%提升到57.41%,对全市房地产开发投资增长的贡献率达110.6%,对房地产开发投资的增长起决定性的作用。

4. 住宅投资地位更加稳固,商业地产投资复苏

住宅作为房地产开发投资重心的地位更加稳固,支撑房地产开发投资稳健增长。2019年,广州市房地产开发项目住宅完成投资2087.07亿元,同比增长20.4%,增幅同比提高22.4个百分点,占全市房地产开发投资的67.28%,对其增长的贡献率为88.3%。

商业地产市场迎来新契机,商业地产投资复苏迹象明显。2019年,广州市房地产开发项目商业地产完成投资625.31亿元,由上年的下降11.7%转为增长12.6%,对全市房地产开发投资增长的贡献率为17.5%。其中,办公楼完成投资327.86亿元,增长14.0%,商业营业用房完成投资297.46亿元,增长11.1%。

（二）房屋施工和新开工情况

1. 施工面积得到补充，住宅、办公楼两位数增长

2019年，全市房屋施工面积11985.91万平方米，同比增长9.0%，增速较上年提高5.8个百分点。从用途看，四种房屋均有不同程度增长，且增速较上年有所提高，尤其办公楼、住宅增势最为迅猛：办公楼施工面积1350.87万平方米，增长11.9%，同比提高4.3个百分点；住宅施工面积7161.10万平方米，增长10.0%，同比提高8.3个百分点；其他房屋施工面积2199.24万平方米，增长8.7%，同比提高1.0个百分点；商业营业用房施工面积1274.70万平方米，增长1.2%，同比提高1.1个百分点。

2. 新建项目带动新开工面积快速增长，住宅增幅超40%

2019年，在新建项目增加影响下，房屋新开工面积2220.51万平方米，同比增长25.1%，同比提高29.3个百分点，增幅达到近五年的最高点。从用途看，新开工面积呈现出三升一降态势，其中住宅市场得到明显补充，住宅新开工1407.02万平方米，增长41.5%，同比提高52.7个百分点，占比从上年的55.99%提高到63.36%；办公楼新开工221.08万平方米，增长28.5%，同比提高23.2个百分点；其他房屋新开工453.47万平方米，增长7.2%，同比回落9.0个百分点；商业营业用房新开工138.94万平方米，下降25.4%，降幅同比扩大15.2个百分点。

（三）房地产开发到位资金情况

1. 企业资金充裕，资金投资比达十年高位

2019年，全市房地产开发企业本年到位资金5003.56亿元，比上年增长24.1%，同比提高17.7个百分点，高于房地产开发投资增幅9.3个百分点，资金投资比为1.61∶1，为近10年的最高值，企业到位资金充足。从各月资金到位情况看，月度资金投资比均高于1.50∶1，在历年中

属于较高水平;各月累计到位资金增势喜人,除1~7月累计外,到位资金均保持20%以上的增长,增速高于同期开发投资增速(见图2)。房地产开发企业资金运作较好,保障了项目的顺利实施,对房地产开发投资形成有力保障。

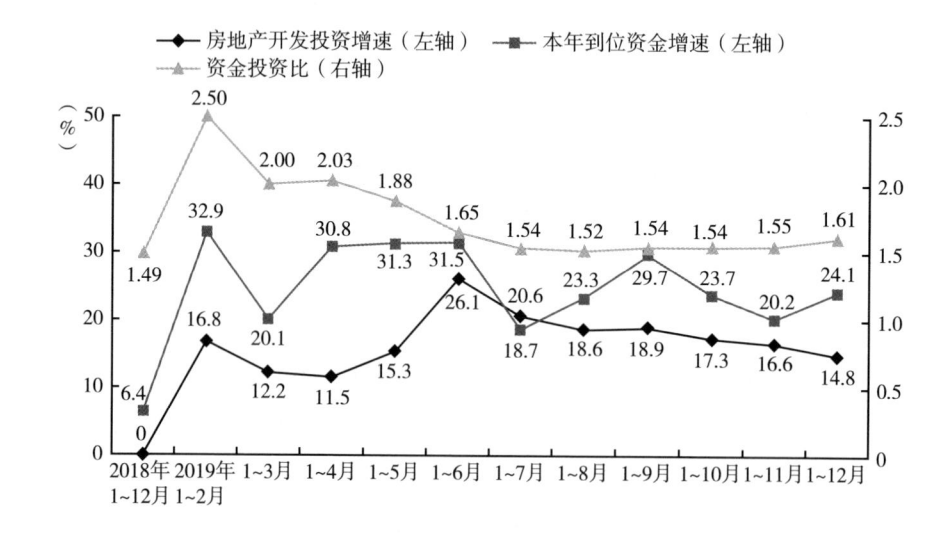

图2 广州市房地产开发企业投资、资金情况

2. 企业资金结构保持稳定,利用外资难度加大

2019年,房地产开发企业到位资金构成表现出两个特点:一是企业多渠道并举,多方位筹措资金,国内贷款、自筹资金、销售回笼资金和其他资金均有两位数增长,各资金构成比重同比变动幅度不超过1.20个百分点,资金结构保持稳定;二是国家对境外融资严格控制,境外融资成本大幅提升,广州市房地产开发企业利用外资连续3年出现回落,2019年全年无利用外资到位。资金构成中,自筹资金、国内贷款和定金及预付款增长最快,分别到位1668.71亿元、1017.46亿元和396.35亿元,同比增长28.8%、26.3%和26.0%(见表1)。

表1 2019年广州市房地产开发企业资金到位情况

	到位资金（亿元）	同比增速（%）	比重（%）
合计	5003.56	24.1	100.00
1. 国内贷款	1017.46	26.3	20.33
2. 利用外资	0.00	-100.0	0.00
3. 自筹资金	1668.71	28.8	33.35
4. 其他资金来源	1703.82	20.4	34.05
5. 定金及预付款	396.35	26.0	7.92
6. 个人按揭贷款	217.22	11.3	4.35

（四）商品房交易市场情况

1. 新建商品房销售面积高开低走，全年销售同比微降

2019年，广州市新建商品房销售面积1464.64万平方米，同比下降5.5%，降幅同比收窄6.3个百分点。从月度销售面积变动情况看，2019年新建商品房销售市场开局良好，1~2月累计销售面积增长15.0%；3~5月在粤港澳大湾区利好的影响下，购房者对广州的未来发展前景有了更充足的信心，入市意愿明显增强，销售市场一度出现小阳春的现象，其中1~4月累计销售面积增幅达到全年最高点（21.9%）；6月以后，受市场供应量的减少和房地产调控不放松的双重影响，销售面积增幅开始走低（见图3）。

从用途看，2019年新建商品房销售面积出现一升三降：商业营业用房成为唯一增长点，销售面积106.58万平方米，增长4.5%；住宅销售面积1106.58万平方米，微降2.8%，降幅同比收窄14.0个百分点；办公楼和其他房屋销售面积回落明显，分别销售153.81万平方米和97.67万平方米，下降18.7%和19.2%。

2. 二手房网签面积延续下行趋势，但降幅有所缓和

2019年，受购房者观望情绪影响，二手房市场延续上年的下行趋势，网签面积1002.15万平方米，较上年减少80.96万平方米，同比下降7.5%。从网签变动情况看，二手房市场呈现交易量缩减，降幅逐月收窄的态势：月

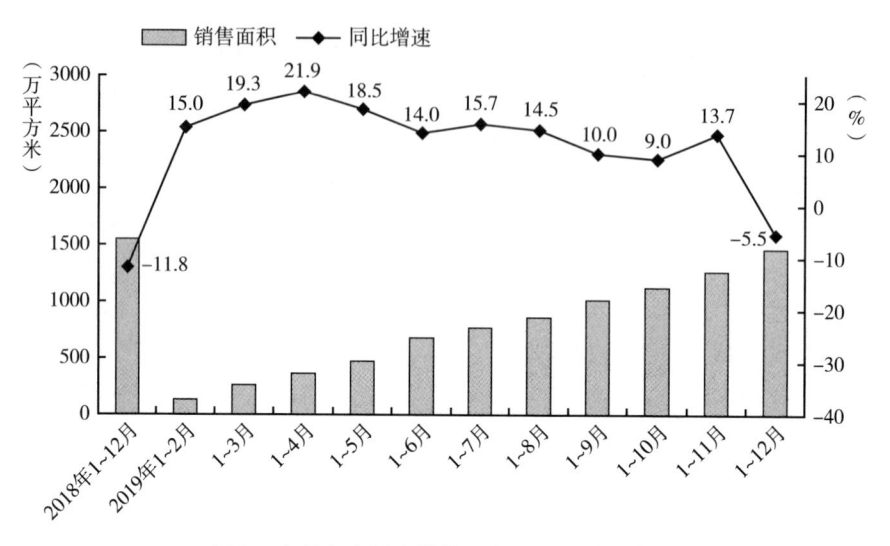

图3 广州市商品房销售面积及同比增速情况

均网签面积从上年的90.26万平方米降为83.51万平方米，其中2月、3月单月网签面积更是不足60万平方米；网签面积均处于下降区间，但降幅已从1~2月的最低点-32.3%逐步收窄至-7.5%，其中12月单月网签面积达到全年最高（109.53万平方米），二手房市场的僵局有所缓和（见图4）。

3. 新建商品住宅价格先增后降

2019年，新建商品住宅价格环比变动分成三个阶段，呈前高后低，先增后降的态势：第一阶段（1~5月），住宅价格环比增幅变动较为平稳，保持在0.8%~1.1%小幅波动；第二阶段（6~9月），住宅价格环比增幅进入下行通道，增幅从0.3%降为持平；第三阶段（10~12月），住宅价格环比出现负增长，降幅不断扩大，11月为最低点（下降0.5%）。

2019年，新建商品住宅价格各月累计同比均保持增长态势，共有6个月增幅超过10%（2~7月），增幅以4月作为分水岭先升后降呈倒"V"形波动：第一阶段（1~4月），延续2018年4月以来的增长势头，住宅价格同比增幅不断攀升，4月达到两年的最高点（13.3%）；第二阶段（5~12月），住宅价格同比增幅出现明显回调的态势，增幅明显下滑，12月增幅回落到全年最低点4.7%（见图5）。

2019年广州市房地产开发市场运行分析

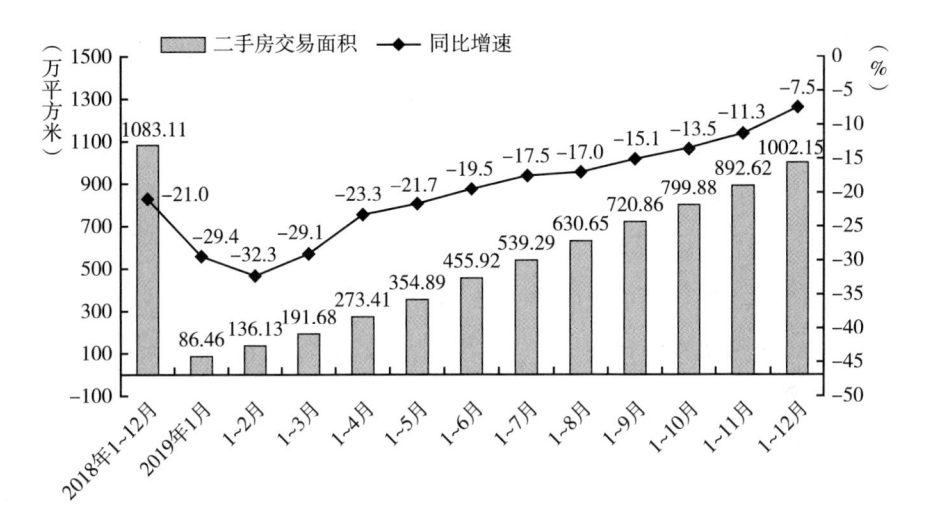

图4 广州市二手房网签情况

资料来源：广州市住房和城乡建设局。

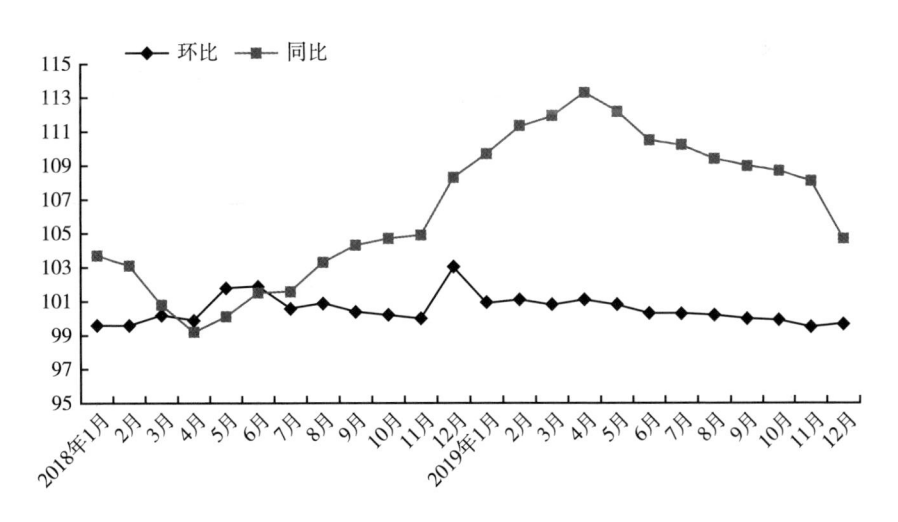

图5 广州市新建商品住宅销售价格指数

注：1. 环比价格指数以上月价格为100；2. 同比价格指数以上年同月价格为100。
资料来源：国家统计局。

4. 二手住宅价格进入下降通道

2019年，二手住宅价格总体表现出环比平稳中逐月递减的态势：价格环比基本处于下降区间，仅有6月、8月持平和7月环比微增；二手住宅价格环比波动较为平缓，环比最高增长0.4%（7月），最低下降0.5%（3月），全年变动幅度仅0.9个百分点，低于新建商品住宅价格的变动幅度（全年波动1.6个百分点）。

2019年，二手住宅价格呈现同比先增后降态势：第一阶段（1~4月），二手住宅价格同比增幅快速收窄，增幅由年初最高点2.1%快速回落到持平；第二阶段（5~12月），二手住宅价格同比进入下降区间后，降幅维持在平稳的状态，降幅在-2.0%上下浮动0.7个百分点（见图6）。

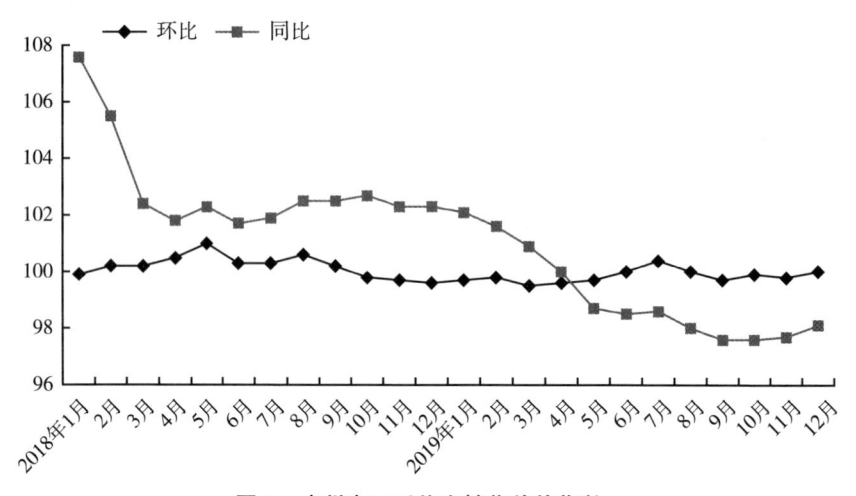

图6 广州市二手住宅销售价格指数

注：1. 环比价格指数以上月价格为100；
    2. 同比价格指数以上年同月价格为100。
资料来源：国家统计局。

（五）区域发展情况

1. 从项目分布情况看，增城、番禺、花都、黄埔和南沙五区是房地产开发的重点区域

房地产项目分布集中化趋势显现，增城、番禺、花都、黄埔和南沙五个

区成为房地产开发重点区域。2019年，增城（205个）、番禺（177个）、花都（177个）、黄埔（136个）和南沙（131个）五个区房地产开发项目共826个，占全市项目总数的63.54%，完成投资2199.43亿元，占全市完成投资的70.90%。其中，2019年新建房地产项目集中程度更趋明显，五区共有新建项目110个，占新建项目总数的72.37%，同比提高6.05个百分点；完成投资1088.22亿元，占新建项目完成投资的71.29%，同比提高9.90个百分点。

2. 从完成投资情况看，全市九增二降

2019年，房地产开发投资总体较为稳健，除天河与荔湾外，其他九区开发投资均有较好的表现：从总量看，增城一举突破700亿元大关，单区完成投资占比从上年的21.73%提高到24.28%，接近全市总量的1/4，南沙成为继增城、黄埔、番禺后第四个跻身300亿元投资的房地产大区；从增速看，黄埔（49.0%）、越秀（28.9%）、增城（28.3%）、南沙（25.0%）、花都（23.9%）五区增速高于全市增速，其中黄埔扭转上年回落的态势，并成为全市增长最快区域（见表2）。

表2 2019年广州市各区房地产开发投资情况

	完成投资（亿元）	同比增速（%）	比2018年增长（百分点）
全市合计	3102.26	14.8	14.8
荔湾区	174.76	-17.1	-65.7
越秀区	35.46	28.9	74.6
海珠区	181.32	11.8	-31.3
天河区	205.27	-24.4	-30.5
白云区	203.32	6.5	-31.0
黄埔区	475.36	49.0	84.0
番禺区	385.20	6.4	4.5
花都区	267.52	23.9	20.9
南沙区	318.05	25.0	60.0
从化区	102.69	2.3	18.6
增城区	753.31	28.3	-6.6

注：房地产开发投资口径为按项目所在地。

3. 从销售市场情况看，十一区喜忧参半

2019年，新建商品房销售市场喜忧参半，十一区销售面积同比表现为五增五降一持平：从总量看，销售面积总量超200万平方米的有增城、黄埔、南沙三个区，其中增城超越黄埔成为销售总量最大区，高出第二位黄埔149.97万平方米，占全市的27.20%，而上年同一梯队的番禺则出现疲态，销售面积跌回142.40万平方米；从增速看，越秀（32.4%）、花都（29.5%）、白云（21.0%）、荔湾（17.3%）、增城（14.8%）五区销售面积快速增长，增速均高于10%，番禺（下降31.0%）、黄埔（下降30.4%）、从化（下降23.7%）三区销售面积回落明显（见表3）。

表3 2019年广州市各区新建商品房销售情况

	销售面积(万平方米)	同比增速(%)	比2018年增长(百分点)
全市合计	1464.64	-5.5	6.3
荔湾区	93.15	17.3	19.9
越秀区	5.75	32.4	84.8
海珠区	40.84	-4.8	-31.2
天河区	78.41	-4.4	25.1
白云区	55.77	21.0	-13.2
黄埔区	248.38	-30.4	-35.5
番禺区	142.40	-31.0	-45.5
花都区	138.23	29.5	62.1
南沙区	215.18	0.0	0.2
从化区	48.18	-23.7	42.5
增城区	398.35	14.8	28.4

注：商品房销售面积口径为按项目在地。

二 市场运行中需要关注的几个问题

（一）商品房结构性和区域性供需失衡矛盾依然存在

据广州市住房和城乡建设局数据，截至2019年12月末，广州新建商品房可售面积1383.92万平方米，较2018年末减少184.15万平方米；库存去化周期为12个月,比2018年末缩短2.3个月。分类型看,住宅可售面积仅为772.26万平方米,较2018年末减少100万平方米,库存去化周期仅为9.6个月,已低于10个月的警戒线;车位和商业类项目库存去化压力较大,车位可售面积293.84万平方米,库存去化周期超过59个月,商业类项目可售面积148.86万平方米,库存去化周期为14.9个月。分区域看,新建商品房库存去化周期超过15个月的主要集中在外围区域,即番禺区(21.0个月)、从化区(18.7个月)、南沙区(16.3个月)和花都区(15.6个月)。而商品房库存去化周期低于10个月的区有黄埔区(6.8个月)、荔湾区(7.4个月)、增城区(8.4个月)和越秀区(9.7个月)(见表4)。结构性和区域性供需失衡矛盾依然需要引起关注。

表4 2019年末广州市新建商品房库存去化周期情况

单位:月

	合计	住宅	商业	办公	车位
全市	12.0	9.6	14.9	10.4	59.7
荔湾区	7.4	7.8	4.1	9.5	1.5
越秀区	9.7	9.9	6.0	8.6	26.7
海珠区	11.7	6.4	77.9	2.6	85.3
天河区	11.1	6.2	11.6	19.5	43.8
白云区	10.6	10.1	14.6	10.2	43.8
黄埔区	6.8	6.3	4.6	8.7	9.6
番禺区	21.0	15.8	20.1	14.8	118.9
花都区	15.6	15.7	21.0	5.2	62.0
南沙区	16.3	11.2	19.4	15.3	120.9
从化区	18.7	17.4	14.9	7.9	89.2
增城区	8.4	6.8	17.3	5.2	59.9

注:库存去化周期根据可售面积与近一年月均网签面积相除计算得出。
资料来源:广州市住房和城乡建设局。

(二)工程进度投资连续两年下降,开发投资增长过度依赖土地购置费

2018年以来,房地产建筑安装工程投资连续两年呈回落态势,2019年

投资降幅同比虽明显收窄（26.5个百分点），但其在开发投资中的占比仍处于低位，比重仅为34.99%，同比下降6.55个百分点。同时，土地购置费在开发投资中的比重则由上年的49.46%增至57.41%。建筑安装工程投资影响全市房地产开发投资下降1.4个百分点，而土地购置费拉动全市房地产开发投资增长16.5个百分点。房地产开发投资过度依赖新开工项目土地购置费拉动，对未来房地产开发投资平稳波动也将产生消极影响。

（三）资金需求增加，企业或面临较大的融资压力

从资金需求看，房地产开发投资保持较快的增长势头，尤其需要集中支付的土地购置费占比逐渐攀升，接近开发投资的六成，对房地产开发企业融资能力产生较大的考验。从资金供应看，国家对房地产企业境外融资进行了规范，明确了房地产企业发行外债只能用于借新还旧，且置换的境外债务只能是未来一年内到期的中长期债务，企业境外融资的难度加大；国内方面，银行信托等金融机构全面收紧了房地产融资，严格监控房地产信托规模，控制房地产开发贷款，防止资金违规流入房地产市场，企业贷款难度加大，融资成本提高；回笼资金方面，销售市场前景不明朗，企业回笼资金存在变数。在资金需求增加、资金渠道多方管控、销售市场前景未定的情况下，企业或面临较大融资压力，未来房地产开发投资存在资金风险隐忧。

三 对策建议

（一）优化市场供应结构，保障市场平稳运行

为保障房地产市场平稳运行，缓解区域性和结构性供需关系失衡矛盾，首先，要优化市场供应结构，以商品房需求为导向，从土地市场出发，层层把关，步步落实，缓解供需失衡矛盾。其次，要牢牢把握并贯彻落实"房子是用来住的、不是用来炒的"这一定位，紧紧围绕房地产市场健康稳定和满足城乡居民日益增长的居住需求两个中心，夯实城市主体责任，落实

"一城一策",针对不同区域特性,制定"一区一策",从自身市场实际出发,因地制宜实施调控政策,既要抑制泡沫,又要防止大起大落,确保全市房地产开发市场稳定健康发展。

(二)加快项目推进进度,防范企业运营风险

房地产开发项目有前期投入大、开发周期长、资金成本高等特点。为降低企业的运营风险,相关部门应密切关注企业项目经营状况,重点解决项目在融资、用工、市政配套建设等方面存在的困难,督促企业加快施工进度,预防和及时化解运营风险,确保市场供给稳定有序。在项目审批流程上,应积极寻求合理优化审批流程的方式,加强房地产开发项目前期审批和资本金管理,统筹安排,实时监管,加快推进房地产企业开工和建设进程。最后,应注重加快重点区域城市更新改造,着力加快重点功能区、交通枢纽站周边"三旧改造",推动形成房地产投资新增长点。

(三)构建多元化融资体系,优化企业资金结构

资金是房地产开发企业的命脉,对企业的可持续发展起着至关重要的作用,进一步优化企业资金结构、保持企业资金流的稳定,是房地产市场健康运行的重要保障。首先,应加强对房地产贷款账户的管理,提高房地产企业自有资金的比重。其次,在符合金融监管政策的前提下,鼓励开发企业利用多种渠道筹集开发资金,缓解企业资金紧张的困难,利用上市、房地产信托、房地产投资信托基金、房地产债券、基金等方式筹集资金作为补充,摆脱单一化融资方式,构建多元化融资体系。同时,也可以通过合作开发的方式联合多家企业共同开发,降低开发成本和投资风险,保证企业资金流稳定。

B.12 广州汽车产业发展现状及优劣势分析

国家统计局广州调查队课题组[*]

摘 要: 我国汽车产业发展迅猛,产销连续十年全球第一,广州是我国主要汽车城市之一,广州汽车产业在规模、自主品牌、新能源汽车和平行进口汽车等方面优势明显,但也存在对零部件企业带动力有限、创新力不强等劣势,未来广州汽车产业发展机遇和挑战并存。因此,广州要提升行业创新力,加快新兴领域发展。

关键词: 汽车产业 自主品牌 广州

一 广州市汽车产业发展现状及其特点

(一)广州汽车产业概况

2018年广州汽车制造业总产值达5489.9亿元,占广州规上工业总产值的30.1%,是广州工业三大支柱产业之一。2018年广州汽车产量为296.5万辆,占全国汽车产量的10.7%。其中,自主品牌汽车产量合计超过67万辆,约占广州汽车产量的22.6%。

---

[*] 执笔人:闫瑞娜,国家统计局广州调查队一级主任科员、统计师,主要研究方向为工业生产者价格调查;朱莹珺,国家统计局广州调查队三级主任科员、统计师,主要研究方向为房地产价格调查。

1. 汽车产量位列全国第二

六大汽车城市汽车整车产量占全国汽车产量的51.3%。其中，2018年广州汽车整车产量为296.5万辆，略逊于上海的1万多辆而居全国第二（见表1）。

表1　2018年我国主要汽车城市汽车产量

单位：万辆，%

排序	城市	产量	占比
	全国	2781.9	
1	上海	297.8	10.7
2	广州	296.5	10.7
3	长春	276.8	10.0
4	重庆	205.0	7.4
5	北京	179.7	6.5
6	武汉	170.5	6.1

注：柳州2018年汽车产量为278.2万辆，但其2017年汽车制造业总产值为2543.8亿元，低于上表中所列城市，故未在本文列出。

资料来源：各城市统计年鉴。

2. 广州汽车制造业总产值位列全国第三

2018年广州汽车制造业总产值5489.9亿元，仅次于上海和长春，排第三位（见表2）。

表2　2018年我国主要汽车城市汽车制造业总产值

单位：亿元

排序	城市	汽车制造业总产值
1	上海	6832.1
2	长春	6600.0
3	广州	5489.9
4	重庆	4662.7(2017年)
5	北京	4046.5
6	武汉	3600.0(2017年)

资料来源：各城市统计局。因数据公布时间原因，未能获得重庆、武汉2018年数据，暂用2017年替代。此外，长春、武汉数据为约数。

（二）广州汽车产业的主要特点

1. 广汽集团是主要集团企业

广汽集团是广州汽车产业的主要集团企业。广汽集团成立二十多年来，合资合作版图不断扩大，自主品牌事业迅速崛起，已完成涵盖研发、整车、零部件、商贸服务、金融保险服务等完整的汽车生态产业链布局。

2. 三大日系车齐聚，自主品牌发展迅速

广州是日系三大汽车公司的主要基地。代表企业有广汽集团旗下广汽丰田、广汽本田与东风集团旗下的东风日产，形成三足鼎立局面。

广汽本田，总部及整车工厂均在广州，旗下有本田、讴歌、理念三个品牌，2018年完成销量74.1万辆，在国内汽车企业销量排名中居第10位。

广汽丰田，总部及三大整车工厂均在广州，主打丰田品牌，主要车型有凯美瑞、汉兰达、雷凌等。2018年，在全国汽车产量下滑的大背景下，广汽丰田以其过硬的产品品质和适时换代的车型，实现销量58.0万辆，增幅高达31.1%。

东风日产，总部位于广州，整车工厂分布于广州、郑州、襄阳及大连。得益于轩逸、奇骏、天籁等主力车型的稳定增长，2018年完成销量116.7万辆，成为国内日系车企的领头羊，在国内汽车企业销量排名中居第6位。

二 运用SWOT比较优势分析法分析广州汽车产业发展的优劣势

SWOT分析法又称为态势分析法，是一种能够较客观而准确地分析和研究现实情况的方法。SWOT分别代表strengths（优势）、weaknesses（劣势）、opportunities（机遇）、threats（威胁）。

（一）优势

1. 产业规模优势

广州是全国著名的乘用车生产基地之一、是国家汽车及零部件出口基地、国家节能与新能源汽车示范推广试点城市、全国基于宽带移动互联网智能网联汽车与智慧交通应用示范区之一。广州汽车产业发展总体形势良好，支柱产业地位突出，是拉动广州经济社会发展的强大引擎。

成熟的产业制造体系、较为先进的创新能力为广州汽车产业创新发展提供了有力支撑。品牌方面，日系三大品牌（本田、日产、丰田）齐聚广州，自主品牌广汽"传祺"发展迅速，Jeep、北汽等相继引入，广州已初步形成了以日系品牌为主、自主品牌和欧美品牌共同发展的多元化汽车品牌格局。科研方面，拥有汽车行业国家级企业技术中心1个（广汽研究院）、省级企业技术中心9个、省级工程中心2个。

2. 自主品牌优势

广州汽车产业自主品牌优势明显，广汽乘用车有限公司是最大的自主品牌"传祺"项目实施载体，总部及部分整车工厂在广州，是广州第四大规模的整车企业。2018年广汽乘用车逆势增长，实现销量53.5万辆。其中，广汽传祺GS4销量在全国273款在售SUV车型中排名第5位（前四位分别是哈弗H6、宝骏510、途观、吉利博越）。广汽传祺已经连续6年获得J. D. Power新车质量报告中国品牌第一，连续3年售后服务满意度自主品牌第一。

近年来，随着广汽传祺、广汽新能源、东风启辰、北汽乘用车、广汽比亚迪新能源客车、小鹏汽车等自主品牌产销规模持续增长，以日系整车品牌为主导的广州整车生产格局已悄然发生变化。

3. 新能源汽车发展优势

广州汽车制造业基础扎实，发展新能源汽车产业具有先天优势，自2010年以来，广州已连续8年作为全国新能源汽车推广应用示范城市，广州把新能源汽车作为汽车产业转型升级的重要主攻方向。《广州市推进汽车产业加快转型升级的工作意见》中提出广州将到2025年实现氢燃料电池汽车初步商业化运营；将建设智能网联新能源汽车产业集群促进机构；按照优先发展原则，编制新能源汽车、智能汽车、车联网、关键汽车零部件四大发展技术路线图等。

广州新能源汽车正在迅速发展。2018年底，广州新能源汽车保有量达到13.4万辆，同比增长165%，占全市机动车保有量257.3万辆的5.2%，占全国新能源汽车保有量261.0万辆的5.1%，广州已全面实现公交电动化，形成了包括新能源汽车整车、动力电池及其管理系统、电控系统、电动空调等在内的较完整的产业链。

4. 平行进口优势

广州平行进口车规模位列全国第二（天津为第一），广州南沙汽车平行进口已拥有平行进口汽车贸易、融资、贸易服务等140多家相关企业，形成集贸易进口、展示销售、物流运输、金融保险、合规整改、PDI检等业务于一体的平行进口汽车产业链。2018年南沙口岸累计实现平行进口汽车到岸数1.4万辆，继续稳居全国第二大汽车平行进口口岸的地位。

（二）劣势

1. 日系合资为主，带动能力弱

目前，以福特、通用、克莱斯勒为代表的美系阵营，以戴姆勒、大众、宝马、雷诺等为主力的欧系阵营，以丰田、本田、日产为骨干的日系阵营，构成了世界汽车产业的三足鼎立之势。我国自加入世贸组织后，开始与各国车企进行合资。

广州是日系三大汽车公司的主要基地，日系车凭借其性价比高、节能减耗、工艺优良等特点赢得了较大市场，但也存在一定的不足。一方面，日系车企自我保护意识较强，对核心技术控制力强，作为合资方的广州车企在生产中获得技术溢出效应较小；另一方面，日系车企普遍采取产业链式投资，在整车与日系供应商间构建起相对紧密的协作关系，使本土零部件企业长期游离在日资整体企业外围。总体来说，相比其他城市，广州日系整车企业对当地汽车零部件产业的带动能力有限（见表3）。

2. 交通拥堵停车难，限购政策影响市场

汽车保有量持续快速增长导致交通拥堵、停车难、尾气污染等问题愈加突出。高德地图发布的《2018年度中国主要城市交通分析报告》显示：广州的交通健康指数在六大主要汽车城市中排名最后，该报告分析的50个城市中，广州居第50位，工作日平均拥堵时长双程达38.8分钟，而工作日平均通勤时长双程达81.3分钟。其他汽车城市的交通健康指数稍好，武汉、长春、重庆、上海、北京交通健康指数分别排在第36、38、43、47、48位（见表4）。

表3 主要汽车城市车企合资方

序号	城市	主要合资车企	外方合资方
1	上海	上汽通用	美国通用
		上海大众	德国大众
2	广州	广汽本田	日本本田
		广汽丰田	日本丰田
		东风日产	日本日产
3	长春	一汽大众	德国大众
4	重庆	长安福特	美国福特
5	北京	北京现代	韩国现代
		北京奔驰	德国戴姆勒
6	武汉	东风本田	日本本田

表4 2018年主要汽车城市交通健康指数

单位：%

城市	健康指数	排名
武汉	67.1	36
长春	66.9	38
重庆	60.7	43
上海	50.8	47
北京	46.9	48
广州	43.4	50

此外，广州自2012年实行限购限牌政策，汽车消费成本不断上涨，城区车位紧缺停车困难，加上以地铁、公交、网约车、出租车等组成的城市公共交通体系越来越完善便捷，使广州汽车消费受到一定抑制。

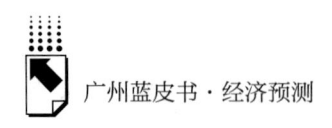

3. 专利申请数量不多，创新水平有待加强

尽管龙头企业广汽集团在新能源汽车领域的创新已取得积极进展，但总体专利创新指数得分偏低。中国汽车技术研究中心从技术、法律和经济三个维度对汽车企业的专利申请质量和数量进行综合评价，发布了"2018汽车企业专利创新指数"，从该指数看，比亚迪、奇瑞、吉利等我国自主品牌车企创新能力居前三名。而广汽集团创新指数得分为368分，在全国主要自主车企中排名第20位（见表5），广州汽车产业创新能力仍有待进一步提高。

表5 2018年度国内主要汽车企业专利创新指数得分及排名

企业	创新指数得分	排名
比亚迪股份有限公司	3427	1
奇瑞汽车股份有限公司	2039	2
浙江吉利控股集团有限公司	1997	3
重庆长安汽车股份有限公司	1034	7
北京汽车股份有限公司	917	8
中国第一汽车股份有限公司	785	9
上海汽车集团股份有限公司	720	10
东风汽车集团有限公司	470	16
广州汽车集团股份有限公司	368	20

资料来源：中国汽车技术研究中心发布的"2018汽车企业专利创新指数"。

4. 职能部门设置有待加强，金融服务仍需提升

据了解，部分城市如重庆，在经信委下设置有编制人员的汽车处，专门负责统筹重庆汽车产业发展及对汽车周边新兴领域的跟踪研究。相对比，广州汽车相关主管职能部门的设置有待加强，统筹指导能力有待提高，对广州汽车产业的发展及对新兴领域的谋划力度应进一步加强。

此外，汽车产业的竞争已经从整车企业的竞争发展到"大汽车"产业的全面竞争。银监会数据显示，2013～2017年中国汽车金融业务贷款余额复合年增长率高达28.4%，汽车金融业在汽车行业竞争中具有重要地位。北京、上海汽车金融服务业较发达，都有世界跨国汽车集团的独资汽车金融

公司，带来了先进的理念和模式，有助于当地汽车金融业的发展，而广州在相关领域还有较大的提升空间。

（三）机遇

1. 粤港澳大湾区发展机遇

粤港澳大湾区包括香港、澳门和珠三角九市，总面积为5.6万平方公里，2017年末总人口约7000万人，是我国开放程度最高、经济活力最强的区域之一。

2019年2月，中共中央、国务院印发了《粤港澳大湾区发展规划纲要》，提出要支持装备制造、汽车等优势产业做强做精，培育壮大新能源、节能环保、新能源汽车等产业。广州是粤港澳大湾区汽车产业最重要的板块，大湾区的发展对未来广州汽车产业发展带来难得的新机遇，有利于广州推动国家级汽车及零部件检测基地建设、建设高等级高规格汽车产业平台、加快国家级智能网联汽车示范应用区建设、整合高端人才和技术资源等。

2. 新能源汽车、智能网联汽车发展机遇

发展新能源汽车已经成为世界汽车产业发展的趋势，多国已经宣布了禁售燃油车时间表，荷兰、挪威、德国、印度、英国、法国分别将在2025年、2025年、2030年、2030年、2040年、2040年禁售燃油车，我国海南省在《海南省清洁能源汽车发展规划》的公告中指出，海南将在2030年开始禁售燃油车。我国政府已经将新能源汽车，特别是电动汽车的发展提升到国家战略层面。2018年我国新能源汽车产量为127.0万辆，同比增长59.9%。

广州新能源汽车也发展较快，2018年，广州新能源汽车产量达2.8万辆，同比增长2.8倍。目前，广州拥有广汽传祺、东风日产晨风、广汽比亚迪和北汽4个新能源汽车自主品牌，还有小鹏汽车、宝能汽车、法拉第、文远知行、小马智行、广汽蔚来等新造车势力，恒大国能新能源汽车也将入驻广州。新能源汽车的迅速发展，将成为广州未来汽车产业的新引擎。

汽车电子、通信信息、大数据、人工智能等技术的快速发展，催生了汽车产品和汽车行业的重大变革——智能网联汽车。自2015年以来，国家相继批复了上海、浙江、京冀、重庆、长春、武汉、无锡等国家级智能网联汽车测试示范区，为我国智能网联汽车的发展提供测试示范支持。2018年，广州也获批国家级智能网联汽车与智慧交通应用示范区。新能源汽车和智能网联汽车的发展，为世界汽车产业带来新的发展机遇，随着新技术的发展，未来世界汽车市场将形成新的格局。

（四）挑战

1.汽车行业增速放缓挑战

2018年我国汽车产销量继续保持全球第一，但出现了自1990年以来的首次负增长。2018年我国汽车产、销量分别为2781.9万辆和2808.1万辆，与上年同期相比下降4.2%和2.8%。产销量减少的主要原因，一是受到免购置税政策退出的影响，二是经济增速减缓以及中美贸易摩擦。历经连续多年的高速增长之后，我国汽车市场增速正在逐渐放缓，汽车产业正处在一个转型升级的关键时刻，特别是自主品牌将面临更大的压力和挑战。

2.股比放开、关税下调的竞争挑战

2018年，股比放开、关税下调等政策不断出台，给我国汽车制造业的发展带来新的挑战。2018年6月28日，国家发改委和商务部发布《外商投资准入特别管理措施》，其中针对汽车制造业制定了明确的开放时间表：2018年7月28日起取消专用车、新能源汽车外资股比限制；2020年取消商用车外资股比限制；2022年取消乘用车外资股比限制以及合资企业不超过两家的限制。此外，国务院关税税则委员会公告，2018年7月1日起下调汽车整车和零部件的进口关税，整车关税由25%降至15%，下降10个百分点；零部件关税统一下降至6%，下降幅度达2~19个百分点。

目前，发达国家的汽车市场日趋饱和，而我国市场依然蕴藏着庞大的汽车消费需求，我国市场是国外车企重要的销量和业绩支撑点。2017年，我国汽车进口量为124.0万辆，进口金额为505.3亿美元。股比放开和关税下调政策，将加速外资进入我国汽车市场，给我国汽车企业带来较大的竞争压力,尤其会加大对自主品牌冲击力度;但同时,也将推动我国汽车产业在更加开放的条件下实现更高质量的发展。

三 政策建议

(一)保持政策稳定性,保障市场经营稳定

由于汽车产品的特性,汽车行业监管涉及多个行政管理部门,保持政策的稳定性,提高企业对政策的预期,对保障市场经营至关重要。

广州PPI数据监测显示,2019年5月广州汽车制造业出厂价格环比下降2.9%,其中广汽传祺热销车型当月价格下降幅度达20%,价格波动异常。国家统计局广州调查队通过走访调查了解到,当月汽车销售价格明显下降主要是自2019年7月1日起广州将实施"国六"标准,车企为清库存进行大幅促销导致。

从环保角度看,不断加大空气治理力度,"国六"全面铺开势在必行。而从汽车行业经营角度看,"国六"标准与"国五"标准(2015年3月实施)的实施仅相隔约四年时间,政策更新速度太快,打破了企业原本的产品研发、生产和销售的节奏。

部分车企反映,2019年上半年"国五"汽车销售下降,而"国六"汽车方面,包括技术标准、配件供应、工序调整、后续处理等各方面配套调整尚未完成,批量生产衔接不上,造成2019年上半年企业陷入"清库存"和"缺生产"并存的怪圈,生产经营受到较大影响。从2019年三季度的情况看,"国六"标准全面实施困境已逐步得到化解,在产业各方的努力下,生产经营正在有序恢复。

(二)提升行业创新力,加快新兴领域发展

上文对比显示,广州汽车专利申请和自主研发的综合评价相对不高。广州产业部门和教育科研部门应以粤港澳大湾区建设为契机,共同助力广州汽

车行业提高创新能力，推动新兴领域发展。一是支持汽车企业与具有自主研发技术的高校、研发中心、科研机构等协调合作。二是支持高等院校加强汽车学科专业建设，吸引海内外高素质的汽车研发人才，提升广州汽车行业的自主研发能力。三是重视零部件开发创新，减少对日系车零部件的依赖。四是把握新能源汽车电动化、智能化、网联化发展方向，不断聚集汽车产业新兴领域高端人才和技术资源。

（三）加大金融支持力度，助力市场多样性发展

目前广州汽车市场投资资金市场化程度不高，金融机构对汽车行业企业生产研发的信贷支持力度较弱。各方需引导和鼓励企业通过资本市场、融资租赁、互联网金融等方式拓宽企业融资渠道，同时在汽车消费市场上也要引导和鼓励各金融机构和企业充分发挥创新意识，在汽车消费的金融产品上做得更加贴近消费者需求，提供更加专业的金融产品，进一步刺激汽车消费行为。

（四）拓展中西部和海外市场，推动自主品牌"走出去"

我国汽车产销增速已开始放缓，为维持广州汽车产业的领先地位，除继续做强本地市场，还应在拓宽中西部市场，拓展国际化视野上下功夫。

粤港澳大湾区建设中的基础设施建设是广州汽车行业拓展中西部市场的重要基石，应继续加快基础设施建设。加快路网建设，特别是城市内部快速路的建设，切实改善高峰期的道路拥堵情况。加快公路铁路出省通道建设，使汽车产业销售端更快速到达内地市场，拓宽销售渠道，提升市场占有份额。

依托"一带一路"、粤港澳大湾区、南沙自贸区建设，珠三角港口资源以及广州和深圳机场国际枢纽的优势，进一步推动广州汽车自主品牌积极"走出去"，参与海外竞争，建立海外生产基地，开拓海外市场。

B.13
2019年广州房地产市场发展动向分析[*]

广州大学广州发展研究院课题组[**]

摘　要： 2019年，中央政府加大了对房地产市场的监管力度，坚持"房住不炒"。金融监管不断加强，融资环境日趋紧张，严格控制金融资金流入房地产市场。广州的房地产市场面临着前所未有的挑战。同时，于2月28日发布的《粤港澳大湾区规划发展纲要》，为广州房地产市场带来了巨大机遇。在政策上，广州出台了严格的限购限贷限价限签政策，并逐步放宽了人才购房政策。房地产市场的整体表现是：在一级土地市场上，房地产的流动性正在收紧，对未来市场的成交率信心不足。从下半年开始，土地流拍现象大大增加。从二手房市场的表现来看，下半年受宏观经济和流动性环境变化的影响，市场交易明显放缓。房地产市场存在的问题包括：难以改善供需矛盾，区域结构性矛盾尚未解决，基于行政措施的政策难以维持。

关键词： 房地产市场　调控政策　广州

---

[*] 本研究报告系广东省普通高校人文社会科学重点研究基地广州大学广州发展研究院、广东省高校创新团队项目"广州城市综合发展决策咨询创新团队"的研究成果。

[**] 课题组组长：谭苑芳，广州大学广州发展研究院副院长，教授、博士。课题组成员：戴荔珠，广州大学广州发展研究院助理研究员，博士；周雨，广州大学广州发展研究院讲师，博士；粟华英，广州大学广州发展研究院主任，经济师；范银芝，广州大学广州发展研究院科研助理。执笔人：戴荔珠。

自2018年12月以来，中央对房地产市场定的政策基调体现为：以稳为主，坚持"房住不炒"，不将房地产作为短期刺激经济的手段。与此同时，银行贷款、海外债、信托等地产融资渠道全面收紧，房地产开发资金来源日趋收紧，房企的融资压力加大。各城市因地制宜施行一城一策，纷纷推出相应的限购限贷限价限签政策。在这种背景下，广州市的房地产市场也迎来了前所未有的挑战。与此同时，《粤港澳大湾区规划发展纲要》于2019年2月28日发布，明确了以香港、澳门、广州、深圳四大中心城市作为区域发展的核心引擎。纲要根据发展特点，提出了五大战略定位：充满活力的世界级城市群；具有全球影响力的国际科技创新中心；"一带一路"建设的重要支撑；内地与港澳深度合作示范区；宜居宜业宜游的优质生活圈。这给广州的房地产市场带来了巨大机遇。但房地产流动性的大幅收紧，广州房地产市场成交量和均价都逐步下行，呈现出前高后低的趋势。针对房地产的流动性紧缩，一级土地市场表现出对未来市场的周转速度信心不足，从下半年开始，土地流拍现象有明显增加；同时，下半年受宏观经济及流动性环境变化的影响，二级住宅市场表现出市场成交放缓的趋势。

一 广州市房地产市场的政策变化

（一）推出限购限贷限价限签政策

在国家对房地产市场定的基调下，各城市因地制宜施行一城一策，纷纷相应地推出限购限贷限价限签政策。与珠三角的几个主要城市进行对比，广州、深圳都对本地单身限购1套，本地家庭限购2套，外地户口须缴满5年社保才可购买并限购1套。佛山、东莞的限购标准相对更低。在限贷上，各主要城市也提高了首付比例和贷款利率（见表1）。在限价上，广州各区现时基本取消备案限价，无明确限价标准，所有楼盘备案需经房管局审批，人为控制备案价格。同时，广州各区目前各楼盘按单合同签约，销售价格不得高于备案价格，同时不得低于备案价格的10%，调价需间隔6个月以上。而在限售上，广州市规定在取得房产证2年内不可销售，更为严格（见表2）。

表1 各城市限购、限贷政策一览

城市名称	限购				限贷				
	本地家庭限套数	本地单身限套数	外地户口限套数	社保年限	无房无贷（首付比例）	无房有贷款记录（首付比例）	有1套贷款已结清（首付比例）	有一套贷款未结清（首付比例）	利率折扣
广州	2	1	1	5	30%	40%	50%	70%	首套上浮5%~10%，二套上浮10%~15%
深圳	2	1	1	5	深户30%，非深户30%	深户50%，非深户50%	深户70%，非深户禁贷	深户70%，非深户禁贷	首套上浮5%，二套上浮10%
佛山	2	1	1	1	30%	30%	30%（大于144平方米需60%）	40%（大于144平方米需60%）	首套上浮10%~15%，二套上浮15%~20%
东莞	2	2	2	外地首套1年，二套2年，港澳台凭居住证可免社保年限，限购1套	30%	30%	40%	40%	首套上浮10%~15%，二套最高上浮25%

表2　各城市限价、限签、限售政策一览

城市名称	限价、限签			限售
	政府指导价 住宅单价	限制 签约套数	预售证 拿取套数	取得房产证 几年内不可 销售
广州	广州各区现时基本取消备案限价，无明确限价标准，所有楼盘备案需经房管局审批，人为控制备案价格； 广州各区目前各楼盘按单合同签约，销售价格不得高于备案价格，同时不得低于备案价格的10%，调价需间隔6个月以上	无规定	无规定	2年
佛山	佛山各区现时基本取消备案限价，无明确限价标准，线下亦放开网签限价，不设上限。	不超政府指导价均可排队签约，无限签限制	无规定	无规定

资料来源：根据各城市政府网站资料整理。

2. 放宽人才限购政策

广州市及南沙、花都、黄埔各区相继发布了放宽人才限购的政策。这些政策以吸引人才为主，同时也在一定程度上有利于提振楼市的信心。2019年6月1日发布《发挥广州国家中心城市优势作用支持港澳青年来穗发展行动计划》，符合条件的港澳人才，在广州买房无需社保。明确鼓励港澳青年申领广州人才绿卡，获得绿卡后，在购车、购房、入学、就医等方面可享受与本地市民相同的待遇。2019年11月6日粤港澳大湾区建设领导小组会议召开，公布了16项普及惠民及便利香港专业界人士到大湾区发展的政策措施。其中包括豁免港澳居民在粤港澳大湾区内地城市购房所需的在本地居住、学习或工作年限证明，以及缴纳个人所得税及社保条件，港澳居民享有与内地居民同等的待遇。12月13日，广州市南沙区人民政府网站发布了《关于进一步便利人才及港澳居民购买商品房的通知》，明确在南沙工作学习的本科及以上学历人才在南沙购买首套房可以不受户籍、个税、社保限制。12月17日，花都区人力资源和社会保障局发布的《广州市花都区人才绿卡申领指南（修订版）》，表示放开人才在花都区购买住房需缴纳社保6个月以上的时限要求。12月20日，黄埔区政府官网也发布了《广州市黄埔区住房和城乡建设局　广州开发区建设和交通局关于完善人才住房政策的通知》，表示持有广州市人才绿卡的人才，其父母、配偶父母、成年子女都可以在黄埔区购买一套商品住房。港澳居民在黄埔区范围内、在中新广州知识城工作的新加坡居民在中新广州知识城范围内购买商品住房享受与广州市户籍居民同等待遇。

3. 广州对湾区内职工异地申请公积金贷款手续简化

广州进一步简化对湾区内其他城市的职工到广州申请异地公积金贷款的手续。2019年12月24日，广州市公积金中心发布《大湾区城市缴存职工申请异地贷款有关问题的通知》。通知表示，在粤港澳大湾区其余八市深圳、东莞、佛山、中山、珠海、江门、惠州、肇庆缴存公积金的职工，在广州市内购房申请公积金贷款，不再需要提交《异地贷款职工住房公积金缴存使用证明》。这意味着粤港澳大湾区内其余八城居民在广州申请公积金贷款可不提交缴存证明，用异地公积金在广州购房将更便利，这有利于导入粤港澳大湾区人才在广州的购房需求。

二　广州市房地产市场的现状

（一）土地市场热度不高

从一级土地市场的表现来看，2019年广州市虽然成交规模和总金额同比仍有上升，但从"溢价率"以及"中止/流拍"两大指标来看，土地市场热度不高，且下半年尤其是在第四季度，土地市场成交率有显著下降。截至2019年12月20日，广州市经营性土地总成交1427亿元，成交规模1245万平方米，其中住宅楼824万平方米。交易价格和规模均创自2014年以来的历史新高。但是，从"中止/流拍"数量来看，下半年土地市场的整体状况有所下降。从2019年1月至2019年11月，广州有16宗住宅用地转让不成功（见表3）。从"溢价率"来看，2019年上半年，由于粤港澳大湾区规划纲要的正式公布，伴随着房地产流动性的松动，土地市场热度明显回升，土地溢价率提高；然而下半年在"不以房地产为短期经济刺激手段"的指导下，房地产项目融资监控快速地收紧，广州土地市场又进入寒冷的下半场。自7月以来，只有三处住宅用地的溢价超过10%，其余地块基本上以底价出售。

表3 2014年和2019年1～11月广州市经营性用地成交走势

	2014年	2015年	2016年	2017年	2018年	2019年1～11月
挂牌宅地数量	46	34	31	41	70	71
成交宅地数量	36	32	29	37	59	40
中止/流拍数量	10	2	2	4	11	16
未完成出让数量	0	0	0	0	0	15

资料来源：广州市土地台账。

（二）二级房地产市场成交量下行

从二级房地产市场来看，受到粤港澳大湾区规划纲要正式对外公布的利好影响，广州市2019年3月市场行情有所上升，但随着中美贸易摩擦的升级以及房地产流动性的大幅缩紧，成交量和价格逐步下行，下半年尤为明显。二级商办物业市场供应量大幅度下降。但随着年底商办市场政策松绑后效果分化，公寓、商铺收获了更多红利；二级商品住宅市场的供求同比下降，均价保持平稳。1～11月，全市商品住宅网签面积774万平方米，成交均价为28367元/米^2，成交金额为2194亿元，同比分别上升2%、3%和5%（见图1）；由于网签的延迟，实际市场成交额同比下降了14%；剔除成交结构及网签延迟的影响，成交均价平稳但略有下降；三级存量住宅市场数量大幅度下降，网签均价略高于2018年。1～11月，广州二手住宅网签4.8万套，同比下降了近32%；网签均价为24936元/米^2，同比增长了5%。

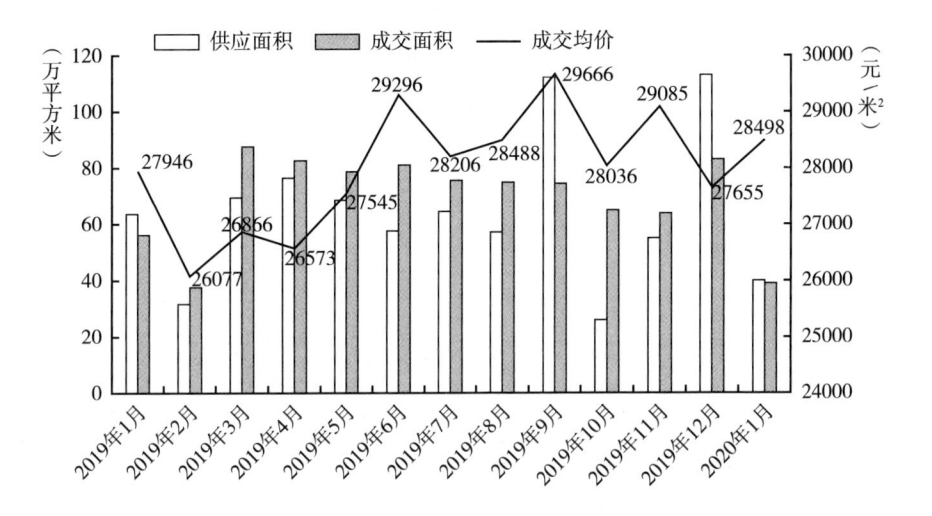

图1 2019年1~12月商品房供求量价情况

资料来源：克而瑞房地产数据。

（三）广州市各区区域分化严重

各区域因库存情况、供求关系、区域价值及价格策略的差异，市场成交分化明显（见图2）。在商品住房市场，2019年全市新增供应集中在增城，占比30%；成交主要集中在增城、南沙，占比分别为25%、16%。截至12月，广州供应成交主要依靠外围五区拉动，中心区持续处于缺货状态；成交主力区域包括供货大区增城、大湾区利好集中的南沙、产业强区黄埔及持续缺货的近郊区域番禺。开发商通过稳价促销，多种营销手段结合（渠道、特价单位、首付延期等）促进成交。而对于存量住房市场，除花都、增城外，大部分区域二手价格先升后降（见图3）。上半年小幅上涨5%~10%，下半年普遍下降3%~8%。而花都区和增城区持续下降，全年降幅高达10%~15%。在存量住房市场，各区的成交量普遍降了20%~40%。由于中心区一手新货相对不多，刚性需求地域的指向性强。即使如此，中心五区（荔湾区、越秀区、海珠区、天河区、白云区）成交跌幅基本在20%~30%。外围六区受一手新货供应充足，高频率推新分流影响，增城、番禺2个大区成交跌幅约40%；花都区通过以价换量成交得以维稳，跌幅仅10%左右；其余区域成交跌幅在20%~30%。

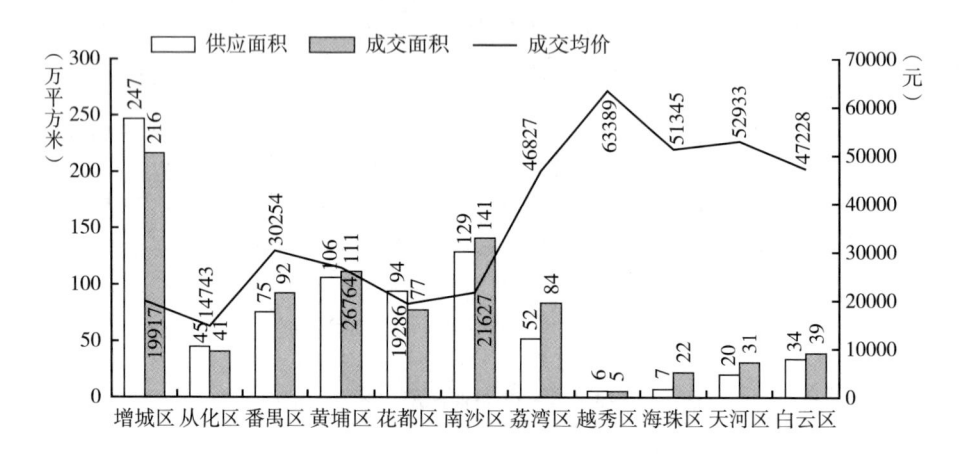

图2　2019年广州市各区域商品房供求量价情况

资料来源：克而瑞房地产数据。

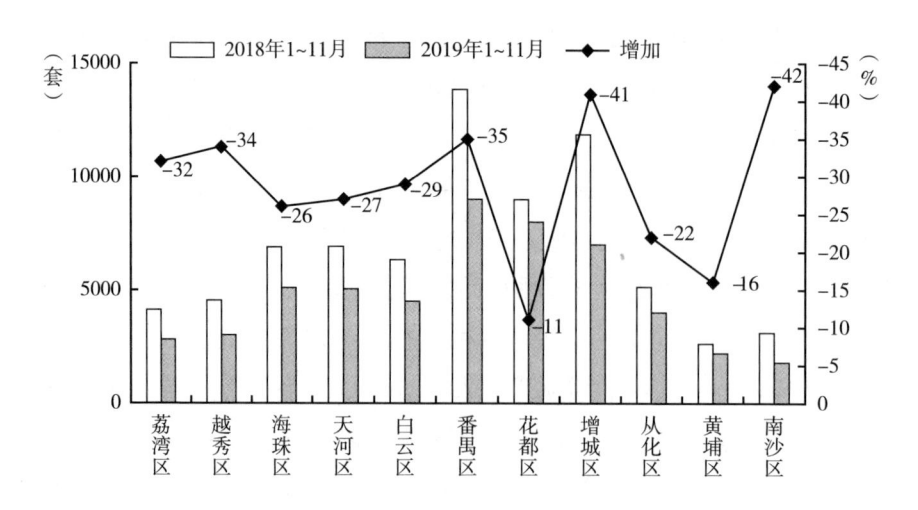

图3　2018~2019年广州各区二手住宅网签量对比

资料来源：克而瑞房地产数据。

三 广州市房地产市场存在的问题

（一）供需矛盾难有改善

国内和外部风险继续变化，我国仍处于转型时期，经济下行压力并未减轻。与此同时，金融控制措施不断加强，房地产行业资金持续大幅紧缩，房地产经济增长势头有所放缓。整体宏观环境和国内流动性限制了房地产市场的购买力。尽管广州有几个区出台了人才购买住房政策，但范围很小，影响有限。另外，一级土地市场对二级商品住宅市场的传导效应越来越明显。自2016年以来，广州住宅用地的起拍楼面地价持续上涨，这在一定程度上限制了降价的空间。没有切实可行的方法来改善供需矛盾。例如，在荔湾区，2019年总价格超过500万元的房地产交易占42%，海珠区的房产供给也是以豪宅为主。一些专家预测2020年海珠区新商品的供应量基本上将从700万元开始。总价格超过200万元的南沙区和花都区的供应量已大大增加。高价房地产的供应在增加，而低价房地产的供应不足。大型房地产企业得益于其雄厚的资本实力和土地储备，通常具有区域定价权。预计行业集中度将进一步提高，进一步缩小中小型房地产企业的生存空间。

（二）区域性结构性矛盾尚未解决

房地产市场存在的区域性、结构性矛盾尚未解决，市场运行仍然面临着较为严峻的风险挑战。由于不同区域的经济发展水平、供求关系、规划实施力度以及政策的差异，分化依然存在。全市商品住宅库存去化周期自2019年4月以来一直在上升，最低11.5个月，12月已经达到13.5个月，然而区域分化明显（见图4）。从各区库存面积来看，广州楼市库存最多的是增城区，库存量为180.7万平方米，达1.56万套；其次是花都区，库存量为168.8万平方米，共13197套；排在第三的则是荔湾区，库存量为111.8万平方米，共11457套。若从去化周期来看，广州楼市去化周期最长的是花都区，达27.7个月；而楼市存货量最少的是越秀区，但去化周期达21.9个月，位居第二。虽然近年来新盘不多，宅地也基本上停供，不过由于区位、名校、配套等因素房价保持高位，二手市场受到购房者的青睐。

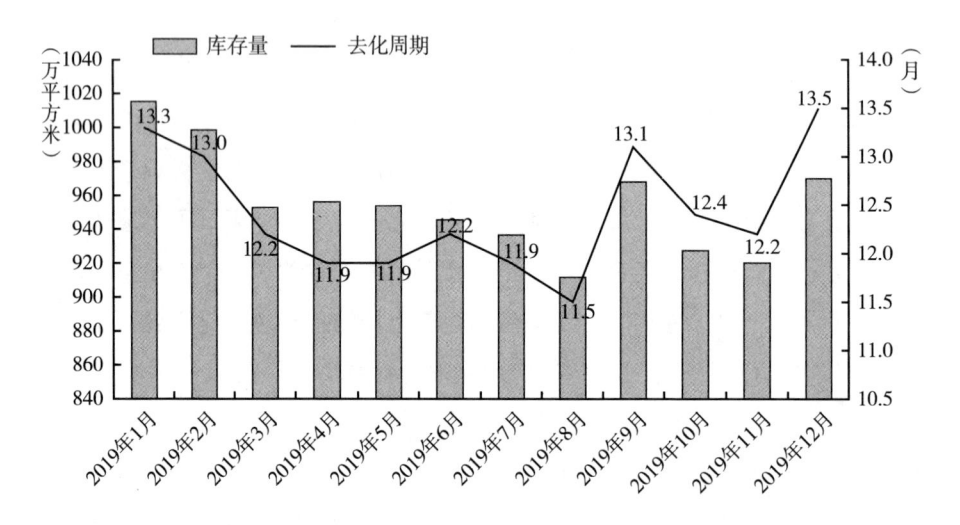

图4　2019年广州市住宅库存可售面积及去化周期变化

资料来源：克而瑞房地产数据。

（三）以行政措施为主的政策难以持续

当前房地产市场调控政策主要以行政手段为导向，存在很大不确定性。首先，短期行政管理调整不利于市场对政策的全面解读。房地产价格预期仍然是房地产价格上涨的主要原因。第二是对房地产政策的严格规定，房地产价格基调的不确定性，使大多数消费者处于观望状态。第三是银行限购限贷政策也使一部分改善型的潜在消费者失去购买资格。尽管在监管初期大多采取紧急调控措施，在短期内对抑制房价和降低风险发挥了作用，但房地产长效机制尚未完全建立。从长远来看，有必要从行政手段转向综合政策，形成包括金融、土地、财政税收、住房保障、市场管理等一系列政策工具，以达到稳定土地价格、房地产价格和稳定预期值的目的，从而维持房地产市场的平稳运行。

B.14
2019年广州市外贸外资发展情况分析

广州市统计局课题组*

摘　要： 2019年，广州在坚持稳中求进工作总基调下，加大力度推动外贸、外资稳步发展，全年商品进出口总值、外商直接投资实际使用外资金额双双实现增长。但国内外经济形势仍然复杂，广州外经贸发展仍需关注面临的困难和挑战。

关键词： 商品进出口　外商直接投资　广州

2019年，世界经济环境更趋复杂，贸易保护主义愈演愈烈，英国脱欧、地缘政治等因素给全球经济带来了诸多风险和挑战。国内经济增速逐季放缓，经济下行压力持续加大，广州外经贸形势也颇为严峻。面对困难和挑战，广州坚持稳中求进工作总基调，紧抓"一带一路"和粤港澳大湾区建设机遇，着力做好"稳外贸""稳外资"工作，积极推动促进外贸回稳向好、外资稳步增长等政策落地，大力开拓多元化外贸市场，不断优化营商环境、投资环境，着力构建开放型新格局，广州市外贸增速扭负为正，利用外资平稳增长。

---

* 课题组组长：罗志雄，广州市统计局副局长。课题组成员：高巍，广州市统计局贸易外经统计处副处长；周晓雯，广州市商业调查队副队长；黄子晏，广州市统计局贸易外经统计处副处长。执笔人：高巍、周晓雯。

一 商品进出口情况

2019年,广州采取多种举措,降低对美贸易风险,积极开拓多元化国际市场,持续推进外贸新业态发展,商品进出口实现小幅增长。2019年,广州市商品进出口总值9995.81亿元[①],同比增长1.9%,增速比上年提高0.9个百分点。其中,出口总值5257.98亿元,同比下降6.2%,降幅比上年扩大3.0个百分点;进口总值4737.83亿元,同比增长12.7%,增速比上年提高5.6个百分点。贸易顺差520.15亿元,比上年减少884.86亿元。

(一)进出口规模居国内八大主要城市第五位,增速高于全省但在八大城市中排位靠后

从规模看,2019年广州市商品进出口规模逼近万亿元,占全省进出口总值的14.0%,比重比上年提高0.3个百分点。与国内主要城市比,广州进出口规模远低于上海、北京,分别低2.41万亿元和1.87万亿元,上海、北京的进出口规模分别是广州的3.4倍和2.9倍;但广州进出口规模比天津、重庆、杭州高,分别高0.26万亿元、0.42万亿元和0.44万亿元。与省内城市比,广州进出口规模次于深圳、东莞,分别低1.98万亿元和0.38万亿元,与深圳差距较明显,深圳、东莞的进出口规模分别是广州的3.0倍和1.4倍。

从增速看,进出口总值增速为1.9%,比全国低1.5个百分点,比全省高2.1个百分点。其中,出口比上年下降6.2%,低于全国、全省平均水平;进口比上年增长12.7%,高于全国、全省平均水平。与国内主要城市比,广州进出口增速比上海高1.8个百分点,但比重庆、天津、杭州、北京分别低9.1个、7.2个、4.8个、3.5个百分点。与省内城市比,广州进出口增速比深圳高2.5个百分点,比东莞低0.9个百分点(见表1)。

[①] 本文"商品进出口情况"有关内容的数据以人民币计价,"利用外资情况"有关内容的数据以美元计价。

表1 2019年全国及部分主要城市进出口情况

地区	进出口 总值（亿元）	进出口 同比增速（%）	出口 总值（亿元）	出口 同比增速（%）	进口 总值（亿元）	进口 同比增速（%）
全国	315446.00	3.4	172298.00	5.0	143148.00	1.6
广东	71436.80	-0.2	43379.30	1.6	28057.40	-2.9
上海	34046.82	0.1	13720.91	0.4	20325.91	-0.1
深圳	29773.86	-0.6	16708.95	2.7	13064.92	-4.7
北京	28663.48	5.4	5167.75	6.1	23495.73	5.3
东莞	13801.65	2.8	8628.78	8.5	5172.87	-5.3
广州	9995.81	1.9	5257.98	-6.2	4737.83	12.7
天津	7346.03	9.1	3017.81	5.9	4328.22	11.2
重庆	5792.78	11.0	3712.92	9.4	2079.86	13.8
杭州	5597.00	6.7	3613.00	5.7	1984.00	8.5

（二）贸易结构持续优化，新业态表现各有千秋

2019年，国家陆续出台提高出口退税、调整进口关税等各项优惠政策，广州加大力气推动口岸提效降费，对外贸易方式和外贸发展环境不断优化，一般贸易继续保持增长，加工贸易占比减少，跨境电商、保税物流等外贸新业态不断壮大。一般贸易进出口总值4893.15亿元，同比增长6.6%，占全市外贸进出口总值的49.0%，比重比上年提高2.2个百分点。其中，出口2207.13亿元，比上年增长6.8%；进口2686.02亿元，比上年增长6.5%。一般贸易进出口比重高于加工贸易进出口24.1个百分点。全市加工贸易进出口2492.02亿元，同比下降6.1%，降幅比上年扩大3.0个百分点，占全市外贸进出口总值的24.9%，比重比上年减少2.2个百分点。跨境电商、保税物流高速增长，广州市通过海关跨境电商管理平台进出口总值385.9亿元，同比增长56.4%，增速比上年提高48.0个百分点，占全市进出口总值的3.9%，对广州外贸增长的贡献率为75.5%，位居全国各城市第二位。其中，进口同比增长27.9%，位居全国各城市首位。保税物流进出口1120.6亿元，同比增长24.8%，增速比上年提高11.3个百分点。市场采购贸易出

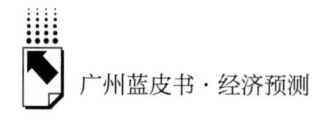

口翘尾回升，出口1178.4亿元，占全市出口的22.4%，同比下降25.5%，拉低全市出口增速7.2个百分点，可喜的是12月单月出口迅速回升，环比增长3.5倍。

（三）民营和外资企业进出口基本同步，均呈低速增长

广州营商环境改革扎实推进，引导和扶持企业发展的政策措施持续完善，逐步形成民企、外企并重态势，对外贸易的主力军日趋多元化。2019年，全市民营企业实现进出口总值4269.2亿元，同比增长0.4%，占全市进出口总值的42.7%，规模超过外商投资企业49.0亿元。其中，民营企业出口2769.9亿元，同比下降6.9%，占全市出口总值的52.7%。外资企业进出口总值4220.2亿元，同比增长0.5%，占全市进出口总值的42.2%；其中，出口1942.1亿元，同比下降4.8%，占全市出口总值的36.9%（见图1）。

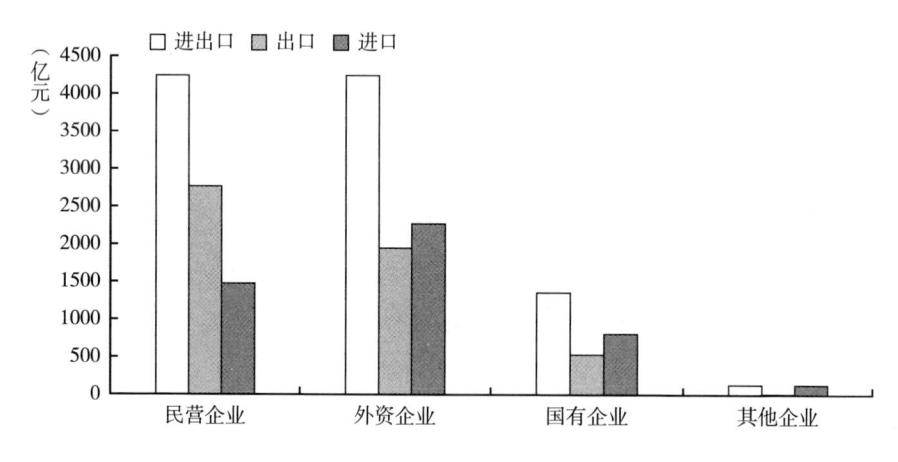

图1 2019年广州市各类型企业商品进出口情况

（四）机电产品出口仍居出口大类商品首位，劳动密集型产品出口下降

从2019年当年情况看，广州市机电产品出口2699.03亿元，占全市出

口总值的51.3%，居出口大类商品首位，同比下降4.3%，降幅比上年收窄0.8个百分点；其中，电器及电子产品、机械设备同比分别下降2.8%和1.1%。高新技术产品[①]出口832.59亿元，占全市出口总值的15.8%，同比下降3.6%，降幅比上年收窄9.4个百分点；其中，光电技术、电子技术同比分别增长0.6%和4.3%，计算机与通信技术同比下降8.4%。农产品出口66.21亿元，比上年增长7.3%，增速比上年回落10.0个百分点。"乐金系列"企业市场扩大、订单增加带动液晶显示板出口上升，出口263.15亿元，由上年的同比下降6.3%转为同比增长0.8%。七大类传统劳动密集型产品合计出口1367.12亿元，占广州市出口总值的26.0%，比重较上年回落3.1个百分点，同比下降16.4%，降幅比上年扩大8.5个百分点，拉低全市出口增长4.8个百分点。

从近3年增速看，农产品出口2019年增速比2017年、2018年增速均有所回落，但仍保持增长。机电产品、高新技术产品出口从2017年的正增长转为负增长，但2019年降幅较2018年有所收窄；其中，电子技术出口连续3年保持正增长。汽车零部件出口比2017年出现较大回落，从2018年的低位增长转为两位数以上的下降。七大类传统劳动密集型产品出口逐年减少，从2017年的两位数以上的增长转为2019年的两位数以上的下降（见表2）。

表2 2019年广州市部分主要商品出口情况

主要商品名称	2019年 出口值（亿元）	2019年 同比增速（%）	2018年 同比增速（%）	2017年 同比增速（%）
出口总值	5257.98	-6.2	-3.2	12.3
#液晶显示板	263.15	0.8	-6.3	17.4
#汽车零部件	148.81	-17.8	0.2	7.2
#农产品	66.21	7.3	17.3	10.8
#机电产品	2699.03	-4.3	-5.1	11.1
#机械设备	601.62	-1.1	-7.1	10.4

[①] 与机电产品有交叉，下同。

续表

主要商品名称	2019年 出口值（亿元）	2019年 同比增速（%）	2018年 同比增速（%）	2017年 同比增速（%）
电器及电子产品	892.98	-2.8	-11.5	8.9
#高新技术产品	832.59	-3.6	-13.0	7.2
#光电技术	275.13	0.6	-6.5	16.9
计算机与通信技术	320.49	-8.4	-18.4	-0.5
电子技术	143.34	4.3	1.8	8.4
#七大类传统劳动密集型产品	1367.12	-16.4	-7.9	19.9
服装及衣着附件	512.85	-19.9	-19.2	19.2
纺织纱线、织物及制品	182.02	-6.1	-14.1	21.0
箱包及类似容器	173.54	-17.3	-10.7	20.5
家具及其零件	154.80	-12.9	-4.5	8.3
鞋类	130.49	-10.3	-13.2	36.1
塑料制品	111.37	-9.1	1.8	16.6
玩具	102.05	-29.7	214.6	34.9

（五）机电产品、高新技术产品进口较快增长，飞机、汽车、消费品拉动力增强

从2019年当年情况看，广州市商品进口持续保持两位数增长，成为广州市"稳外贸"的重要支撑，"稳投资"拉动设备进口和"减税降费"刺激优质消费品进口是2019年进口逆势增长的主因。全市机电产品、高新技术产品进口总值分别为2304.85亿元和1494.77亿元，同比分别增长16.3%和25.3%，增速比上年分别提高1.2个和14.4个百分点。进口农产品①418.85亿元，增速由上年的下降转为增长，同比增长8.1%。进口消费品739.8亿元，占全市进口总值的15.6%，比重较上年提高2.0个百分点，同比增长27.3%，增速比上年提高4.9个百分点，拉动全市进口增长3.6个百分点。在各类进口商品中，受惠于南沙自贸区享受省级政策扶持，飞机融资

---

① 与消费品有交叉。

租赁快速发展，进口飞机265.57亿元，同比增长8.4%；受类似乐金等企业引起的产业集群效应推动，进口集成电路、液晶显示板、制造平板显示器用的机器及装置同比分别增长19.2%、1.7%和3.1倍；而随着人们对医疗保健的日趋重视，医药品进口迅速增长，同比增长52.0%；国家平行汽车进口政策的逐步完善带动进口汽车增加，规模达41.41亿元，同比增长1.5倍，拉动全市进口增长0.5个百分点。

从近3年增速看，随着飞机拥有量的增加，飞机进口增速逐年回落，回落幅度较大，从2017年成倍的增长回落至2019年个位数的增长。液晶显示板生产线的扩张促使制造平板显示器用的机器及装置进口增速大幅提升，从前两年保持的两位数快速增长变成2019年3倍以上的增长。受国内汽车市场低迷、"国六标准"等因素影响，汽车零部件进口增速下降，比前两年大幅回落。机电产品进口近3年稳定增长，保持16%左右的增速。高新技术产品进口近3年保持10%以上的增长，2019年达到3年以来的最高增速；其中计算机集成制造技术进口增速逐年提高，从2017年的同比增长25.6%到2019年的同比增长1.5倍。主要资源类产品进口增速逐年下降，从2017年的两位数的较快增速变为2019年的负增长（见表3）。

表3 2019年广州市部分主要商品进口情况

主要商品名称	2019年 进口值（亿元）	2019年 同比增速（%）	2018年 同比增速（%）	2017年 同比增速（%）
进口总值	4737.83	12.7	7.1	16.0
#空载重量超过2吨的飞机	265.57	8.4	51.6	126.9
汽车零部件	229.27	-12.8	26.4	20.5
集成电路	221.61	19.2	9.9	16.0
液晶显示板	202.76	1.7	-6.3	-5.7
制造平板显示器用的机器及装置	143.42	310.4	33.5	30.3
医药品	128.21	52.0	-11.2	16.7
汽车	41.41	146.5	-3.9	40.8
#农产品	418.85	8.1	-4.6	1.3

续表

主要商品名称	2019年 进口值（亿元）	2019年 同比增速（%）	2018年 同比增速（%）	2017年 同比增速（%）
#机电产品	2304.85	16.3	15.1	17.0
#机械设备	667.93	40.9	17.7	10.3
电器及电子产品	593.57	10.3	10.9	10.4
#高新技术产品	1494.77	25.3	10.9	17.7
电子技术	326.68	4.3	10.5	11.4
计算机集成制造技术	315.43	150.3	31.5	25.6
航空航天技术	330.53	9.2	33.2	84.1
#主要资源类产品*	561.95	-1.6	9.7	18.4

注：* 此处"主要资源类产品"是指初级形状的塑料、钢材、未锻轧铜及铜材、煤及褐煤、成品油、铁矿砂及其精矿。

（六）受中美贸易摩擦影响，对美进出口增速明显下降，对欧、日进出口比重提高

从进出口规模看，2019年，全市对五大主要贸易伙伴进出口依次为欧盟①、东盟、日本、美国和中国香港地区，进出口值分别为1639.33亿元、1318.38亿元、1195.36亿元、1091.19亿元和766.73亿元，合计占全市进出口总值的60.1%，其中，对欧盟、日本比重分别提高1.7个和1.4个百分点，对美比重回落2.5个百分点，美国从2018年广州市第二大贸易伙伴下滑为第四大贸易伙伴（见图2）。从进出口增速看，对欧盟和日本同比分别增长13.7%和15.1%，增速比上年分别提高14.1个和3.8个百分点；对东盟同比下降3.1%，增速与上年持平；对美国同比下降16.8%，增速比上年（5.1%）回落21.9个百分点。2019年，全市对共建"一带一路"国家进出口增速不理想，进出口总值为2409.3亿元，比上年下降2.2%，降幅比上年扩大0.3个百分点。

---

① 2019年的欧盟统计口径为28国，包括英国。2020年1月30日，欧盟正式批准了英国脱欧。2020年1月31日，英国正式"脱欧"，结束其47年的欧盟成员国身份。

2019年广州市外贸外资发展情况分析

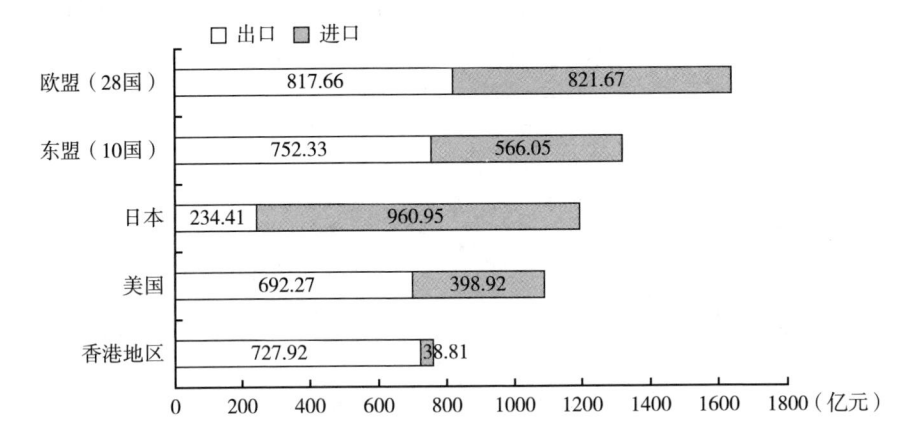

```
        出口   进口
欧盟(28国)  817.66        821.67
东盟(10国)  752.33    566.05
日本        234.41  960.95
美国        692.27    398.92
香港地区    727.92    38.81
         0  200  400  600  800 1000 1200 1400 1600 1800(亿元)
```

图2 2019年广州市对各主要贸易伙伴进出口情况

二 利用外资情况

2019年，广州市新设立外商直接投资项目有所下降，但实际使用外资①金额增长稳定。新设立外商直接投资企业项目个数为3446个，同比下降35.9%；实现合同外资金额达395.29亿美元，同比下降1.1%；实际使用外资金额为71.43亿美元，同比增长8.1%，增速比上年提高3.0个百分点。

（一）实际使用外资金额规模居国内七大主要城市中位，增速位居第三

从规模看，2019年广州实际使用外资金额规模与上海、北京存在较大差距，分别低119.05亿美元与70.67亿美元，上海和北京分别是广州的2.7倍和2.0倍；与省内城市深圳存在较小差距，比深圳低6.66亿美元；比杭州、天津、重庆规模分别高10.13亿美元、24.11亿美元和47.78亿美元。

从增速看，广州实际使用外资金额增速表现不及杭州和上海，分别低

---

① 本文利用外资均为外商直接投资。

205

5.9个和2.0个百分点；比天津高5.1个百分点；比低位增长的深圳和负增长的北京、重庆分别高7.9个、26.0个和35.3个百分点（见图3）。

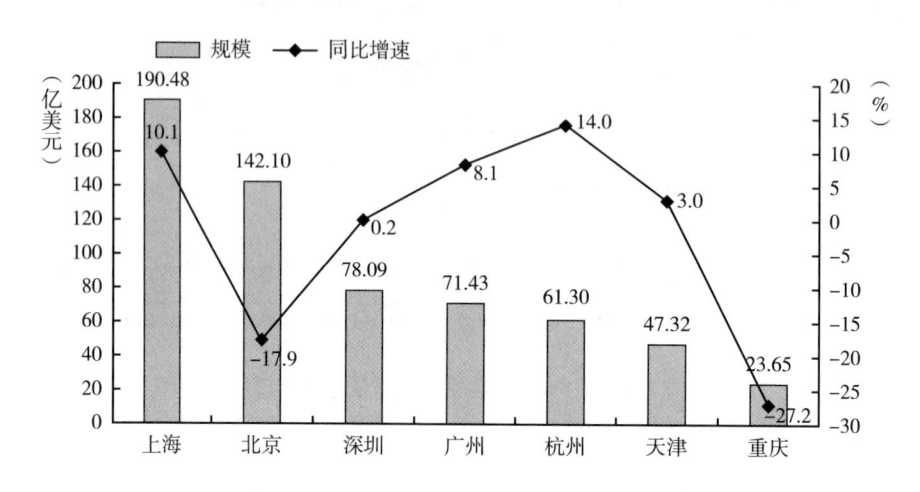

图3 2019年部分主要城市外商直接投资实际使用外资金额情况

（二）外资企业项目仍为投资热点，中外合资企业投资项目减少

2019年，从项目个数看，外资企业有2751个，占全市外商投资企业项目的79.8%，同比下降36.8%；中外合资企业有684个，占全市的19.8%，同比下降32.1%。从合同外资金额看，外资企业合同外资金额为342.21亿美元，占全市的86.6%，比上年增长16.1%；中外合资企业51.82亿美元，占全市的13.1%，比上年下降47.0%。从实际使用外资金额看，外资企业实际使用外资金额44.37亿美元，占全市的62.1%，同比增长53.9%，增速比上年大幅提高61.5个百分点；中外合资企业24.66亿美元，占全市的34.5%，同比下降21.1%（见表4）。

（三）外商投资聚焦第三产业，第二产业投资放缓

2019年，外商直接投资第三产业仍稳居全市一二三产业的第一位，企业项目个数为3279个，占全市企业项目个数的95.2%；吸引合同外资金额达371.65亿美元，占全市合同外资金额的94.0%，同比增长4.6%；实际

使用外资金额达 52.57 亿美元，占全市的 73.6%，增速扭负转正，同比增长 44.6%。第二产业企业项目个数为 154 个，占全市企业项目个数的 4.5%；吸引合同外资金额 23.47 亿美元，同比下降 46.8%；实际使用外资金额 18.86 亿美元，同比下降 36.5%。

表4　2019年广州市按企业类型分外商直接投资情况

利用外资方式	企业（项目）个数（个）	同比增速（%）	合同外资金额（亿美元）	同比增速（%）	实际使用外资金额（亿美元）	同比增速（%）
合计	3446	-35.9	395.29	-1.1	71.43	8.1
中外合资企业	684	-32.1	51.82	-47.0	24.66	-21.1
中外合作企业	5	-50.0	0.11	-94.2	0.08	-81.5
外资企业	2751	-36.8	342.21	16.1	44.37	53.9
外商投资股份制	5	-16.7	0.44	-91.6	2.03	-63.6
合伙企业	1		0.71		0.29	

（四）租赁和商务服务业、房地产业实际使用外资比重提高，制造业增速大幅回落

2019年，从规模看，租赁和商务服务业，制造业，房地产业实际使用外资金额分别为 20.27 亿美元、18.84 亿美元和 13.65 亿美元，分别占全市实际使用外资金额的 28.4%、26.4% 和 19.1%，居行业占比前三位。其中，租赁和商务服务业，房地产业比重比上年分别提高 17.1 个和 5.7 个百分点；制造业比重降低 18.1 个百分点。从增速看，租赁和商务服务业，科学研究和技术服务业增速大幅提高，同比分别增长 1.7 倍和 1.0 倍；信息传输、软件和信息技术服务业由上年的同比下降 83.7% 转为同比增长 5.5%；制造业由上年的同比增长 2.4 倍转为同比下降 35.9%。

从近3年的行业变化情况看，租赁和商务服务业，制造业连续3年是外商投资的第一或第二选择，房地产业从 2018 年起替代 2017 年位居第三的信息传输、软件和信息技术服务业成为重点投资行业之一；该三个行业从

2017年合计占实际使用外资金额的37.1%提高到2018年的69.2%、2019年的73.9%，比重大幅提高。信息传输、软件和信息技术服务业从2017年的占比31.0%回落到2019年的4.7%。批发和零售业，住宿和餐饮业，科学研究和技术服务业等实际使用外资金额近3年比重较稳定。部分与公共事业相关的行业，实际使用外资金额为零（见表5）。

表5 2017~2019年广州市分行业外商直接投资实际使用外资金额情况

行业	2019年 规模（万美元）	2019年 比重（%）	2019年 同比增速（%）	2018年 比重（%）	2018年 同比增速（%）	2017年 比重（%）	2017年 同比增速（%）
总计	714349	100.0	8.1	100.0	5.1	100.0	10.3
农、林、牧、渔业	0	0.0	—	0.0	-90.2	0.4	-46.6
制造业	188373	26.4	-35.9	44.5	237.1	13.9	63.1
电力、热力、燃气及水生产和供应业	0	0.0	—	0.0	-100.0	1.3	70.3
建筑业	223	0.0	-93.0	0.5	11.8	0.5	145.9
交通运输、仓储和邮政业	48720	6.8	-21.8	9.4	652.6	1.3	-50.8
信息传输、软件和信息技术服务业	33457	4.7	5.5	4.8	-83.7	31.0	-34.5
批发和零售业	48172	6.7	18.5	6.1	5.4	6.1	-35.9
住宿和餐饮业	445	0.1	-69.4	0.2	32.8	0.2	-53.0
金融业	15918	2.2	-44.7	4.4	-54.5	10.0	-3.8
房地产业	136519	19.1	53.8	13.4	108.4	6.8	25.9
租赁和商务服务业	202660	28.4	170.9	11.3	-27.7	16.4	391.7
科学研究和技术服务业	39317	5.5	97.7	3.0	21.2	2.6	328.7
水利、环境和公共设施管理业	0	0.0	-100.0	0.0	30.0	0.0	-91.5
居民服务、修理和其他服务业	11	0.0	-92.2	0.0	-50.4	0.0	-66.3
教育	0	0.0	-100.0	0.3	—	0.0	-100.0
卫生和社会工作	29	0.0	-99.3	0.6	343.8	0.2	—
文化、体育和娱乐业	505	0.1	-94.5	1.4	-84.4	9.4	1358.1
公共管理、社会保障和社会组织	0	0.0	—	0.0	—	0.0	—

注：比重保留一位小数，没有做机械调整；同比增速为"—"是上年数为0，不可计算。

（五）中国香港地区在穗投资额仍居首位，法国投资额大幅增长

2019年，中国香港地区在穗实际使用外资金额46.22亿美元，增速由上年的同比下降22.0%转为同比增长14.4%，占全市实际使用外资金额的64.7%，比重比上年提高3.6个百分点；其后是韩国11.01亿美元，同比增长41.6%，占全市的15.4%，比重比上年提高3.6个百分点；日本4.48亿美元，同比增长8.9%，占全市的6.3%，比重与上年基本持平。在穗投资规模较大的国家（地区）中，法国实际使用外资金额同比大幅增长70倍，达1.03亿美元，占全市的1.4%；新增的毛里求斯0.65亿美元，占全市的0.9%。

从近3年的资金来源地①变化情况看，香港地区从2017年的占全市实际使用外资金额来源地的八成以上降低到2018年、2019年的六成以上，依然是资金的主要来源地。来自韩国的资金有较大的增长，比重从2017年0.1%提高到2018年的11.8%、2019年的15.4%，增速从2017年同比下降63.2%，到2018年同比增长228倍、2019年同比增长41.6%。来自日本的资金较为稳定，2017~2019年比重均在4%~6.5%，增速逐年有所放缓，2019年同比增速从2017年的高速增长61.1%回落至8.9%。来自新加坡的资金趋势与日本相似，增速逐年放缓，比重在1.5%~4.5%。来自中国香港地区、韩国、日本、新加坡的资金合计占九成左右。来自西方发达国家的资金，只有法国有比较明显的提升，从2017年占比0.3%提高到2019年占比1.4%；英属维尔京群岛资金较稳定，3年均占比2.7%；英国资金逐年减少，从2017年占比0.6%回落到2019年占比0.2%，同比增速连续3年下降；美国资金较少，2019年不到1000万美元，为714万美元，比重比上年回落0.1个百分点，与2017年持平（见表6）。

---

① 此处资金来源地按2019年实际使用外资金额规模最大的十个国家（地区）列表。

表6　2017~2019年按主要来源地分广州市实际使用外资金额情况

资金来源地	2019年 规模（万美元）	2019年 比重（%）	2019年 同比增速（%）	2018年 比重（%）	2018年 同比增速（%）	2017年 比重（%）	2017年 同比增速（%）
总计	714349	100.0	8.1	100.0	5.1	100.0	10.3
#香港地区	462216	64.7	14.4	61.1	-22.0	82.4	8.3
韩国	110124	15.4	41.6	11.8	22780.6	0.1	-63.2
日本	44794	6.3	8.9	6.2	49.0	4.4	61.1
新加坡	31613	4.4	17.2	4.1	126.4	1.9	96.1
英属维尔京群岛	19223	2.7	7.0	2.7	5.1	2.7	-10.4
法国	10320	1.4	6968.5	0.0	-90.8	0.3	450.5
毛里求斯	6457	0.9	—	—	-100.0	0.6	-65.8
英国	1573	0.2	-37.7	0.4	-38.2	0.6	-64.8
德国	1154	0.2	95.9	0.1	62.7	0.1	28.8
美国	714	0.1	-50.9	0.2	60.1	0.1	-38.9

三　需要关注的几个问题

（一）外贸出口继续下降，且降幅扩大

由于多重因素的叠加影响，2019年广州商品出口呈现降幅扩大态势。

一是国内外经济环境复杂严峻，外贸受中美贸易摩擦影响具有长期性。全球产业竞争格局深度调整，新型国际分工体系逐步形成，西方发达经济体针对部分高端先进制造业采取回流动作；新兴经济体经过多年的积淀，生产要素比较优势凸显，吸引部分中低端加工贸易产业外移；中美已达成第一阶段贸易协议，但中美之间的贸易摩擦仍具有长期性和严峻性。国内经济处于"三期叠加"阶段，经济周期下行压力仍然较大。广州对共建"一带一路"国家的外贸布局还处在初级阶段，其进出口规模约占全市进出口总值的1/4，已连续两年呈现负增长。美国作为广州主要的贸易伙伴，已从2018年位居第

二大贸易伙伴降为第四大贸易伙伴，对美出口、进口均下降，对美出口拉低广州出口2.3个百分点。中美贸易摩擦反复，企业信心受到打击，向东南亚等区域转移市场的意愿有所上升，外贸压力加大。

二是对标国内先进城市，政策差异影响城市外贸发展。近年来，广州加大力度促进对外开放，但在谋划城市规划和制定发展目标时还有差距。广州大力发展现代服务业，打造具有全球影响力的"会展之都"，下大力气完善城市公共设施和配套服务、办好各类展会、引入外来投资商和客户参展等，但在国外展会方面缺乏政策支持；而上海、浙江等省市在"外展"方面重视程度不容小觑，近年来多次出台国外展会补贴政策促进外贸发展，甚至省内市级层面也会额外加大"外展"的扶持。而广州的"外展"补贴只在省级层面有部分支持，且支持力度不大。到国外参展、办展是支持中小企业开拓多元化国际市场、开发国内外客户的重要平台，与城市"内展"一样充满机遇，广州对"外展"的重视将一定程度影响广州企业对外贸易的发展。此外，政策落地如何更能贴近本土企业的需求也同样不容忽视。譬如，南沙自贸试验区FT账户的建立问题。据了解，政策出台后，已完成申请具备资质的企业却不能实现真正意义上的本外币自由贸易，有政策落地后"水土不服"的现象。而上海企业近年来一直在享受运用本外币FT账户政策带来的便利和实惠。

三是主要产品出口缺乏优势，自主品牌对外贸易发展存在弱势。广州传统制造业竞争优势下降，一批玩具、服装等加工厂已陆续向周边二线、三线城市转移以降低成本。而东莞加工厂从大量加工代发到"东莞制造"自主品牌创立，已逐渐打造出自己的口碑。深圳作为科技创新的国际化城市，吸引大量的企业总部或研发中心落户，电子产品出口优势尤为明显，华为一家企业的外贸订单可以替代广州传统制造业七八个企业订单，华为在世界的知名度更是成为深圳的名片。汽车制造是广州制造业的支柱产业，但在国际竞争中未形成价格和质量优势，再加上北京、天津汽车总部企业居多，以及国家对汽车出口企业授信等政策要求，目前广州汽车自主品牌"广汽传祺"要成为本市出口主打产品还有很长的路要走。

四是外贸新业态贸易方式有待完善，发展面临众多不稳定因素。随着国家级跨境电商综合试验区获批城市增多，以及外地政策优惠吸引、周边城市硬件配套设施及服务优化（如东莞跨境贸易电子商务中心），广州跨境电商竞争优势有所削弱。而市场采购贸易方式出口受制于扶持政策调整、企业信心不足、硬件环境受限导致商户集聚性不强等因素，广州市场采购发展前景不容乐观。二手车出口将有效促进汽车跨境产业集聚发展，激发国内汽车消费市场活力，但作为新型贸易业态，受制于办理程序、汽车排放标准、出口市场布局等影响，暂未形成较大规模，有待进一步理顺挖潜。平行汽车进口规模不大，扶持政策成效不明显，且由于"国六标准"的调整，目前平行汽车进口货源比较紧缺。飞机融资租赁、平行汽车进口等各项自贸区推行政策也在很大程度上影响着城市外贸发展。

（二）利用外资产业结构需进一步优化，发展质量有待提高

近年来，广州城市竞争力不断提高，投资环境、营商环境进一步改善，但在保持竞争优势的同时仍需关注存在的不足。

一是行业引资能力仍有局限性。制造业和房地产业项目总数207个，其实际使用外资金额占全市的45.5%；批发和零售业项目个数在各行业中居首位，其实际使用外资金额占全市的6.7%。第三产业除批发和零售业，房地产业，租赁和商务服务业外，其他11个行业实际使用外资金额仅为个位数或无实际使用外资金额。这种情况反映出现代服务业吸引外资能力不够强，还不能完全体现广州的国家中心城市、湾区核心引擎的服务功能。受国内外经济形势、劳动力成本优势不再的影响，部分制造业产业计划或正在外移的时候，制造业资金投向也随之转移。而在目前房地产业吸引外资的能力仍然很高；但在数字经济萌发、5G等信息技术发展的趋势下，信息传输、软件和信息技术服务业却相反地吸引外资减少，行业外资流向与社会、经济发展趋势匹配性较低，引入发达经济体高新技术、先进设备等可能性减少。金融业投资规模较小，相比发达国家开放的金融市场使得证券投资成为吸引

外来资金的主渠道，我国金融市场的开放程度一定意义上制约了发达经济体利用证券市场来华投资。

二是资金来源地相对单一，吸引外资缺乏优势。近年广州实际使用外资资金来源大部分集中在亚洲地区，特别是周边国家（地区），其他国家（地区）占比不到一成。实际使用外资金额六成以上集中在香港地区，近三成在韩国、日本、新加坡和英属维尔京群岛。来自英、法、美、德等发达国家的资金流入很少，跨国大公司投资偏小。外资来源地较窄，呈现单一化的格局，容易受国际经济发展形势的影响。发达经济体货币税收和产业政策调整，削弱了我国吸引外资的比较优势，例如美国货币政策调整提升了美国对跨国投资的吸引力，而我国持续面临的劳动力、物流和生活成本上涨等压力使我们对外资的综合吸引力明显下降。

三是北京、上海、深圳对外资吸引能力较强，广州竞争力相对较弱。北京是我国的首都，上海是我国经济金融中心，深圳是我国科技中心、特区城市、社会主义建设示范先行区，城市自身的行政地位、功能定位使它们在国际上的知名度高，对外资的吸引力大。大部分跨国企业来华投资后总部都设立在这几个城市，资金也就随之流入。广州即使引了某些项目，但由于项目注册公司的总部设在北京、上海，项目落地上马后实际使用的外资绝大部分归入总部，只有小部分留在广州。此外，由于各城市对资金使用的范围、要求不同，部分外资项目引进后转身变为内资项目，不利于广州经济的持续发展。

（三）新冠肺炎疫情对外贸外资发展的短期冲击不容忽视

受新冠肺炎疫情影响，广州外贸企业市场供求、生产秩序一定程度上被打乱，外贸产业链出现脱节，产能恢复受到一定程度的阻滞，完成订单和新签订单面临压力。"无货出口"是疫情期间广州的外贸形势。同样地，项目招引、洽谈、落地等招商引资活动也受到疫情不同程度的影响，投资的不确定性增加。据相关资料，2020年上半年广州市计划举办国际投资年会、"广交会"等高端会议会展超过30场次，其中部分大型商务活动因疫情取消或推迟；各类招商引资活动也由疫情导致来穗投资商、客户等人数有所下降。

受全球疫情影响，外贸外资发展加大不确定性，外贸订单以及招商引资和贸易合作受到影响，稳外资、稳外贸将面临较大的压力。

四 对策建议

（一）释放对外开放政策效力，推动外贸发展稳中提质

依托对外开放政策措施，结合广州较好的区位优势，发挥"千年商都"的深厚底蕴，推动新兴产业加快发展，积极应对复杂严峻的国际经贸形势。

一是强化优势产业的打造。重视出口品牌战略，通过对技术、创新、管理、服务、产业布局等全方位强化，提高出口企业国际竞争力和影响力，打造本地出口品牌，提升广州市在外贸出口产业链的价值地位。深入推进工业企业技术改造三年行动计划，优化提升汽车、电子等传统优势支柱产业，学习深圳、东莞成功打造手机、电子等高新技术产品出口策略，大力推动"广汽传祺"等广州主要产业形成出口优势。重视进口平衡发展，通过精准、分类培育扩大进口经营主体，完善进口贸易平台及配套政策措施，对进口商品结构加以引导，支持先进设备和优质消费品进口，促进南沙自贸区飞机融资租赁和平行汽车进口业务，鼓励企业"引进来""走出去"相结合，激发进口潜力，促进进口、出口平衡发展。

二是加大力度培育外贸新业态。探索市场采购、跨境电商、外贸综合服务平台、保税物流、平行汽车进口、二手车出口等外贸新业态"广州模式"。扶持外贸综合服务型企业扩大服务范围，由生产型企业延伸至流通型企业；改善营商环境，升级花都市场采购试点集聚区软硬件配套设施，吸引一批优秀的企业和个体工商户进驻，打造市场集群效应；扩大市场采购试点范围，辐射带动一批专业市场转型升级，促进"广货广出""广货回流"出口；培育开展市场采购业务行业典型，引导一批"准四上"企业依法入统，

引领示范带动一批行业健康、规范发展，真实反映企业的经济效益和社会效益。加快推进二手车出口，带动家用汽车更新换代，促进汽车工业生产和消费需求。目前二手车出口量尚小，还处于萌芽阶段，但随着国家政策对二手车出口行业的推动，未来仍有不小的发展潜力。

三是大力开拓多元化国际市场。通过深化穗港澳商贸融合发展、加强与共建"一带一路"城市合作，在政策、设施、贸易、资金、民生等方面互通有无，实现共赢。鼓励企业到共建"一带一路"国家和地区开拓新兴市场，帮助企业构建境外营销网络，推动广货外销，扩大海外市场。加大政策扶持力度，支持加工贸易企业加强自主研发和技术革新，推动"机器换人"，促进企业开展高技术含量、高附加值项目的保税维修、检测和再制造业务，鼓励加工贸易企业开拓内外销市场。利用境外展会拓展国际市场，提升境内展会的贸易促进功能，用好国家和省促进外贸发展扶持资金，加大市级扶持力度，扶持企业参加境内、境外双向展览，提高企业在国外办展、参展的能力，提供外贸合作的机会，扩大潜在订单范围。

（二）优化营商环境，打造吸引外资热土

广州要不断优化外部环境，在引资的同时，力争把优秀人才、先进技术、管理知识、企业治理制度等引进来，逐步打造成引资热土。

一是加大外资招商力度，大力引进科技含量高、投资强度大、产业关联度高、产业链条长的项目。引进一批以电气硝子玻璃（广州）有限公司为典型的以商招商项目，通过引入其重要客户乐金显示（LGD），带动产业链上下游企业落户，发挥产业集群效应，形成拥有强大产业辐射能力的产业链。招商引资争取引进产业带动效应强的项目，并设立相关跟踪机制，协调解决项目建设过程中遇到的问题。同时，应注意统筹考量项目引进对当地的经济贡献、社会贡献等，对达到统计标准和要求的项目及时纳入统计。

二是加强项目督促力度，提高外资企业资金到位率。实行大项目"一企一策"制，成立专班督导，统筹协调引资的进度，做好项目进展和资金

到位情况跟踪,及时对接企业,加快落实资金到位,推动项目及时上马。积极落实省"外资十条"等扶持政策,对重大外商投资项目融资、制造业技改、增资扩产等给予支持;对符合条件的外资大项目采取"带设计方案出让"的方式出让土地使用权,推动交地即开工,促进外资大项目快速落地,加快建设进度。

三是提升外商投资服务水平,全面做好安商稳商工作。优化营商环境政策运用,统筹用好中央、省、市、区各级扶持政策,引导、扶持企业发展;优化营商环境流程进度,进一步压减企业开办时间、工程建设审批时间,提高通关便利化等;优化营商环境法治水平,加强市场监督,完善知识产权保护机制,推进商事信用体系建设;优化营商环境金融服务,推进贸易、投融资和跨境金融服务便利化。抓紧贯彻落实新版《外商投资法》,完善"事前—事中—事后"全链条服务体系,优化服务流程,提升服务质量,增强外资企业在穗落户出资信心。实行重点企业跟踪服务常态化,切实解决外资企业投资过程中遇到的"堵点"和"难点"。

(三)强化企业复工指引,挖掘隐藏的发展契机

随着国内疫情防控常态化,各行业开始有序复工复产,既要继续强化疫情防控,又要兼顾生产的恢复,及时为企业纾难解困,做好外贸外资持续发展相关指引。

一是分区分级科学引导企业复工复产,毫不松懈继续抓好疫情防控。疫情防控不能放松,确保涉及重要国计民生类企业先行复工复产,并根据疫情防控进展逐步扩大至其他行业。综合考虑疫情防控、外贸规模、产业特征、订单急缓、用工情况等因素决定外贸企业复工复产程度和范围。

二是确保各项暖企稳岗等政策落地,有效降低企业成本负担。国家、省市各层面已出台金融、财税、社保费、租金、水电、法律援助等各方面惠及行业企业的政策措施,抓紧政策落地见效,并依据行业特点提供相关指引,提高企业发展韧性。

三是加强医药研发、医疗基建、智能制造、数字产业等产业的支持力

度，形成新的消费、外贸、引资增长点。借力疫情中广州生物医药、数字经济蓬勃发展的有利因素，抢占特色产业发展先机，及早谋篇布局，加快5G、"互联网+"等技术的普及使用，推动企业抓住机遇，以新技术带动行业和产业创新升级，形成一批具有新一代信息技术的高新技术型企业，打造外贸外资新的增长极。

企业发展篇

Enterprise Development

B.15
广州创新型民营企业发展情况研究

广州创新型民营企业调研组*

摘　要： 调研组根据2016～2018年广州市科学技术局、市工业和信息化局以及知名商业机构提供的有关资料，将"独角兽""准独角兽""两高四新"等338家创新型民营企业作为调研主体，结合全市创新型民营企业的发展情况，分析企业在创新发展中遇到的问题，就进一步推动创新型民营企业高质量发展提出健全协同创新支撑体系、加强政府在创新投入中的引导作用，推动知识产权支撑创新驱动发展等建议。

---

* 调研组组长：董延军，广州市人大常委会华侨外事民族宗教工作委员会主任；副组长：杨学军，广州市委统战部经济处处长、市工商联党组成员；吴朝阳，广州市工商联会员经济部部长。调研组成员：叶登梯，广州市委统战部经济处副处长；林雪兰，广州市委统战部经济处二级调研员；祁广菲，广州市工商联会员经济部一级主任科员；刘燕，广州市工商联会员经济部二级主任科员；曹文浩，广州市委统战部经济处二级主任科员。执笔人：祁广菲。

关键词： 创新型民营企业　知识产权　广州

根据市委常委、统战部部长卢一先对广州创新型民营企业调研工作的批示，2019年3~5月，市委统战部、市工商联组成广州创新型民营企业调研组，通过组织企业填写信息登记表、在全市各区分别召开企业座谈会、对有代表性企业进行重点走访等方式，结合全市创新型民营企业的发展情况，分析企业在创新发展中遇到的问题，就进一步推动创新型民营企业高质量发展提出建议。

一　广州创新型民营企业的基本情况

为掌握广州市创新型民营企业发展情况，调研组根据2016~2018年市科学技术局、市工业和信息化局以及知名商业机构提供的有关资料，将"独角兽"、"准独角兽"、"两高四新"（高科技、高成长、新技术、新产业、新业态、新模式）等338家创新型民营企业作为调研主体。其中，192家企业完成《创新型民营企业情况及企业家信息登记表》的填报，140多家企业参加了实地调研。在此基础上，结合市科学技术局提供的全市创新型民营企业的发展情况，初步梳理出以下一些主要特点。

（一）细分领域深耕细作

根据市工信局提供的标准，入选的制造业骨干企业年主营业务收入应在5亿元以上，企业整体运营态势良好，具有较大增长潜力。把有限的资源集中在核心产品上，是这一类型企业成功的"撒手锏"，参加调研的企业中，有74%的在主业上已专注耕耘十年以上，在细分市场上占据较高的市场份额，在国内具备一定的竞争力。如京信通信的移动通信天线产能全球第一；芬尼克兹是泳池恒温专用热泵全球最大的制造商和中国最大的出口商之一；昊志机电的电主轴产品在国内市场首屈一指；永高塑业的塑料管道产销量居

全国行业第二，出口量连续多年居全国行业第一；鹿山新材料是国内最大的集特种功能粘接材料研发、生产、销售于一体的企业。

（二）各个领域崭露头角

根据市工信局提供的标准，入选的"两高四新"企业除了直接列入属于该范畴的企业，还包括年主营业务收入在2000万元以上的工业领域企业或主营业务在500万元以上的"IAB""NEM"企业，并且近两年营业收入复合增长率不低于15%或在知识产权、产业技术方面有突出成就的，符合"新技术、新产业、新业态、新模式"标准中的一项以上。据统计，参与调研的"两高四新"企业主要为"平台生态型"和"技术驱动型"，各占五成。

"平台生态型"企业主要基于互联网来搭建平台，依靠平台实现共享，主要集中于电子商务、大健康、文化娱乐和物流等领域，其中如卓志供应链成功构建了跨境供应链线上线下＋供应链金融的服务模式，目前拥有58家海内外分公司和子公司，服务电商企业逾1000家，业务量居华南地区首位；汇量科技专注于通过移动数字营销帮助国内外企业和应用开发者提供全球用户获取和流量变现服务，已经在北美、欧洲、东南亚的10个国家设立分支机构，是亚洲最大的非游戏类广告平台。

"技术驱动型"企业是以高科技为主要推动力，通过持续创新形成自然垄断，主要集中于新一代信息技术、人工智能、生物医药等领域，如小马智行、健齿生物科技等。其中如康盛生物是我国第一个拥有血液透析干粉/浓缩液产品自主知识产权的企业，并开发出全球第一个基因重组蛋白A免疫吸附产品，技术处于世界领先水平；论客科技作为网易的联营公司，自主研发了国内第一套中文电子邮件系统，目前服务于9亿邮箱用户，是电子邮件领域世界级专家。

（三）创新成效不断显现

近年来，广州市落实企业研发费用加计扣除等税收政策，实施企业研发投入补助等财政政策，引导企业加大研发投入。近三年，7554家企业享受研发费用加计扣除政策获减免税额超过70亿元，13850家企业获研发投入后补助65亿元。规模以上工业企业设立研发机构，并将比例提高至45%，5亿元以上工业企业实现研发机构全覆盖。明珞装备、视源电子、洁特生物、禾信仪器、金域医学、达安基因、海格通信、金发科技、广州数控、广电运通、赛莱拉等一批企业逐渐发展壮大，并成为拥有核心技术和自主知识产权的行业龙头。

在调研中发现，参与调研的创新型企业相当重视自主创新，研发经费支出在主营业务收入中的平均比重为7.14%，研发机构拥有率为85.7%。不少龙头企业致力于带动提升行业的集聚度和产业化水平，一些企业牵头建设国家级、省级研发中心，如金发科技的国家先进高分子材料产业创新中心、聚华显示的省印刷及柔性显示技术创新中心；一些企业牵头建设专业孵化器，如在IAB、NEM领域涌现的达安医疗健康、冠昊生命与健康等专业孵化器；一些企业致力于推动产学研"精准对接"，如健齿生物科技在广东省科学院找到替代进口钛原材料。企业的创新规模效应正在逐步释放，据统计，2018年广州市新增高新技术企业超过2000家，总数已超过1万家，稳居全国第三；科技创新企业超过20万家。

（四）积极对接资本市场

广州市创新型民营企业充分利用各类市场化手段，拓宽企业融资渠道，助力企业迅速成长。2018年新增科技企业上市公司7家；新增新三板挂牌企业26家，累计491家；新增广东股权交易中心挂牌企业1296家，累计5764家。其中，百济神州、汇量科技、卓越教育成功在港交所上市。奥翼电子、黑格科技、通达电气、奥飞数据、尚航科技、三盟科技、达瑞生物等一批科技企业借助科技信贷、资本市场融资等，快速成长为各自领域的佼佼者和龙头企业。九尾科技、路客民宿等新一轮融资分别达到数亿元。

目前全市科技创新企业中民营企业占比达90%，高新技术企业中民营企业占比达80%以上，新三板挂牌企业中民营企业占比超过90%。

二 创新外部协作网络有待健全

广州市创新型民营企业近年取得长足发展，但民营企业的高质量发展除了依靠自身的发展，创新外部协作网络的发达程度也直接关系着创新型企业的负重程度和发展速度。广州市要强化科技创新引领，推动经济走向高质量发展，建设粤港澳大湾区国际科技创新中心，必须正视发展中存在的问题，加强基础研究和关键核心技术攻关，布局建设重大创新平台，加大力度培育壮大科技创新企业，优化创新创业生态环境。调研中企业反映的需求和问题，主要集中在以下方面。

（一）协同创新支撑体系尚待健全

1.产学研协同创新实效有待提升

当前，相当一部分中型民营企业缺乏与行业内大型企业的协同创新，缺乏与区域内高等院校或科研院所的深度合作。调研中，企业普遍表示，广州拥有丰富的高校和科研平台资源，但可提供的科研成果与市场需求存在结构性矛盾，技术有效供给不足、供给质量不高，许多科技成果难以直接应用于生产。参比全市这项工作，也是有待提升的。虽然2018年广州科技成果转化明显加速，全市技术合同成交总额达到719.02亿元，同比增长101.1%。但是，发明专利和成果转化仍然是广州科技创新的弱点之一。以2018年数据为例，2018年广州拥有的有效发明专利数量48354件，同比增长22.5%。但总体规模依然只有北京的1/5、上海和深圳的2/5；广州每万人发明专利拥有量33.4件，落后于北京、深圳、南京、苏州、珠海、杭州、上海等城市（见图2）；有效发明专利五年以上维持率仅68.6%，不及香港、深圳、澳门、上海、北京等城市，也低于全国（70.5%）和广东省（75.4%）的平均水平（见表1）。

2.产业交叉融合创新的渠道不畅

面对日新月异的新技术革命、新产业革命，创新仅凭民营企业"单打独斗"显然难以长久。其中，制造业企业对于推进产业链上下游协同发展的需求较为强烈，表明同行业不同企业之间科技资源低水平重复严重，亟待发挥政府部门、行业协会、科研院所等多方力量，推动产业链上下游之间在基础性研究、行业共性技术研发方面加强对接，促使从技术攻关到产品应用的产业链条更加顺畅。"两高四新"企业则对推动跨产业、跨行业资源整合和协同发展有较为强烈的诉求。有空气热能行业的企业提出"产业合伙人"

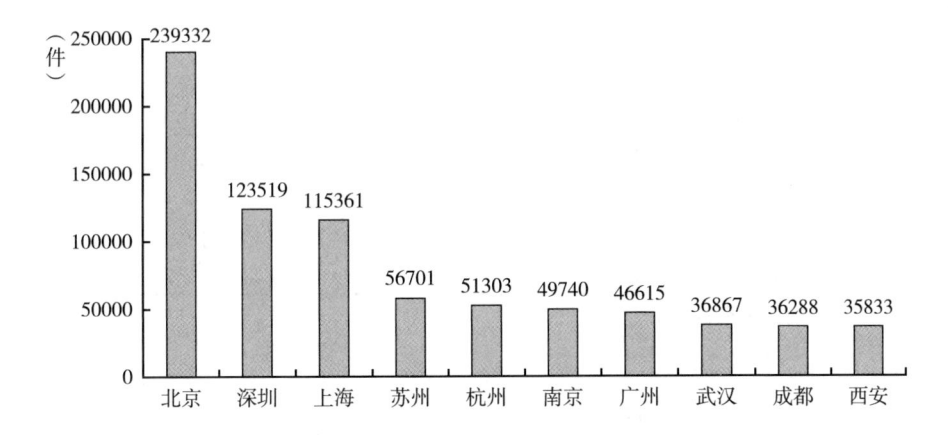

图1 国内部分城市拥有有效专利数量情况

注：统计时间截至2018年11月。

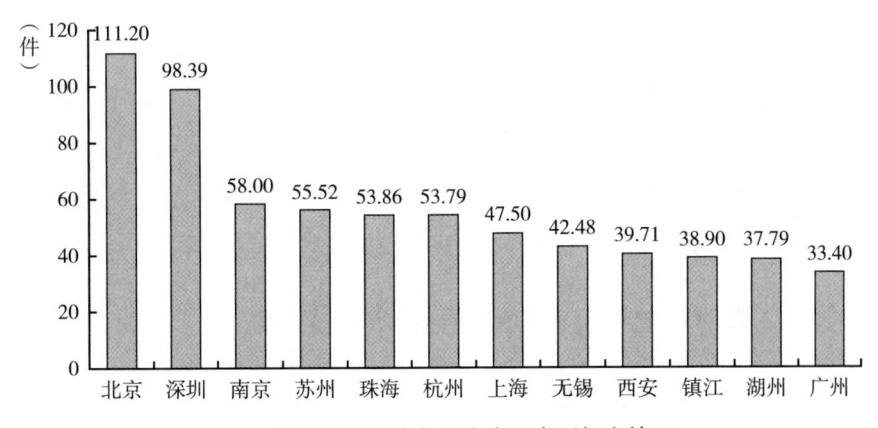

图2 国内部分城市每万人发明专利拥有情况

注：统计时间截至2018年底。

的倡议，希望政府能够引导技术创新企业与传统产业加强对接，推动现代技术广泛嫁接传统产业，培育产业新增长点，引领产业升级新方向。

表1 国内部分城市有效发明专利五年以上维持情况

排名	城市	有效发明专利五年以上维持率(%)
1	香港	93.0
2	深圳	85.6
3	澳门	84.5
4	上海	78.6
5	北京	78.5
6	大连	71.7
7	沈阳	70.8
8	杭州	70.7
9	厦门	70.1
10	广州	68.6

注：统计时间截至2018年底。

3. 大湾区协同创新机制亟须建立

广州作为湾区核心城市，正致力于共建粤港澳大湾区国际科技创新中心，承担着整合区域创新资源、引领创新发展的历史重任。民营创新企业对此高度关注和深切期待，但也纷纷反映目前粤港澳三地的资金、技术、人才等创新要素的流动上还是面临诸多限制，主要体现在粤港澳人才资质互认、科技资金使用、通关便利化等方面。有企业表示，粤港澳三地商事主体登记比较便利，但律师事务所、会计师事务出具的审计报告等证明资料依然不能通用，给企业增添了不少麻烦。同时，粤港澳三地人员在社保、医保等方面的待遇不同，一定程度上影响人才的高效流通。

（二）政府在创新投入中的引导作用有待加强

1. 科研资金投入力度不足

全社会研发（R&D）经费占地区生产总值（GDP）的比重是国际上通行用于反映研发投入强度的指标，体现了一个城市的科技创新水平和核心竞争力。2015年以来，广州实施财政科技经费倍增计划，研发投入强度逐年提升，该项指标已由2010年的1.79%升至2018年的2.8%，广州对于研发投入的重视程度有了大幅提升。但放眼全国，仍远远低于北京、深圳和上海，与西安、武汉、杭州等经济体量略低的城市也有所差距（见表2）。

表2 国内部分城市研发经费投入强度情况

排名	城市	R&D经费投入强度(%)
1	北京	5.7
2	西安	4.82
3	深圳	4.13
4	上海	3.78
5	武汉	3.2
6	杭州	3.16
7	合肥	3.15
8	南京	3.10
9	嘉兴	3.00
10	无锡	2.86

注：统计时间截至2017年底。

可见，广州目前在研发领域的投入与建设国家创新中心城市和国际科技创新枢纽的定位还是不相匹配的。同时，政府科技资金的引导作用和杠杆效应发挥不足。广州大学广州发展研究院、广州市蓝皮书研究会发布的《中国广州科技创新发展报告（2018）》显示，从财政投入拉动企业投入比例来看，2011～2017年广州财政科技投入拉动企业研发投入的倍数在2.4～3.4倍，远低于国际的4～5倍水平。

2. 营造创新氛围力度不足

近年来，广州各级各部门积极落实科技创新政策，大力支持民营企业科技创新。但与深圳、杭州等城市相比，企业普遍反映广州创新氛围不够浓厚。一是产业政策的前瞻性、系统性和创新性有待提高。不少企业表示产业链方面建链、补链、强链的精准施策不健全，产业的集聚度还有待提高，集群内的产业创新动力和资源共享程度较低。同时产业导向不够明确，很多新兴产业没有专门的产业园区承载。二是配套政策的落地情况有待改善。个别政策出台后配套措施没有及时跟上，或者执行资源不足，出现"最后一公里""掉链子"情况。如不少企业反映，企业虽已成功申请政府奖励（扶持）经费，但基层政府部门由于财政经费不足，专款迟迟未能划拨。此外，广州市并未建立统一的政策发布和咨询平台，很多企业对国家、省、市支持企业创新的惠企政策、政务改革措施不够了解，由于信息不对称，企业申请高新企业和科技奖励不积极，不了解具体程序以致错过了申报时间。三是社会化服务体系有待健全。当前广州市覆盖企业创新种子期、初创期、成长期的服务举措尚未系统化，中介科技服务体系也亟待健全。有企业反映在申报国家高新技术企业期间，个别部门对申报工作指引不明、落实不力，企业只能委托中介机构申办，但仅中介费就占所申请经费的20%～40%，政策获得感大打折扣。

（三）知识产权保护和获益机制的可执行性亟须提高

1. 知识产权保护力度不足

"知识产权保护明明有法可依，但是可执行性不足，难以落地。"调研中不少企业依然面临"举证难、周期长、成本高、赔偿低"等难题。如昊志机电有3个涉及知识产权保护的案件，花费两年时间诉诸法律已确认对方侵权，但由于执法不力，侵权企业至今仍在生产侵权产品，致使创新企业的投资与收益严重不匹配。"让侵权者尝到苦头付出代价"成为创新型民营企业的普遍呼声，认为亟须加大对知识产权的保护力度，尤其要重点打击侵权行为，形成"拳头效应"和高压态势。

2. 知识产权投融资难

现行的知识产权价值评估机制未能全面、准确地反映知识产权价值，企业与金融机构对同一知识产权的评估价值难以达成一致，企业利用知识产权投融资难。虽然理论上专利、版权等知识产权可以作为无形资产在贷款中充当抵押，但在实际操作中，质押申报过程烦琐、门槛较高，且往往都需要辅以有形资产抵押或法人代表无限连带责任担保企业才能获得贷款。对于海归初创型、高科技、成长型民营中小企业而言，尽管有技术专利或科研成果，但由于固定资产少，难以在初创时期得到贷款、融资等方面的支持，创新创业"最先一公里"举步维艰。

（四）人才政策竞争力亟须进一步提升

1. 人才政策竞争力不足

人才问题是调研中反映较为集中的制约民营创新型企业发展的主要因素，对于知识技术密集型企业尤甚。目前，与北京、上海、深圳、杭州相比，广州市对高端人才、技术人才和紧缺急需人才在人才落户、人才公寓或购房补贴、子女教育、医疗以及股权激励、税收返还手续等方面虽有相关政策，但政策力度还不够大，而且往往手续烦琐，办理时间长，对高端人才的吸引力不足。目前国际高端创新人才全职在广州市的不多，缺乏国际战略科技人才、科技领军人才和高水平创新团队。同时，人才政策不够多元化，对于基础类人才以及刚入职的年轻人才的普惠性奖励政策较少，受惠人群范围窄，民营创新型企业人才政策获得感不明显。

2. 人才评价机制不完善

目前，广州的人才考评，科技人才主要以学历、中高级职称为考评标准。人才考评和认定标准过于单一，与创新型企业需求脱节。如其中不少面向创新型企业的优惠补贴政策设定了申报条件，需具备如高级工程师等职称人员的企业才能享受。由于民营创新型企业员工特别是技术人员职称评定渠道有限，且备受学历、论文、从业年限等多种条件限制，不少企业反映，能出实绩的员工许多并不具备高级工程师职称资格，而一些具备高级工程师职称的员工往往难以做出实绩，与企业发展需求不符。

三 促进广州创新型民营企业发展的建议

2019年2月18日，《粤港澳大湾区发展规划纲要》正式发布，赋予大湾区"建设具有全球影响力的国际科技创新中心"的重大战略定位。广州要切实担负起建设大湾区主阵地职责，发挥好核心城市的示范带动作用，借助粤港澳大湾区战略，取长补短，着力促进广州创新型民营企业发展壮大，为高质量发展赋予新动能。

（一）立足粤港澳大湾区，健全协同创新支撑体系

1. 提升产学研协同创新实效

完善创新导向的评价制度，推进本地高校和科研院所分类评价，探索把技术转移和科研成果转化对经济社会的影响纳入评价指标，形成绩效导向的评价体系。推动产学研协同创新体系建设，通过支持一定比例的建设经费，引导、鼓励龙头企业与高校、研究机构等共建技术服务平台，推动组建一批贯通产学研用各环节、融合产业链资金链价值链、线上线下互动的新型创新创业服务平台。探索建立"技术货架"，发挥思科智慧城、华南理工大学国际校区等平台作用，链接国际技术资源，引进拥有知识产权、可落地的专有技术放在技术货架上拍卖，推动企业精准、快速对接创新技术。

2. 畅通产业交叉融合创新渠道

推动产业链上下游协同发展，着重发挥产学研协同创新技术联盟作用，为产业链与创新链协同发展营造产业基础和商业环境。鼓励创新型民营企业充分利用工业互联网平台，把握广州工业互联网标识解析国家顶级节点建设与开通的机遇，加快创新型民营企业工业互联网应用普及，提升社会制造资源配置效率。引导技术创新企业与重点领域制造业加强对接，围绕制造业服务化转型，分区域、分批次、分行业地进行制造业服务化试点，培育产业新增长点。

3. 探索建立大湾区协同创新机制

促进创新人才跨境便利流动，在现有"人才优粤卡"的基础上，扩大港澳创新人才在广州市享受市民化待遇的对象与内容范围，推动穗港澳人才资质互认。促进科技资金跨境便利使用，逐步放宽对创新型产业的港澳投资者资质要求、股比限制、经营范围等准入限制措施。协同推进广深港澳科技创新走廊建设，支持广州市企业与港澳高校、科研院所共建研发机构和技术转移机构，支持港澳科研力量参与广州市重点产业、技术领域的科研计划项

目，合作发起和牵头国际科技合作计划，加快推动共性关键技术攻关。组织广州市高校和科研院所形成粤港澳大湾区科技成果目录，推动科技成果与产业、企业需求有效对接，加快推动科技成果产业化。

（二）对标国际科技创新枢纽，加强政府在创新投入中的引导作用

1. 进一步加大科技投入

实施第二轮财政科技经费倍增计划，确保本市对财政科技投入的增长速度高于本市财政收入增长速度，力争到2021年实现全社会研发经费投入支出在地区生产总值中的比重达到3.5%。进一步改革财政科技经费配置和使用方式，优化调整投入结构和方式，推动以前期资助方式支持的基础与应用基础研究、关键核心技术攻关以及重大创新平台建设经费大幅增加。借鉴北京、上海、深圳、杭州的相关政策，结合广州市实际情况，进一步健全以政策为引导、企业投入为主体、社会资金参与的科技经费投入机制，通过银政企合作贴息、股权投资、风险补偿等项目，放大政府财政资金对金融资源的撬动作用。

2. 优化创新创业生态环境

通过统筹产业布局，推动全市产业向重点园区聚集、园区产业向主导产业聚集、主导产业向创新型企业聚集，提升产业园区和产业集聚的综合水平。完善创新型民营企业孵化培育发展链条，加快推进全市众创空间向专业化、国际化发展，提升"众创空间—孵化器—产业园区"孵化体系的核心竞争力，实现差异化、高端化发展。积极探索和研究公共服务平台的运营与服务模式，以关键共性技术研发应用及公共设施共享为重点，推进各领域、各层面公共服务平台建设，培育引进一批信誉良好、业务精良、具有国际化视野的高端创新创业服务机构，逐步形成社会化、市场化、专业化的公共服务体系和长效机制。

（三）扩大知识产权区域布局试点的示范效应，推动知识产权支撑创新驱动发展

1. 深化知识产权运用和保护综合改革

继续深入推进知识产权区域布局试点工作，加快在中新广州知识城开展

知识产权运用和保护综合改革试验，致力于打开知识产权的审查授权、注册登记、行政执法、司法保护、仲裁调解和行业自律等各个环节的通道，构建知识产权大保护工作格局。严格知识产权保护，加快组建知识产权综合行政执法队伍，深入开展打击侵权和假冒伪劣工作，切实推动知识产权法关于"侵权产品禁止销售"的规定落到实处。探索建立仲裁、调解等多元化知识产权纠纷化解机制，为企业提供便捷、高效、低成本、高赔偿的维权渠道。

2. 完善知识产权转移转化激励机制

制定完善知识产权质押融资、信用担保和价值评估办法，通过给予专利评估费补贴、贷款贴息、风险补偿金等举措，助力知识产权的质押融资、专利保险、交易流转、收购托管等，实现知识产权价值最大化。完善知识产权公共服务平台，加快市场化知识产权服务体系建设，进一步推动专利代理、专利分析与法律服务、知识产权价值评估等市场化知识产权服务体系建设，促进知识产权公共服务平台和市场化服务机构有机结合。

（四）发挥本地禀赋和优势，打造创新人才高地

1. 推进多元化人才政策体系建设

强化人才分层分类管理，将基础性人才、中端人才、高层次人才纳入人才政策保障范围，扩大人才政策的覆盖面。完善以企业缴税与个人缴税为标准、针对民营企业人才的奖励激励政策，对于缴税额度超过一定标准的企业给予人才指标，并对于该企业个税缴纳超过一定标准的员工直接给予人才奖励。进一步完善居住证积分、居住证转办户籍、直接落户的人才引进政策体系，简化办理流程，精减相关资料，提高办事效率和服务水平，重点改进对技能人才、一线研发人才落户的年龄、社保缴纳时间等门槛设置，增强对基础性人才的吸引力。加大产业发展和创新人才的奖励力度，按照产业人才的工资薪金收入及所缴纳的个人所得税为标准，对产业高端人才和紧缺急需人才实施薪酬补贴政策。

2. 优化人才评价机制

建立以品德、知识、能力、业绩、贡献为主要标准的评价导向，以薪酬

评价、投资评价和第三方评价等市场化方法聚才引才，突出市场规律、价值规律、竞争规律在评价人才中的基础性作用。对于基础性人才，探索在"IAB"与"NEM"等战略性新兴产业中，联合民营企业、行业组织和业内专家，率先建立技术技能人才分类分级标准体系，打破学历、职称和资历限制，在人才审批制度和扶持政策上予以应用。对于中端和高层次人才，探索在民营企业特别是创新型民营企业中开展专业技术人才高级职称评审工作，简化职称申报手续和审核环节，赋予企业人才评定更多自主权，扩大企业自主认定高层次人才范围。

3. 完善人才配套服务体系

实施人才安居工程，探索按营业收入和纳税额向企业分配人才公寓，从发放购房补贴、建设人才公寓等方面解决目前人才住房保障问题，争取将基层性人才纳入人才安居工程的扶持范围。充分发挥广州市教育、医疗资源相对丰富的优势，多维度服务企业创新人才，减轻其在医疗、子女教育等方面的顾虑，营造更具吸引力的人才宜居宜业环境。发展专业服务机构，积极培育人才猎头等各类专业社会组织和人才中介服务机构，为人才提供更具活力、更具个性化的服务。

B.16
广州民营企业关键领域核心技术创新发展路径研究

广州市工商联办公室课题组*

摘　要： 广州坚持培育和发展民营科技创新企业，在新一代信息技术、无人驾驶技术、先进轨道交通装备、高档机器人、新材料等方面取得了一系列成果，成功入选《自然》杂志世界50强科研城市。与此同时，广州在核心基础零部件（元器件）、先进工艺、关键材料、关键技术设备或高端工业软件等领域仍存在"卡脖子"问题，与国外先进技术相比存在着许多差距，迫切需要从政策、资金、产业等方面支持和推动民营企业的技术创新，促进科技与经济的紧密结合，形成新的发展动力。

关键词： 民营企业　科技创新　核心技术　广州

当前，"世界处于百年未有之大变局"，产业大升级、技术大变革给中华民族伟大复兴带来了重大机遇，为充分摸清广州民营企业关键领域核心技术创新情况，破解"卡脖子"问题，推动广州民营企业在关键领域核心技术上寻求新的突破，广州市工商联对立白集团、香雪制药、佳都集团、瑞松智能科技、精益实业、文远知行等企业进行调研，向市政府相关部门

---

* 课题组组长：熊鹰，广州市工商联秘书长。课题组成员：陈力，广州市工商联办公室主任；杨铭，广州市工商联办公室副主任；黎明，广州市工商联联络部二级调研员。执笔人：杨铭。

了解有关状况，对支持服务广州民营企业关键领域核心技术创新发展途径提出对策。

一 广州民营企业关键领域核心技术创新发展的现状

2018年，广州市民营企业加速从传统行业向高技术含量、高附加值的先进制造业和现代服务业跃迁，机器人、生物医药、大数据、人工智能、物联网、新材料等新兴行业90%以上是民营企业。353家省级以上企业技术中心中，70%以上是民营企业。截至2018年9月，广州市科技创新企业累计近18万家，民营企业数量占比超过九成，其中被评为国家高新技术企业的民营企业约6000家，是2015年的5倍。全市约有民营科技企业孵化器200余家、民营众创空间100多家，有6家民营企业入选最新胡润独角兽指数榜。黄埔区（含广州开发区）、天河区、越秀区、白云区、南沙区等5个区民营高新技术企业占全市总量的69.5%，在电子信息、生物与新医药、先进制造与自动化、新材料、新能源与节能等关键领域涌现出一大批拥有自主知识产权、主业突出、核心竞争力强的龙头骨干民营企业。

二 广州支持民营企业关键领域核心技术创新主要做法

（一）建立健全支持民营企业创新发展的领导机制

市委、市政府一贯高度重视民营经济创新发展，近年来先后召开广州市促进民营经济发展大会、广州市民营经济发展工作领导小组会议，先后发布"广州市民营经济20条"政策文件及优化升级版政策，从落实企业研发费用税前加计扣除政策，支持民营企业设立研发机构，鼓励龙头企业与高校、研究机构共建共性技术服务平台等方面，大力支持民营企业创新创造。推动建立市四套班子领导同志挂点联系民营企业制度,以及市政府主要领导每季度召开民营企业家代表座谈会制度,进一步促进各级领导加强与民营企业的沟通和联系,倾听民营企业诉求,提振民营企业发展信心,协调解决实际困难,把发展民营经济作为提升城市综合功能、增强核心竞争力的重要内容。

(二)实施分层分类服务民营科技创新企业做强做优做大行动

出台了《分层分类服务科技创新企业做强做优做大行动方案》,完善全链条科技创新企业培育体系,对企业各成长阶段多角度全方位分层分类予以精准扶持。市政府多次召开专题会议研究部署各区培育高新技术企业。2018年先后举办高新技术企业认定宣讲培训会16场,2600多家民营科技企业近4000人参加。在全市筛选5000多家潜在企业进行精准服务、重点培育;遴选101家创新标杆企业进行重点跟踪服务和资金扶持,发挥标杆企业示范带动作用,形成了一大批拥有自主知识产权和知名品牌、主业突出、核心竞争力强的龙头骨干企业。

(三)营造有利于民营企业创新创造的优质营商环境

深入推进"放管服"改革,下放各类事权123项,清理证明事项380余项,在全国首创"人工智能+机器人"全程电子化商事登记模式。深入推进"减证"提速增效,扎实推进"多证合一"改革。修订《广州市关于落实广东省降低制造业企业成本若干政策措施的实施意见(修订版)》,全方位降低制造业企业成本,对符合税费优惠政策条件的民营企业与其他纳税人一律平等对待,确保优惠政策落实到位。2018年落实鼓励高新技术、改善民生、支持小微企业发展政策减免税共376.9亿元。降低民营企业用地成本,全年采取弹性出让和先租后让政策供应工业用地26宗,为企业节约初始用地成本5.47亿元。

(四)运用金融手段解决民营中小科技企业融资难融资贵问题

2018年,市本级财政投入科技、工业、金融、商务等产业发展专项资金达67.15亿元,支持企业创新发展,其中60%以上是民营企业受益。创新推动"两高四新"企业加快成长,联合8家合作银行为企业提供2000亿元授信支持,促成招商银行等金融机构与1000余家企业进行精准对接。广州市财政投入4亿元设立科技型中小企业信贷风险补偿资金池,目前共为全市1300多家企业发放贷款过百亿元。截至2018年底,广州民营科技创新企业贷款余额为7772.3亿元,同比增长19.4%。推动由市工商联主席、会长企业牵头,设立花城创业投资基金,募集首期基金10亿元支持广州民营科技创新企业。

(五)推动民营企业创新成为高质量发展的强大动能

出台了《高新技术企业树标提质行动方案(2018~2020年)》,鼓励企业持续加大研发投入,着力推动高新技术企业与规模以上企业发展双提升。依托孵化器、众创空间孵化和培育一批初创型科技创新企业,推动形成创业导师工作机制和服务体系,在创业咨询、培训、金融服务、企业管理、市场、法律、人力资源、国际合作、技术开发等方面提供多元化孵化服务。

三 广州民营企业关键领域核心技术创新发展存在的问题

(一)自主创新研发能力较弱

核心技术存在高投入、周期长、价值高等特点,对于大多数民营企业来说,往往存在能买来就不用自主研发的思维,不愿意耗费太多的精力投入自主研发创新。我们调研的广州立白集团每年完成100多种新产品和新技术的研究,其中70%以上属于高新技术产品,但是该公司负责人也表示目前国内日化行业关键领域核心技术主要涉及的新型绿色表面活性剂、功能性聚合物、生物酶制剂等新材料仍然主要依靠进口,就连这些日化新材料的大型测试仪器基本都要靠国外供应商生产。调研的广州瑞松智能科技股份有限公司负责人表示由于我国机器人智能行业发展起步晚、对外技术依存度高，关键领域的技术很多还是国外主流品牌垄断，伺服电机、减速机及控制系统这几个关键零部件目前还是依靠进口，高端工业软件95%以上也依靠国外。目前，广州高新技术企业掌握的关键核心技术不多，缺乏代表国家水平的科技型龙头企业。产业技术创新能力还较弱，难以支撑重大产业、战略性主导产业做大做强。

（二）关键领域技术创新体制机制改革还较为滞后

当前，制约广州关键领域核心技术创新发展的深层次体制机制和思想观念障碍依然存在。在吸引和培育科技创新人才、促进科技成果转化等方面存在制度性制约，大学和科研机构的研发成果难以在广州本地推广应用和产业化，政策、措施优化提升空间依然很大。广州的高等院校和大型科研机构拥有最优厚的智力资源，但是对产业核心技术的贡献率与实际投入差距太大，这些智力资源没有得到充分的开发利用，游离于市场竞争的技术创新之外，为了职称而以"论文"为导向的创新，造成许多巨大的智力资源浪费。

（三）关键领域核心技术创新投入保障能力不足

广州民营企业研发投入强度仍然偏低，也与当前科技金融发展步伐缓慢、企业科技创投投入动力不足等因素有关，使其整合全球高端创新资源和要素的能力偏弱。调研的广州市香雪制药股份有限公司负责人表示，公司自2012年起开始涉足细胞免疫治疗研究领域，创立香雪生命科学研究中心，每年投入的研发经费近亿元，企业独自承担新药研发风险较大，目前在融资上仍存在较大困难。调研的广州佳都集团有限公司负责人表示，公司同样也面临缺乏产业发展扶持资金，面对行业发展大机会时存在畏首畏尾的现象。

（四）科技创新政策法规出台还比较滞后

一些针对科技创新的相关的政府配套政策出台还不够及时。我们调研的广州市文远知行科技有限公司是一家由归国留学人员创办的自动驾驶科创企业,该公司在开展自动驾驶测试时因为没有专用的无人车测试牌照而屡次遭到交警部门制止。国家对自动驾驶测试方面的法规尚未完善,虽然个别城市已相继出台一些指导性的意见,但并未明确行业发展的规范要求和关注点。如测试区域、重点开放路段、牌照获取途径等;目前自动驾驶还只是试运行,尚无运营和实际应用方面的法规可循,技术难以落地转化成产业成果。

四 解决广州民营企业关键领域核心技术创新发展"卡脖子"问题的途径探索

(一)坚持和加强党对关键领域核心技术创新工作的全面领导

习近平总书记说过,关键核心技术是国之重器,对推动我国经济高质量发展、保障国家安全都具有十分重要的意义。广州要认真落实习近平总书记重要指示精神,贯彻党中央关于支持民营企业、中小企业发展的政策措施,按照《粤港澳大湾区发展规划纲要》定位要求,在政策、融资、营商环境等方面帮助民营企业解决实际困难,激发自主创新的志气和骨气,增强自主创新的能力和实力,为推动高质量发展注入强劲动力。

(二)优化创新发展格局,共建粤港澳大湾区国际科技创新中心

协调广深港科技创新走廊建设,建立跨区域合作创新机制,实现科技研究、创新平台开发、人才引进等重大领域科技深度融合,以及科技成果的转化。优化创新发展空间,加快建设国家自主创新示范区,提高广州高新区发展水平,适时在广州南沙设立科技创新试验区。深化与香港和澳门的交流与合作,支持港澳地区大学、医院和科研机构建设合作创新平台,支持科研成果的转移和转化,促进科学技术资源的开放和共享,促进科研资金的跨境利用,支持香港、澳门、台湾青年到广州创业创新。主动融入全球创新网络,扩大与发达国家和发达城市在科技创新领域的合作,加强科技合作、人员交流和平台建设,引进世界一流大学、科研机构和跨国公司在穗设立研发机构。

（三）加强基础研究和关键核心技术建设

以企业创新为主体，加快完善技术创新体系，积极推进科技成果转化，深化科技体制机制改革，促进创新。将具有关键领域核心技术的高增长科技创新企业列入服务清单，重点从创新能力、产业地位、盈利能力、发展潜力和产值等角度跟踪和支持，并提供准确的政策措施，培养一批高度成熟、专业化的企业。建立健全基础科学研究支持体系，培养一批高水平基础研究队伍，长期稳定滚动支持。加强关键领域核心技术建设，建立重大科技项目形成和管理新机制，组织实施一批重大科技项目，力争突破若干关键核心技术，在三五年内突破一批限制重点领域发展的关键技术。

（四）加强创新平台建设，努力建立综合性技术创新中心

推进重大创新平台和科技基础设施建设，支持自主研发领域建立重大创新平台管理和运行机制。推进高级别新型研发机构建设，开展新型研发机构研究与合作。加快新型研发机构市场化改造，加强科技研发、人才引进、投资培育等功能。提升科技战略能力，加强国家重点实验室建设，针对国家重大需要和新出现的交叉领域开展长期研究，承担国家重大科技任务。引导孵化器和公共创新空间提高质量和效率，加强对国家和省级孵化器的培育，在重点领域打造一批专业化、资本化、国际化的孵化器，为初创企业提供良好发展空间。

（五）推动科技成果转化，实现科技经济普惠性发展

完善科技成果转移转化体系，建设国家科技成果转移转化示范区，建立全产业链科技服务体系。深化科技成果所有制改革，推动科技成果转化为科研成果。开展高校、科研机构科技成果转移转化试点，推进高校等重点科技改造基地建设。加大金融资本引导力度，扶持民营科技 VC 项目，尽快选择科技成果产业化管理机构，撬动社会资本1000多亿元，实施风险投资政策。逐步扩大科技信用风险补偿资金储备，努力扩大合作银行规模，集中资源支持企业并购，促进科技创新企业与高新技术企业之间的有效对接。

（六）激发创新各要素的活力，创造创新创业的一流环境

加大政策支持力度，贯彻广东省进一步推进科技创新的政策，研究制定具体政策措施，通过改革促进创新。加快吸收世界各地高端创新人才，引进一批国际一流基础研究人才，培养更多战略科学家、科技带头人和高技能人才、团队骨干力量。开展创新创业品牌活动，举办中国创新创业竞赛、全国科普教育竞赛、小蛮腰科技大会、《财富》全球科技论坛等活动，在广州大力宣传创新英雄，创造一种鼓励创新和容忍失败的社会氛围。

B.17
广州市优质中型企业做大做强的路径分析

张 强*

摘 要： 与北京、上海、深圳、杭州等城市相比，广州不乏中小企业，但百亿元级（超）大企业成长不足，拥有世界及中国500强企业严重偏少，进一步分析显示，广州企业梯队在规模50亿~100亿元区间存在明显"断层"现象，这直接影响了百亿元级大企业的后备性成长。因此本文从突破营商环境痛点，强化企业资本支持，实施强有力的产业政策创新，制定龙头企业和独角兽企业培育计划，合理运用政府采购、场景开放等市场杠杆方面提出了促进广州市优质中型企业做大做强的对策建议。

关键词： 中型企业 大型企业 广州

一 广州中型企业发展存在的问题

与北京、上海、深圳、杭州等城市相比，广州企业"星星多、月亮少"，中小微企业众多，而大型企业相对匮乏，尤其是进入世界500强的超大企业寥寥无几，具有国际知名度的高科技巨头几乎为空白。据统计，2018

---

* 张强，广州市社会科学院城市战略研究院常务副院长、副研究员，主要研究方向：中外城市比较暨城市竞争力、现代服务业、区域经济战略、科技创新、经济改革等。

年世界500强和中国500强的最低门槛分别是营收规模1600亿元和306亿元，广州拥有一大批10亿元级优质中大型企业①，如佳都、海格、香雪、迪森、珠江钢琴、金域医学等，但在世界及中国500强企业数量上不仅与北、上、深等差距较大，也明显少于经济规模远小于广州的杭州（见表1）。这一短板的背后，凸显出众多10亿元级企业难以进一步成长、壮大为百亿元级企业的现实困境，也直接影响了世界及中国500强企业的后备性成长。

表1　广州与京、沪、深、杭拥有500强企业比较

单位：家

总部所在地	《财富》全球500强	中国企业500强	中国民营企业500强
北京	53	94	15
上海	7	34	18
深圳	7	28	25
杭州	3	25	36
广州	3	19	15
香港	7	—	—

资料来源：世界500强数据来自2019年《财富》杂志发布权威榜单。中国企业500强数据来自2018年中国企业联合会、中国企业家协会联合发布企业榜单。

进一步分析表明，广州庞大的企业群中不缺10亿元级中型企业，但产值规模在50亿~100亿元的中大型企业却明显偏少。一般而言，一个健康的企业发展梯队应该呈"金字塔"式分布，即（超）大企业、中大型企业、中型企业、小企业数量一般呈1∶10∶100∶1000这样的比例关系，由此才能保障前一梯队企业具备足够的后继成长力。然而，我们从广州比较有代表性的国内A股上市公司情况看，目前广州共拥有A股上市企业99家，其中营

---

① 所谓"中型企业"，按国家统计局公布《大中小微型企业划分办法（2017）》标准，一般指年营收规模在3000万~10亿元的企业。在这里，根据超大城市企业发展实际，我们将企业划分标准适当上浮一阶梯，将营收或产值规模在10亿~100亿元企业定义为"中型企业"，其中50亿~100亿元企业为中大型企业，而将营收或产值规模在百亿元以上企业定义为大型企业，将世界及中国500强企业定义为超大企业。

收达百亿元规模以上大型企业15家,而营收在50亿~100亿元的中大型企业仅有14家,甚至比上一档次的大企业还少。此外,从全市工业企业的产值规模分布看,也大致呈现这一格局特征(见表2)。总体上看,广州在企业发展梯队上存在明显的"断层"现象,缺乏规模在50亿~100亿元的中大型企业已成为广州百亿元级大企业发展的"卡脖子"工程。

表2 广州A股上市企业和产值10亿元以上工业企业规模分布

营收区间分布	A股上市企业(家)	产值区间分布	产值10亿元以上工业企业(家)
100亿元以上企业	15	100亿元以上企业	19
50亿~100亿元企业	14	50亿~100亿元企业	21
1亿~50亿元企业	70	10亿~50亿元企业	207
合计	99	合计	247

资料来源:上市企业数来自国内A股证券交易市场统计;工业企业数来自广州市工信局提供调研参考资料。

二 广州优势中型企业无法做大做强的深层原因

那么,广州为什么培育不出足够数量的与城市地位相适应的大型龙头企业?尤其是,广州的中大型企业为何偏少?优质中型企业为什么很难进一步成长为大型企业?据我们调研分析,主要有以下几点原因。

(一)营商环境尚不足以为企业做大做强提供高位赋能和稳定预期

广州历来是一座崇商重企的商业性城市,市场化程度较高,营商环境评价多居全国前列,并因此成功吸引超200万家市场主体,产生了良好的企业集聚效应。但总体上看,广州市营商环境与国际先进水平仍存在较大差距,与企业家的预期尚有很大距离,突出表现在以下几个方面。

一是政务环境有待改善。近年来,广州崇商重企风尚有所弱化,执法"扰企"现象时有发生,"放管服"改革中"放""管"进展大而"服"相对滞后，从部分民营企业访谈反映的情况看，市场监管仍存在"以罚代管""管死"等简单粗暴倾向及做法（如广州市污染防治攻坚战中对污染性行业企业的"一刀切"处理等），而为企业排忧解难的服务意识偏弱，不作为、慢作为、乱作为等官僚主义根深蒂固。现实中存在一些企业规模一旦做大，就会被一些部门盯上的现象，这迫使企业隐瞒实力或不敢做大，有的企业甚至选择分拆变小。

二是政策公平性与透明度有待提高。针对国企、民企、外企政策执行不一，在企业资质、保证金、招投标、权益保护等方面仍存在部分歧视性规定，在财税、金融、用地、人才等政策上尚未完全实现各类企业"一视同仁"。行政审批中介服务市场有待规范，在政府项目申报上，逐渐衍生出一条隐性的灰色利益链，部分中介机构与发包方利益勾连，助推权力寻租，破坏了产业政策的有效性。

三是减税降费落实欠力度。国家大力实施减税降费政策，但广州市多数企业获得感不太强，值得研究。

四是容错机制尚待完善。对财政性科研与产业项目的绩效考核和审计过于严苛，无法发挥应有作用；对国企技术创新及投资新产业采取过严标准，未体现创新的高风险性，导致国企大胆创新环境难以形成；对一些新业态、新模式企业监管过严，包容度低，从而丧失诞生大企业的机会，如滴滴出行，曾计划将总部布局于广州却不被接纳，后来该企业成长为营收千亿元的超级独角兽。

（二）融资体系欠发达，资本推动力相对不足

对中型企业而言，企业做强靠技术、靠创新，企业做大则必须靠资金、靠资本支持，正所谓"池大水深才鱼肥"。与北、上、深等金融强市相比，广州金融体系欠发达，特别是民企面临的融资环境相对不利，在很大程度上也制约了企业的发展壮大，表现为：一是银行信贷资源相对有限。广州国企比重较高，相应投向民企的信贷资源较少。在深圳、江浙一带，由于金融创新活跃及民间信贷发达，加之国企比重低，民企融资环境相对宽松，而广州在这方面处于劣势。二是政府产业引导资金力度不足。目前，政府产业扶持

资金种类繁多,但总量偏小,且多为"撒胡椒面"式分配;其中财政设立的产业引导基金(母基金)分属于发改、工信、科技、国资等多部门管理,合计规模仅约300亿元,与深圳1000亿元、杭州1700亿元的引导基金规模相差甚远;且广州产业基金运作保守,风险容忍度较低,无法满足高风险创新型企业的需求。三是风险投资欠发达。与国内风投发达城市相比,广州风投创投机构稀少,管理基金规模较小,且无一家VC机构(风险投资机构)进入全国风投创投机构20强(见表3),导致在"烧钱"培育"双高"企业上大大逊于北京、上海、深圳、杭州,如北京、杭州已先后培育出蚂蚁金服、滴滴出行、阿里云、美团等千亿元级独角兽企业,而广州几为空白。四是获得资本市场支持不足。目前广州无论上市企业数还是融资额均大大低于北京、上海、深圳等一线城市,2017年中国经济网发布的"中国城市资本竞争力排行榜"显示,北京、上海、深圳、杭州、苏州居前5位,广州仅排第6位。总体上看,由于融资体系欠发达,科技金融相对落后,广州企业资本推动力偏弱,"融资难""融资贵"等现状始终无明显改观,中小企业实际融资成本普遍高达12%以上,明显高于深圳、杭州等城市,而香港仅为6%[①]。

表3 2018年广州、深圳、杭州风投创投规模比较

指标	广州	深圳	杭州
风投创投基金管理人(家)	409	2461	1779
风投创投机构管理基金净资产(亿元)	2475	8299	—
拥有全国风投创投机构20强数量(家)	0	5	3

资料来源:广东省国家自主创新示范区建设工作办公室《2018年全省各地创新驱动发展"八大举措"监测预评估报告》(粤自创办字〔2019〕1号);全国风投创投机构20强来自创业时代网。

(三)新经济、新产业发展滞后,导致高科技巨头和平台型头部企业匮乏

从历史经验看,传统产业由于市场趋于饱和,成长性较弱,难以诞生更

---

① 广州市工业和信息化局提供调研参考材料,2019年5月30日。

多大企业，而新兴产业一般市场潜力大，创新突破多，成长性强，往往容易培育出更多大企业甚至超大企业。就广州而言，作为一座千年老城，其产业结构也相对传统，迄今为止，广州经济仍以汽车、石化、商贸、房地产等传统产业为支柱，而对新经济、新产业布局发展相对滞后。与国内几个一线城市相比，广州战略性新兴产业及高技术制造业无论规模抑或占比均明显低于北京、上海、深圳、杭州等城市（见表4），这限制了行业龙头企业成长的空间，导致未能诞生出像华为、腾讯、联想那样的高科技巨头。同时，新经济多属平台经济，广州新经济发展不足，也导致其产业平台化转型不足，难以诞生出一大批像腾讯、阿里、百度那样的平台型头部企业，同时对国内平台型企业的产业衍生功能引导不力，发挥不足，如投资孵化独角兽企业等。目前，广州的（超）大企业主要分布在传统产业中，如南方电网、广汽集团、海大集团等，而北京、深圳、杭州则多分布在金融、互联网、通信设备等新经济领域中。可以说，新经济、新产业发展不足是制约广州（超）大企业成长的一个重要原因。

表4 国内主要城市新产业发展水平比较（2018）

指标	北京	上海	深圳	杭州	广州
战略性新兴产业增加值（亿元）	4893.4	5461.9	9155.2	—	2370
战略性新兴产业增加值在GDP中的比重（%）	16.1	16.7	37.8	—	10.4
高技术制造业增加值（亿元）	1231	1793	6131.2	1948.4	598.6
高技术制造业增加值在规上工业增加值中的比重（%）	22.8	21.6	67.3	57.2	13.4

注：各市战略性新兴产业均采用其2017年统计口径，除北京、上海高技术制造业为2017年数据外，其他均为2018年数。

资料来源：各市政府网站、统计公报。

（四）在合理运用政府采购、场景开放等手段支持本土龙头企业发展方面表现不足

过去20多年，广州轨道交通迎来发展黄金期，同时也坐拥全国三大枢纽机场、三大消费市场之优势，但可惜的是，广州却未能利用这类庞大市场

需求孕育出轨道交通设备、航空制造、商贸零售等领域的全国性龙头企业，这一历史教训值得反思。事实上，无论在国际上还是国内，利用政府采购、开放应用场景等手段有意识地扶持本土龙头企业发展，都是一种惯例性政策操作。据课题组企业调研获悉，在智慧交通、"数字政府"等重大建设项目采购上，深圳、杭州等市政府都曾实施定向招标，甚至采取"单一来源采购"模式，对本市腾讯、中国平安、阿里、华为等龙头企业予以优先支持。与之相比，广州在政府采购中较少采用"单一来源供应商"等方式去扶持本土龙头企业。此外，中国经济正处于转型升级期，利用互联网、大数据、人工智能等改造提升实体经济有着巨大的市场空间，这些市场空间也覆盖到地铁、银行、港口、医疗、教育系统等公共性应用场景的开放开发，而广州在开放应用场景上也很少考虑对本土龙头企业的扶持。需要强调的是，利用政府采购等手段优先扶持本土龙头企业，与前面强调的平等竞争原则并不矛盾，这体现了战略性产业政策之需，体现了在普遍"一视同仁"总原则下局部必要的"特事特办"机制；况且，优先扶持的"本土龙头企业"也是向辖区内所有注册企业开放的，任何一家在册企业都可通过平等竞争去享受政策待遇。

（五）政策精准性、创新性和执行力不足

过去，广州先后就扶持总部企业、民营经济、上市公司等出台了一系列政策措施及培育计划，有些政策出台密度还很高，如民营经济政策等。但总体上看，广州这类政策的"干货"仍然不多，政策力度有待提高。一是政策创新与突破不够。主要表现在高新技术企业的认定范围偏窄，大量具有"高科技含量、高知识含量"的科技服务、专业服务类企业无法纳入高新技术企业政策体系中；许多新业态、新活动很难在传统行业分类或政府采购目录中找到，无法获得相应的政策扶持，如氢能产业、创意策编等；科研人员创办企业、成果转化、离岗创业等政策难获突破，致使科研成果本土转化率较低，许多成果赴异地转化。二是政策精准性不足。财政资金扶持多采取"大水漫灌"或"撒胡椒面"式分配，较少按企业税收、就业贡献、创新程

度给予精准支持，导致政策效果欠佳；一些创新含量很高的科技服务类企业因不能提取研发费用而无法享受相应的政策优惠；产业扶持政策主要以终端产品为标准，忽视以生产过程作为评判标准，例如，中药的制造属于生物医药，不论是按传统方式还是现代技术生产，都列入高新技术或战略性新兴产业，而汽车制造过程率先启用机器人或智能装备，较好体现了产业数字化、智能化特征，但目前却没有列入高科技产业范畴。三是政策保守滞后。如对无人驾驶、无人机、氢能产业、共享经济等新产业、新业态的政策引导和监管，深圳、北京、上海等都走在了广州前列。四是政策落地执行不到位。一些重要改革规定相对原则模糊，缺乏可操作性，如国企混改后规定允许实施员工持股鼓励政策，但员工持股试点承诺迟迟不能兑现，造成人才流失；再如，广州出台关于产业用地实施意见中已明确 M0 用地①、产权分割等政策，但实践操作中难以落地。

三 对策建议

（一）以优质营商环境稳定企业做大做强的信心和预期

贯彻习近平总书记系列讲话精神，加大营商环境改革创新力度，打造国际化营商环境标杆城市，为此广州需从以下方面进一步突破：一是参照世界银行、国家发改委等指标体系，确立广州营商环境总体评估框架，对标国际先进模式，尽快建立和发布全国一流营商环境的"广州标准"。二是在各级政府部门中弘扬崇商重企文化，全面开展相关宣讲，改进监管理念，减少执法"扰企"，并将之纳入巡查整改和主题教育中；同时，对优质企业探索试行政府派驻特派员制度，随时帮助企业协调或反映发展中遇到的各种难题。三是全面落实企业"国民待遇"，在财税奖补、土地拍卖、人才政策、政府

---

① 指在"工改工"类城市更新过程中将现有土地性质为普通工业用地（M1）改变为新型产业用地（M0），将旧工业区拆除重建改造升级为新型产业园，使之配套功能和物业形态更加多元化，以适应新兴产业发展需求的一种用地类型。

招标、项目申报等方面，除国家有关规定外，全面清除国有与民营、本土与外资的政策差别和歧视性规定。四是完善和落实"容错机制"。落实广州市纪委制定的《关于支持改革创新宽容失误的意见》，适当提高对政府产业引导基金和国企决策投资新兴产业项目的风险容忍度；推广海珠区行政服务"容缺受理制"，向社会明确公开"可容缺材料"、"补齐方式"和"容缺时限"。五是提升政府决策与政策透明度。全面规范和减少政府项目申报中的中介服务行为，研究制定适合全市各部门各区统一执行的标准化办事程序，减少执行标准不一、解释不同的现象。

（二）以多渠道资金"输血"突破中型企业成长瓶颈

多渠道拓展、疏通资金渠道，加大资金供给和资本支持，重点改善中大型民营科技类企业的融资环境。一是改善政府产业引导基金的管理。加强基金的优化整合，改变基金部门分割状况，提高引导基金的风险容忍度；扩大基金设立规模和支持力度，谋划设立类似于上海集成电路产业基金这样的战略重点产业引导基金；探索推动市、区引导基金整合合作，试行市、区两级基金联动投资重点项目的办法。二是引导更多国有大行设立科技支行。推广中国银行广东省分行设立科技支行的经验，鼓励更多商业银行在广州设立科技支行，鼓励国有银行通过政银风险分担、投贷联动等方式服务支持规模以上的高成长科创企业。三是积极扩大信贷风险补偿"资金池"。继续扩大资金池合作银行数量及资金规模，改善运作管理机制，提高资金池风险容忍度及对投资机构的补贴比例，适度提高合作银行为中小企业提供贷款所产生的本金损失补偿标准。四是大力吸引风投创投基金落户集聚。按照股权投资基金对地方财政的贡献给予奖励，对基金公司租赁办公用房给予补贴，并参照深圳做法给予企业高管个税减免的优惠政策；参照越秀区民间金融街模式，谋划在琶洲或广州科学城择址设立"广州国际风投创投一条街"。五是支持引导产业园区设立各种发展基金。落实穗府规〔2018〕15号文，鼓励有资质的基金管理机构、国企或优质园区运营机构等设立园区产业投资基金、建设基金和信贷"资金池"。

（三）以强有力的产业政策引导优质企业"中变大"

针对广州产业规划及政策存在的问题与不足，重点把握以下工作着力点：一是借鉴上海、深圳等城市做法，加快制定前瞻性强、体系完整的广州现代产业发展中长期规划，突出对新经济、新产业的规划引导，以前瞻性产业规划引导企业的投资与发展。二是加强前瞻性产业政策的研究与储备。吸取网络贷、网约车等新业态、新模式的管理教训，超前研究新经济发展规律，及时更新政府产业指导目录，对新技术、新模式做好行政管理准备，形成政策储备，以匹配新兴产业的发展需求。三是加大优质产业载体供给。持续推进工业园区提质增效和村镇工业园、专业市场整治提升工程，实施价值创新园区建设及评估，释放更多优质载体并推动向优质大中型企业集中；积极争取国家政策支持，实施推进广州高新区"扩区"计划；积极落实新型产业用地（M0）、产权分割等政策，加快相关实施细则落地操作。四是深化拓展区域产业一体化。借鉴深莞惠、深汕合作区产业一体化模式及案例经验（如华为外迁东莞等），推动广州与周边城市形成"总部+基地""研发+制造""孵化+产业化""总装+配套"等多种产业合作模式，探索制定广佛肇清云产业一体化发展规划，建立跨区域协调机制，扩大广州的产业空间和市场空间，催生一批跨区域龙头企业崛起，同时吸引腹地企业总部迁入广州。

（四）精准实施大型龙头企业和独角兽企业培育计划

通过实施"引进一批、壮大一批、培育一批"，推动优质中型企业成长为大企业，努力造就一批成长性好、核心竞争力突出、产业带动力强的百亿元级龙头企业和独角兽企业。一是分层分类推进龙头企业的发展。加快制定广州龙头企业培育引进计划，分类推进龙头企业培育发展，在深化国企改革促进并购重组基础上新增一批有国际影响力、竞争力的大型企业集团，在支持"四新"经济发展基础上培育一批独角兽企业和细分行业"单打冠军"，在引导本土企业与BAT互联网巨头战略合作基础上培育一批平台型头部企业，在实施"一带一路"支持企业"走出去"基础上扶持壮大一批跨国企业。二是加大对大企业的服务与政策支持。成立市大型企业引进培育专责工作小组，加大对世界500强、央企、知名跨国公司、中国企业500强等大企业引进力度，加强对本土优质潜力型中型企业的联系和服务。三是全方位扶持优质中型企业"变大"。全面落实穗府规〔2018〕15号文中关于"支持企业做强做优做大"的15条政策措施，着力引导、孵育优秀创新型企业申报进入科创板，各区及金融局定期举办科创板上市说明会，同时建立广州科创板企业培育后备库。四是大力引导优势企业实施并购重组。以近期成立的广州国资产业发展并购基金为基础，发起设立规模更大的混合型企业并购基金，整合利用国有资本投融资平台和上市公司平台，推动市属国有企业和优秀民营企业以并购重组方式培育大型企业集团。五是积极支持优势企业"走出去"。市政府投资引导基金参与设立市级"丝路"基金，对纳入"一带一路"国家重点建设项目的企业给予配套支持；支持本土企业开展海外并购，对并购所涉费用给予一定支持，完善企业"走出去"综合服务体系，健全对外投资合作风险防范机制，建立应对贸易摩擦等预警协调机制。

（五）以平台化战略实施促进一批优质平台企业的成长

在互联网时代，平台经济已成为世界产业发展的新趋势，也成为孕育超大企业的重要路径和摇篮。广州应大力促进传统企业平台化转型，并引导平台型头部企业发展。一是着力引进国内外平台化龙头企业。积极引进国内外电子商务龙头企业及其区域总部、营销中心、数据中心、结算中心、研发中心等高端项目，支持企业将注册地和纳税地迁入并在广州交易结算。二是培育壮大本土平台化企业。大力鼓励发展工业互联网。充分利用航天云网、阿里云等两大龙头企业共同打造服务全国的工业互联网平台，促进传统工业企业通过嫁接、利用工业互联网而转型为平台型企业。鼓励传统装备制造企业逐步转型为总集成总承包，成为"制造+服务"新业态、新模式的平台企业。三是发挥好腾讯、阿里巴巴等头部企业的投资孵化功能。改变过去方略，实施以"市场换投资"，充分发挥腾讯、阿里等巨型平台企业的投资孵化功能，引导它们在布局广州市场的同时成立科技金融平台，并积极参与投资孵化更多独角兽企业。四是充分利用电商平台支持实体企业做大做强。借鉴上海"四新"经济发展经验，以市场需求为导向，鼓励实施产业链服务对接的电子商务"双推"工程。

（六）合理运用市场"魔杖"推动本土科技龙头企业做大做强

市场是企业成长之基、壮大之源。广州应合理运用政府采购及开放应用场景等手段促进本地龙头企业做大做强。一是运用政府采购手段支持本土优质企业发展。在不违反政府公共项目招标有关规定前提下，适当采用定向招标、单一来源采购等模式选定政府采购项目提供商，尽量为本地优质行业龙头企业创造更多的市场机会，助推其做大做强，例如，广州优秀上市民企佳都科技拿到广州地铁智慧化改造升级的百亿元大订单，即是一个既合规又具战略性的成功案例，这为该企业未来几年发展壮大提供了坚实支撑。二是充分利用广州庞大的公共服务市场引导培育龙头企业，利用广州在智能汽车、轨道交通、航空枢纽等领域的巨大建设和服务需求，优先支持本土龙头企业参与投资、采购和供应服务，也支持外地相关设备供应商到广州投资合作设立新企业。三是有条件地开放开发应用场景，包括医疗采购、手机网络、银行客户、交易平台改造、公共交通升级等，运用开放应用场景手段优先支持本土龙头企业发展。

B.18
广州市荔湾区骨干企业发展情况研究

荔湾区统计局课题组[*]

摘 要： "四上"企业[①]是地区经济发展的主力军和排头兵，其数量、规模、结构直接决定地区经济发展水平，是反映地区经济运行情况的重要成果。"四上"企业中，营业收入超亿元的企业（以下简称骨干企业）规模较大，贡献度高，引领带动作用强。本文利用全国第四次普查数据[②]重点分析广州市荔湾区骨干企业发展情况及存在的问题，并提出培育新增"四上"企业、保育现有"四上"企业、优化产业布局、改善政府服务等对策与建议。

关键词： "四上"企业 骨干企业 服务业 广州市荔湾区

一 荔湾区骨干企业的基本情况

2018年，荔湾区"四上"企业共有979[③]家，占全区企业法人单位的3.5%；吸纳从业人员16.24万人，占全区企业法人单位从业人员的49.1%；营业收入合计3318.42亿元，占全区企业法人单位营业收入的87.3%。

---

[*] 课题组成员：任佩玉，荔湾区统计局总统计师；李俊，广州市统计局综合处副处长；伍英，荔湾区统计局科长；蒋旭玲，荔湾区统计局科员。执笔人：李俊、伍英、蒋旭玲。
[①] "四上"企业是指规模以上工业企业、限额以上批零住餐企业、规模以上服务业企业、资质等级建筑业企业和房地产开发经营业企业。
[②] 本文中的统计数据来源于2015年、2018年统计年报。
[③] 该数据包含广州卷烟厂。

（一）骨干企业户数较快增长、呈金字塔形分布

骨干企业户数增长较快。2018年，全区骨干企业有259家，占全部"四上"企业的26.5%；比2015年增加52家，增长25.1%，户数增幅大于同期"四上"企业（22.2%）。

骨干企业户数分布呈金字塔形。营业收入100亿元及以上、50亿~100亿元、10亿~50亿元、1亿~10亿元的骨干企业分别有4家、7家、37家和211家，分别占全部骨干企业的1.5%、2.7%、14.3%和81.5%。营业收入在1亿~10亿元的企业户数最多，占比超八成。

1亿~10亿元企业户数增量最多。与2015年相比，营业收入1亿~10亿元企业比2015年增加39家；营业收入10亿~50亿元、50亿~100亿元的企业比2015年分别增加9家和5家，分别增长32.1%和250.0%；营业收入100亿元及以上的企业由5家变为4家，减少1家（见表1）。

表1 "四上"企业基本情况对比

	企业户数(家)			营业收入(亿元)		
	2018年	2015年	增长(%)	2018年	2015年	增长(%)
全部"四上"企业合计	979	801	22.2	3318.42	2328.99	42.5
#亿元以上企业	259	207	25.1	3058.62	2140.7	42.9
#100亿元及以上	4	5	-20.0	1144.10	960.62	19.1
50亿~100亿元(不含100亿元)	7	2	250.0	447.80	128.51	248.5
10亿~50亿元(不含50亿元)	37	28	32.1	867.83	543.05	59.8
1亿~10亿元(不含10亿元)	211	172	22.7	598.89	508.52	17.8

（二）骨干企业效益高速增长，10亿元以上企业营业收入占比超八成

骨干企业效益高速增长、贡献超九成营收。2018年，全区259家骨干企业实现营业收入3058.62亿元，占全部"四上"企业营业收入的92.2%；比

2015年增长42.9%，比同期"四上"企业营业收入增速高0.4个百分点。

10亿元以上企业营业收入占比超八成。2018年，营业收入在100亿元及以上、50亿~100亿元、10亿~50亿元和1亿~10亿元企业分别完成营业收入1144.10亿元、447.80亿元、867.83亿元和598.89亿元，分别占全部骨干企业营业收入的37.4%、14.6%、28.4%和19.6%。其中10亿元以上企业实现的营业收入占比达80.4%，比2015年提升4.1个百分点，集聚度进一步提升。

50亿~100亿元企业营业收入增长最快。2018年，营收规模在100亿元及以上、50亿~100亿元、10亿~50亿元和1亿~10亿元的骨干企业营业收入比2015年分别增长19.1%、248.5%、59.8%和17.8%，其中50亿~100亿元企业营业收入增长最快（见表1）。

（三）行业集约化程度持续提高

骨干企业在全行业中的比重不断提升，集约化程度持续提高。2018年，批发和零售业、建筑业、工业、房地产开发经营业超亿元骨干企业营业收入分别占"四上"企业营业收入的93.6%、95.0%、95.7%和98.6%。此外，服务业、住宿和餐饮业亿元企业营业收入分别占"四上"企业营业收入的69.7%、86.3%。与2015年相比，除批发和零售业、建筑业基本持平外，其他行业亿元企业营业收入在"四上"企业中的比重均有不同幅度提升，提升幅度在0.4~7.6个百分点（见表2）。

骨干企业增速快于行业平均水平。骨干企业营业收入规模大、资本充裕，发展普遍快于行业平均水平，对经济发展起着重要推动作用。2018年，房地产开发经营业、服务业、建筑业、住宿和餐饮业、批发和零售业、工业骨干企业营业收入比2015年分别增长390.1%、124.6%、59.7%、41.7%、30.0%、13.6%。除批发和零售业、建筑业外，其他四个行业的骨干企业营业收入增速均快于行业平均水平，服务业、房地产开发经营业、住宿和餐饮业、工业收入增速分别比该行业"四上"企业平均水平高24.5个、11.8个、6.4个、0.5个百分点，骨干企业对行业发展发挥了重要的增长极作用（见表3）。

表2 分行业骨干企业及"四上"企业营业收入情况

行业	2018年 "四上"企业（亿元）	2018年 #骨干企业（亿元）	2018年 占比(%)	2015年 "四上"企业（亿元）	2015年 #骨干企业（亿元）	2015年 占比(%)
批发和零售业	2028.01	1898.36	93.6	1557.57	1460.62	93.8
工业	442.95	423.71	95.7	391.52	372.98	95.3
服务业[①]	283.04	197.22	69.7	141.44	87.79	62.1
建筑业	176.87	167.99	95.0	110.51	105.18	95.2
房地产开发经营业	298.99	294.87	98.6	62.51	60.16	96.2
住宿和餐饮业	88.56	76.47	86.3	65.44	53.98	82.5

表3 分行业骨干企业及"四上"企业营业收入增长情况

行业	骨干企业(%)	"四上"企业(%)	增速差距(百分点)
批发和零售业	30.0	30.2	-0.2
工业	13.6	13.1	0.5
服务业	124.6	100.1	24.5
建筑业	59.7	60.0	-0.3
房地产开发经营业	390.1	378.3	11.8
住宿和餐饮业	41.7	35.3	6.4

（四）超七成骨干企业集中在批发和零售业、服务业

批发和零售业、服务业企业户数、营业收入合计占比约七成。从行业分布来看，2018年，全区259家骨干企业中，批发和零售业有158家，占全部骨干企业的61.0%；完成营业收入1898.36亿元，占全部骨干企业的

[①] 本文中的服务业包括：交通运输、仓储和邮政业，信息传输、软件和信息技术服务业，租赁和商务服务业，文化、体育和娱乐业，科学研究和技术服务业，水利、环境和公共设施管理业，教育、卫生和社会工作，其他房地产业（不含房地产开发经营），居民服务、修理和其他服务业。

62.1%。服务业企业有38家，占全部骨干企业的14.7%；完成营业收入197.22亿元，占全部骨干企业的6.4%。两个行业的户数合计、营业收入合计占比分别为75.7%和68.5%。

房地产开发经营业户数、营业收入增长均为最快。从户数来看，2018年，全区房地产开发经营业骨干企业16家，比2015年增加9家，增长1.3倍；服务业、批发和零售业、建筑业骨干企业分别有38家、158家、15家，比2015年分别增长46.2%、22.5%、15.4%；工业、住宿和餐饮业骨干企业分别有26家、6家，与2015年持平。从营业收入来看，2018年，房地产开发经营业骨干企业实现营业收入294.87亿元，比2015年增长3.9倍；服务业、建筑业、住宿和餐饮业、批发和零售业、工业骨干企业实现营业收入分别比2015年增长1.2倍、59.7%、41.7%、30.0%、13.6%，房地产开发经营业营业收入增长最快。

表4 骨干企业分行业分布情况

行业	骨干企业户数（家）					营业收入（亿元）			
	2018年			2015年	2018年比2015年增长(%)	2018年		2015年	2018年比2015年增长(%)
	户数	其中：新增骨干企业	其中：退出企业			营业收入	其中：新增骨干企业		
合计	259	63	45	207	25.1	3058.62	374.52	2140.71	42.9
批发和零售业	158	48	32	129	22.5	1898.36	209.12	1460.62	30.0
工业	26	1	6	26	0.0	423.71	2.07	372.98	13.6
服务业	38	8	5	26	46.2	197.22	52.29	87.79	124.6
建筑业	15	1	1	13	15.4	167.99	3.51	105.18	59.7
房地产开发经营	16	5	1	7	128.6	294.87	107.53	60.16	390.1
住宿和餐饮业	6	0	0	6	0.0	76.47	0.00	53.98	41.7

批发和零售业新增骨干企业户数及实现营业收入均为最多。2018年，批发和零售业、服务业和房地产开发经营业分别新增骨干企业48家、8家和5家，工业和建筑业分别新增骨干企业1家，住宿和餐饮业没有新增骨干

企业。批发和零售业、服务业、房地产开发经营业新增骨干企业分别完成营业收入209.13亿元、52.29亿元、107.53亿元,分别占该行业骨干企业的11.0%、26.5%、36.5%,由此可见,批发和零售业新增骨干企业实现营业收入最多,服务业和房地产开发经营业新增骨干企业对行业拉动作用较大(见表4)。

二 各行业骨干企业发展特点

(一)工业骨干企业发展情况

规模以上工业企业营业收入的九成均集中在骨干企业。2018年,全区工业骨干企业共有26家,占全部规模以上工业企业(71家)的36.6%;实现营业收入423.71亿元,占全部规模以上工业企业的95.7%。26家工业骨干企业中,1亿~10亿元企业有23家,10亿~50亿元、50亿~100亿元和100亿元及以上企业分别有1家(见表5)。

表5 工业骨干企业发展情况

规模	企业户数(家)			营业收入(亿元)		
	2018年	2015年	增长(%)	2018年	2015年	增长(%)
全部"四上"企业合计	71	66	7.6	442.95	391.52	13.1
#亿元以上企业	26	26	持平	423.71	372.98	13.6
#100亿元及以上	1	1	持平	250.26	271.42	-7.8
50亿~100亿元(不含100亿元)	1	0	净增	70.83	0	净增
10亿~50亿元(不含50亿元)	1	2	-50	43.32	37.1	16.8
1亿~10亿元(不含10亿元)	23	23	持平	59.30	64.46	-8.0

工业骨干企业分布在13个行业。从行业分布看,全区26家工业骨干企业广泛分布在13个工业行业,分布较为均衡。其中医药制造业户数最多,

达7家；通用设备制造业3家；印刷和记录媒介复制业，化学原料和化学制品制造业，非金属矿物制品业，电气机械及器材制造业，通信设备、计算机及其他电子设备制造业各2家，以上7个行业合计20家，聚集近八成的工业骨干企业。

三大行业实现工业总产值及营业收入占比近九成。从产值来看，2018年，烟草制品业、医药制造业、黑色金属冶炼及压延加工业分别实现产值206.19亿元、51.69亿元和50.47亿元，三大行业合计实现产值308.35亿元，占全部工业骨干企业的89.1%。从营业收入来看，烟草制品业、医药制造业、黑色金属冶炼及压延加工业分别实现营业收入250.26亿元、58.38亿元和70.83亿元，占全部工业骨干企业的89.6%。

表6 2018年工业骨干企业生产、效益情况

按行业分类	企业数量（家）	工业总产值（亿元）	营业收入（亿元）	利润总额（亿元）	营业收入利润率(%)
合计	26	346.01	423.70	48.91	11.5
烟草制品业	1	206.19	250.26	21.45	8.6
印刷和记录媒介复制业	2	2.26	3.05	0.20	6.7
化学原料和化学制品制造业	2	3.44	4.72	2.11	44.8
医药制造业	7	51.69	58.38	23.51	40.3
橡胶和塑料制品业	1	1.34	1.33	0.34	25.5
非金属矿物制品业	2	9.45	9.45	0.10	1.0
黑色金属冶炼及压延加工业	1	50.47	70.83	0.72	1.0
有色金属冶炼及压延加工业	1	1.50	5.61	0.05	1.0
金属制品业	1	3.99	3.39	0.06	1.9
通用设备制造业	3	6.64	7.01	0.00	0.0
铁路、船舶、航空航天和其他运输设备制造业	1	4.02	4.06	-0.04	-0.9
电气机械及器材制造业	2	1.87	2.45	0.08	3.3
通信设备、计算机及其他电子设备制造业	2	3.15	3.16	0.33	10.4

四个行业营业利润率超10%、医药制造业利润最高。2018年，全区工业骨干企业营业收入利润率为11.5%。工业骨干企业所在的13个行业中，四个行业利润率超过10%，分别是化学原料和化学制品制造业44.8%，医药制造

业40.3%，橡胶和塑料制品业25.5%，通信设备、计算机及其他电子设备制造业10.4%。其中，医药制造业效益最好，利润达23.51亿元，占全部工业骨干企业利润的48.1%；其次为烟草制品业、化学原料和化学制品制造业，利润分别为21.45亿元、2.11亿元，其余行业利润均不足1亿元（见表6）。

（二）批发和零售业、住宿和餐饮业骨干企业发展情况

批发和零售业骨干企业贡献超九成营业收入。2018年，全区共有批发和零售业骨干企业158家，占全部限额以上批发和零售业企业（422家）的37.4%；实现营业收入1898.36亿元，占全部限额以上批发和零售业企业的93.6%，批发和零售业骨干企业贡献超九成营业收入。158家批发和零售骨干企业中，1亿~10亿元企业有137家，10亿~50亿元、50亿~100亿元、100亿元及以上企业分别为12家、6家、3家（见表7）。

表7 批发和零售业骨干企业发展情况

营业收入区间	企业户数（家）			营业收入（亿元）		
	2018年	2015年	增长（%）	2018年	2015年	增长（%）
全部"四上"企业合计	422	352	19.9	2028.01	1557.57	30.2
#亿元以上企业	158	129	22.5	1898.36	1460.62	30.0
#100亿元及以上	3	4	-25.0	893.84	689.20	29.7
50亿~100亿元（不含100亿元）	6	2	200	376.97	128.51	193.3
10亿~50亿元（不含50亿元）	12	18	-33.3	240.68	324.69	-25.9
1亿~10亿元（不含10亿元）	137	105	30.5	386.87	318.22	21.6

住宿和餐饮业骨干企业贡献超八成营业收入。2018年，全区共有住宿和餐饮业骨干企业6家，占全部限额以上住宿和餐饮业企业（92家）的6.5%；实现营业收入76.47亿元，占全部限额以上住宿和餐饮业企业的86.3%。与2015年相比，住宿和餐饮业骨干企业营业收入增长41.7%，比同期全区限额以上住宿和餐饮业增速高6.4个百分点（见表8）。

表 8　住宿和餐饮业骨干企业发展情况

规模	企业户数（家）			营业收入（亿元）		
	2018年	2015年	增长（%）	2018年	2015年	增长（%）
全部"四上"企业合计	92	92	92	88.56	65.44	35.3
#亿元以上企业	6	6	6	76.47	53.98	41.7
#10亿~50亿元（不含50亿元）	2	2	2	61.52	44.53	38.2
1亿~10亿元（不含10亿元）	4	4	4	14.95	9.45	58.2

批发业以文体器材、医药器材、矿产建材化工产品、纺织服装为主。2018年，文化、体育用品及器材批发，医药及医疗器材批发，矿产品、建材及化工产品批发，纺织、服装及家庭用品批发骨干企业分别实现商品销售额717.38亿元、642.49亿元、233.92亿元和231.77亿元，分别占批发业骨干企业商品销售额的35.9%、32.2%、11.7%和11.6%，合计占比为91.4%。与2015年相比，文化、体育用品及器材批发骨干企业商品销售额增长1.6倍，比重提升18.3个百分点（见表9）。

表 9　按行业分类批发业骨干企业商品销售额

按行业分类	2018年		2015年		商品销售额增长（%）
	绝对量（亿元）	占比（%）	绝对量（亿元）	占比（%）	
合计	1996.94	100.0	1573.99	100.0	26.9
农、林、牧、渔产品批发	26.91	1.3	20.69	1.3	30.0
食品、饮料及烟草制品批发	62.79	3.1	54.25	3.4	15.7
纺织、服装及家庭用品批发	231.77	11.6	227.76	14.5	1.8
文化、体育用品及器材批发	717.38	35.9	277.01	17.6	159.0
医药及医疗器材批发	642.49	32.2	609.05	38.7	5.5
矿产品、建材及化工产品批发	233.92	11.7	322.27	20.5	-27.4
机械设备、五金产品及电子产品批发	59.86	3.0	38.79	2.5	54.3
贸易经纪与代理	17.60	0.9	20.03	1.3	-12.1
其他批发业	4.22	0.2	4.14	0.3	2.0

零售业以汽车新车、医药及医疗器材为主。2018年，汽车、摩托车、零配件和燃料及其他动力销售（以汽车新车零售为主），医药及医疗器材专门零售骨干企业分别实现零售额53.08亿元、25.63亿元，分别占零售业骨干企业零售额的51.9%、25.1%，合计占比超七成。与2015年相比，货摊、无店铺及其他零售业，纺织、服装及日用品专门零售增势较好，增速分别为4.7倍、1.4倍（见表10）。

表10 按行业分类零售业骨干企业零售额

按行业分类	2018年 绝对量（亿元）	2018年 占比（%）	2015年 绝对量（亿元）	2015年 占比（%）	零售额增长（%）
合计	102.21	100.0	89.11	100.0	14.7
综合零售	6.33	6.2	8.99	10.1	-29.6
食品、饮料及烟草制品专门零售	7.57	7.4	6.04	6.8	25.2
纺织、服装及日用品专门零售	2.86	2.8	1.18	1.3	143.2
医药及医疗器材专门零售	25.63	25.1	22.98	25.8	11.5
汽车、摩托车、零配件和燃料及其他动力销售	53.08	51.9	48.73	54.7	8.9
货摊、无店铺及其他零售业	6.74	6.6	1.19	1.3	466.6

（三）服务业骨干企业发展情况

服务业骨干企业户数和营业收入均实现较快增长。2018年，全区共有规模以上服务业骨干企业38家，比2015年增加12家，增长46.2%；占规模以上服务业企业户数（304家）的12.5%。实现营业收入197.22亿元，比2015年增长1.2倍，占全部规模以上服务业企业的69.7%，比2015年（62.1%）提高7.6个百分点。38家服务业骨干企业中，1亿~10亿元企业有32家，10亿~50亿元有6家。

表11　服务业骨干企业发展情况

规模	企业户数（家）			营业收入（亿元）		
	2018年	2015年	增长（%）	2018年	2015年	增长（%）
全部"四上"企业合计	304	220	38.2	283.04	141.44	100.1
#亿元以上企业	38	26	46.2	197.22	87.79	124.6
#10亿~50亿元（不含50亿元）	6	1	500.0	115.56	12.11	854.3
1亿~10亿元（不含10亿元）	32	25	28.0	81.66	75.68	7.9

租赁和商务服务业，交通运输、仓储和邮政业集聚超六成服务业骨干企业。规模以上服务业企业涉及的十个门类中，骨干企业分布在其中的七个行业门类，分别是租赁和商务服务业14家，交通运输、仓储和邮政业10家，信息传输、软件和信息技术服务业5家，科学研究和技术服务业5家，房地产业2家，水利、环境和公共设施管理业1家，卫生和社会工作1家。可见，超六成骨干企业集中在租赁和商务服务业，交通运输、仓储和邮政业。租赁和商务服务业骨干企业户数增量最多，比2015年增加9家，其次为信息传输、软件和信息技术服务业，交通运输、仓储和邮政业，各2家。

表12　服务业骨干企业营业收入

按行业分类	企业户数（家）			营业收入（亿元）		
	2018年	2015年	增长（%）	2018年	2015年	增长（%）
合计	38	26	46.2	197.22	87.79	124.6
信息传输、软件和信息技术服务业	5	3	66.7	53.49	11.35	371.5
租赁和商务服务业	14	5	180.0	70.48	13.50	422.2
交通运输、仓储和邮政业	10	8	25.0	29.16	24.79	17.6
房地产业	2	1	100.0	4.52	1.01	346.9
科学研究和技术服务业	5	7	-28.6	37.32	34.91	6.9

续表

按行业分类	企业户数（家）			营业收入（亿元）		
	2018年	2015年	增长（%）	2018年	2015年	增长（%）
水利、环境和公共设施管理业	1	0	净增	1.02		净增
卫生和社会工作	1	2	-50.0	1.23	2.23	-44.8

两大行业实现营业收入占比超六成，高端服务业发展势头好。2018年，租赁和商务服务业，信息传输、软件和信息技术服务业骨干企业分别实现营业收入70.48亿元、53.49亿元，分别占服务业骨干企业营业收入的35.7%、27.1%，合计占比超六成。与2015年相比，租赁和商务服务业，信息传输、软件和信息技术服务业骨干企业营业收入分别增长4.2倍和3.7倍，比重分别提升20.3个百分点和14.2个百分点，高端服务业发展势头好（见表12）。

（四）房地产开发经营业骨干企业发展情况

房地产开发经营业骨干企业户数增加，完成营业收入大幅增长。2018年，全区房地产开发经营业骨干企业有16家，比2015年（7家）增加9家，占全区房地产开发经营业企业的37.2%，比重较2015年（18.4%）提高18.8个百分点。2018年房地产开发经营业骨干企业完成营业收入294.87亿元，比2015年增长3.9倍，占全区房地产开发经营业的98.6%。

房地产开发经营业骨干企业规模提升。2018年，营业收入10亿~50亿元的房地产开发经营业骨干企业有12家，比2015年增加10家；占全区房地产开发经营业骨干企业的75.0%，比2015年（28.6%）提高46.4个百分点。完成营业收入276.24亿元，比2015年增长5.9倍；占全区房地产开发经营骨干企业的93.7%，比2015年（66.7%）提高27个百分点（见表13）。

（五）建筑业企业发展情况

建筑业骨干企业完成营业收入占比超九成。2018年，建筑业骨干企业

表 13 房地产开发经营业骨干企业发展情况

规模	企业户数(家) 2018年	2015年	增长(%)	营业收入(亿元) 2018年	2015年	增长(%)
全部"四上"企业合计	43	38	13.2	298.99	62.51	378.3
#亿元以上企业	16	7	128.6	294.87	60.16	390.1
#10亿~50亿元(不含50亿元)	12	2	500	276.24	40.11	588.7
1亿~10亿元(不含10亿元)	4	5	-20	18.63	20.05	-7.1

15家,比2015年增加2家,占全区资质以上建筑业企业的31.9%,比重较2015年(31.0%)提高0.9个百分点。完成营业收入167.99亿元,比2015年增长59.7%,占全区资质以上建筑业的95.0%。建筑业骨干企业约三成的企业户数,完成超九成的营业收入,骨干企业带动作用较强。

大型建筑业骨干企业实力雄厚。2018年,营业收入10亿~50亿元建筑业骨干企业有4家,占比为26.7%;完成营业收入130.50亿元,占比为77.7%,大型建筑业骨干企业实力雄厚。与2015年相比,10亿~50亿元建筑业骨干企业户数增加1家,营业收入增长54.4%(见表14)。

表 14 建筑业骨干企业发展情况

规模	企业户数(家) 2018年	2015年	增长(%)	营业收入(亿元) 2018年	2015年	增长(%)
全部"四上"企业合计	47	42	11.9	176.87	110.51	60
#亿元以上企业	15	13	15.4	167.99	105.18	59.7
#10亿~50亿元(不含50亿元)	4	3	33.3	130.50	84.51	54.4
1亿~10亿元(不含10亿元)	11	10	10	37.49	20.67	81.4

三 存在的问题及原因分析

(一)大型骨干企业数量亟待增加

2018年,区内10亿元以上的骨干企业仅48家,占全区骨干企业

（259家）的18.5%，大型企业数量偏少。在全市百强企业中，荔湾区工业、批发和零售业、营利性服务业分别仅占3席、9席和5席。从2018年新增骨干企业情况来看，新增骨干企业63家，占全区骨干企业的24.3%。主要以批发和零售业为主，其中，批发和零售业新增骨干企业48家，完成营业收入209.12亿元，占该行业骨干企业的11.0%，批发和零售业新增骨干企业拉动力有限。服务业新增骨干企业8家，完成营业收入52.29亿元，占该行业骨干企业的26.5%，拉动作用较大，存在较大增量空间。荔湾区骨干企业增量较少，主要是产业载体和相关配套设施供应不足，缺乏对高端经济要素的吸引力。一是缺平台载体。荔湾区现有优质产业载体不多，新入驻企业规模普遍不大、品牌效应不高。白鹅潭中心商务区、广州国际医药港、海龙科技创新产业园、大坦沙国际医疗健康城等重点产业项目仍处于建设期，未能形成有效供给。二是缺配套设施。荔湾区产业发展所需的产业用地、交通等配套设施和基础服务设施还远远不足，基础设施难以高效发挥保障经济发展的作用。

（二）骨干企业退出数量较多

2018年荔湾区退出骨干企业45家，退出数量占全区骨干企业的17.4%，其中，退出较多的行业有批零业（32家）、工业（6家）、服务业（5家）。退出原因主要有：注销、搬迁或经营规模缩小等。一是区域产业集聚度不够，配套设施不足，支持企业发展的吸引力有待加强；二是受区域政策、税收优惠、经营成本等因素的影响，部分企业迁出荔湾区；三是市场竞争日益激烈，企业抵抗各类风险能力有待加强，仍需加强企业服务，助力企业发展壮大。

（三）骨干企业行业分布不均衡

2018年，全区259家骨干企业中，批发和零售业有158家，企业数量和完成营业收入分别占全部骨干企业的61.0%和62.1%，超过六成骨干企业集中在批发和零售业。其他行业骨干企业户数分别为：服务业企业38家，工业26家，建筑业15家，房地产业16家，住宿和餐饮业6家，数量较少。从营业收入来看，2018年批发和零售业骨干企业完成营业收入增长30.0%，增速仅高于工业（13.6%）。因此，荔湾区批发和零售业总量较大，"千年商都"特征明显，但较难维持高速增长；而其他行业发展速度较快，但骨干企业数量较少，应加快引进大型企业。

（四）产业高端化发展不足

一是荔湾区工业以传统制造业为主，三大支柱产业为烟草制品业、医药制造业、黑色金属冶炼及压延加工业。"退二进三"政策、工业用地紧缺等因素制约荔湾区工业企业发展壮大，新兴产业、先进制造业、高技术骨干企业屈指可数。2018年，高技术制造业骨干企业仅9家，实现营业收入61.54亿元，企业数量和营业收入分别占工业骨干企业的34.6%和14.5%。全区先进制造业增加值23.21亿元，占规模以上工业增加值的12.2%，远低于广州市平均水平（59.7%）。二是作为传统优势产业的批发和零售业增长放缓，"互联网+"等新业态新模式虽然发展较快，但仍处在培育成长期，支撑力还不够强，转型升级效果未能充分显现。2018年，全区通过公共网络实现的限额以上批零业商品销售额、通过公共网络实现的餐费收入占比均不足10%。三是服务业高端化发展不足，传统产业比重仍然较大，结构层次依然较低。2018年，高技术服务业骨干企业仅9家，实现营业收入87.30亿元，企业数量和营业收入分别占服务业骨干企业的23.7%和44.3%。以高附加值、高技术含量、高成长性为特点的现代服务业增加值占第三产业增加值的48.7%，低于广州市平均水平（66.5%）。四是文旅资源转化为产业能力不足。荔湾区文化旅游资源丰富，目前传统文化提升区如永庆坊、粤剧艺术博物馆等仍以旅游、观光为主，相关配套设施有待进一步完善，消费供给与场景不够多元化，缺乏创新、高附加值、能激发消费潜力的新供给；同时也缺乏上规模的文化创意、广告设计等高端服务业企业集聚，文旅资源未能有效推动经济发展。

四 对策建议

(一)提高思想认识,积极培育新增"四上"企业

全区各部门、各街道要高度重视"四上"企业培育和发展工作,把"四上"企业的培育发展作为经济工作的首要任务,强化工作职责,部门和街道积极联动,合力推动"四上"企业扩总量、增规模、调结构、提效益。一是大力扶持成长型企业,促增量。全面落实企业首席服务官、"一企一策"等制度,精准发力,重点扶持有发展潜力、附加值高的企业,建立"下转上"重点储备企业信息库,构建从"种子企业"到"龙头企业"的全程跟扶机制,推动培育对象企业尽早入规。二是提高招商引资工作实效,加快产业园区建设,出台有利于企业发展的优惠政策,吸引大品牌大企业入驻,积极引进具有独立法人资格、对地区经济和税收贡献大的企业,鼓励国内外大型企业集团在荔湾区设立研发中心、投资决策中心、营销中心和风险投资中心等具有总部功能的机构,充分发挥大企业对中小企业的带动作用,促进大品牌大企业集聚发展。三是发挥千年商都优势,鼓励专业市场中规模较大的个体户转型企业,并推动其尽快发展为"四上"企业。

(二)提升服务水平,保育现有"四上"企业

一是统筹兼顾引企、惠企、留企,形成引进一批、培育一批和壮大一批的良性发展梯队,紧盯存量企业,加大惠企力度,全面落实各项惠企政策,增强企业留区发展吸引力。二是对现有"四上"企业做好政府服务,聚焦企业集中反映的税费、融资、用工、用地等突出问题,积极帮助企业解决实际困难,密切关注中美贸易摩擦对荔湾区的影响,积极为企业排忧解难,做到企业有需求,政府有回应。三是加强政策扶持,扩大企业规模。坚持以市场为导向,积极引导资源、技术、资金等生产要素向优势企业集中,整合有

效资源，推动企业间的兼并、重组，促进企业做大做强，帮助企业提高核心竞争力和应对各类风险的能力，增强企业留区发展信心。

（三）优化产业布局，加快产业高端化发展

一是抓住大湾区建设契机，科学规划，优化产业布局。以白鹅潭中心商务区为发展引擎，拓展海龙国际科技创新产业区发展空间，推进传统文商旅活化提升区的转型升级，优化产业发展环境，促进产业优势互补、协同发展。二是大力培育优势产业。根据荔湾区经济发展和企业特点，深入实施优势资源引领战略，重点发展文化旅游、健康产业、电子商务等优势产业，量身定制一批精准有效的专项产业扶持政策，通过引进、培育等手段，加快发展产业关联性大、带动力强的大企业，形成一批行业龙头企业，促进新兴产业集聚。三是加快产业高端化发展。聚焦新技术新产业新业态新模式，着力引进"四新"的行业龙头企业及隐形冠军，在项目审批提速、资金补贴等方面吸引企业投资荔湾区。加快发展商务服务、科技服务、检验检测、工业设计、时尚创意等现代服务业，建设高能级产业集群，促进高端服务业集聚发展。

（四）优化政府服务，持续改善营商环境

一是完善市政交通网络，深入聚焦粤港澳大湾区建设主阵地，加快建设对外交流合作的交通枢纽，完善区域路网系统，优化城区交通格局。二是增加优质产业载体供应，加快国际医药港、海龙科创区、大坦沙健康生态岛等重点产业项目建设，加快完善交通等公共配套服务设施，打造一批高端复合、产业特色鲜明、配套功能完善的现代服务业集聚区。三是提升公共服务水平，对接广州市5G产业规划，加快5G基站布局，扩大现代化基础设施覆盖面，为企业网络化、信息化融合发展提供硬件支撑。四是科学规划城市更新，推动产城人文融合发展，提升城区服务功能和产业升级。五是完善公共服务配套，促进政务服务便利化高效化，全力推进"数字政府"建设，精简项目审批流程，落实人才服务和培育政策，营造更加优质精准的人才发展环境，着力提升荔湾区经济发展能级，为把荔湾区建设成为国家中心城市核心功能区提供支撑。

热 点 篇

Hot Topics

B.19
电商直播助推广州专业批发市场转型升级研究

李冬蓓 李干洋 谢磊*

摘 要： 2019年被称为电商直播元年。电商直播是一种重新定义并有效链接人、场、货的商业新模式，能有效压缩中间环节、重塑交易方式、提高企业利润，可在助力广州专业批发市场展贸化、电商化转型过程中扮演重要角色。本文对广州市电商直播赋能专业批发市场转型升级的发展现状、存在的问题进行了全面深入的分析，并提出了推动产业对接，促进电商直播与专业批发市场深度融合；深耕细作供应链，推动专业批发市场产业基础高级化和产业链现代化；加强政府服务，大

---

* 李冬蓓，广州市商务局综合处处长；李干洋，广州市商务局综合处副处长；谢磊，广州市商务局综合处主任科员。

力营造适合电商直播发展的营商环境等未来发展思路。

关键词： 电商直播　专业批发市场　转型升级

电商直播，又称直播带货，指线下商家利用各种网络平台，通过明星、网红、素人等以视频、音频、图片等多种形式向不特定公众推销、出售商品或服务。直播类的营销推广方式起源于20世纪90年代，主要是以电视购物为主。2016年以来，随着"事事可直播，人人当主播"的网络直播快速发展以及和电商平台的深度融合，"电商+直播"成为"互联网+"时代继"+图文、+视频"后的3.0版，展现出较强的销售促进能力，为商家和平台聚拢流量。在专业批发市场发达或者体量较大的广州、杭州、武汉等地，电商直播有效激发消费潜力，为批发市场转型升级提供了有力的支持。

一　电商直播基本情况

（一）基本要素

简单讲，电商直播是一种重新定义并有效链接人、场、货的商业新模式，涉及线上线下多个主体。"人"，即主播和消费者。主播分网红、素人、明星三类，有一定数量"粉丝"即可直播卖货。网红即网络红人，一般有专业运营的MCN机构（MCN——Multi-Channel Network，短视频机构的英文简称）来提供对接商家、培训等服务，全国MCN机构已超过1200家；素人即平常人，不少店铺老板自己当主播；越来越多的文体明星开直播集聚粉丝、增加曝光、变现流量。消费者主要是各大平台用户，据调查，约四成的直播用户购买过电商直播产品。"场"，即平台。包括电商平台淘宝、京东、唯品会等，直播平台抖音、快手、YY等，呈电商平台直播化、直播平台电商化、直播+电商平台合作化三种趋势，其中淘宝直播居龙头地位，约占全行业一半份额。"货"即商品，电商直播已逐步融入各行各业，商品来源覆盖厂家、经销商各层级，目前主要以美妆、服饰、食品、家电为主。链接模式方面，当下较为主流的模式有：商家与MCN签署委托合同，由MCN为商家定制网络推广方案；MCN提供签约主播来录制或现场制作直播内容；根据协议，在MCN或者商家的平台账号下开展直播活动。

（二）发展状况

电商直播的消费者主要是各大平台用户。根据平台公布的数据，2018年，全国在线直播用户规模达4.56亿人，增长14.6%，约四成的直播用户购买过电商直播产品；电商直播年销售额2000亿元左右，增长近4倍；加入淘宝直播的主播人数增长1.8倍，每月带货规模超过100万元的直播间超过400个。2019年"双十一"直播更是出现爆发式增长，淘宝直播处于行业领先的地位，其销售在全平台销售总额中的比例从上年的1%增长到6%以上。阿里巴巴数据显示，仅在"双十二"期间，全国共有60多个产业带的商家开启了超过一万场直播，直播成交商品超过800万件。近两年，电商直播行业经常爆出"带货女王薇娅直播两小时销售2.67亿元""口红一哥李佳琦15分钟卖掉15000支口红""快手主播辛巴婚礼直播带货1.3亿元"等销售神话。但同时，也频频出现"直播翻车""货不对版""虚假宣传"等欺骗性带货，以及"流量造假""退换货难"等不良现象。

（三）主要特点

优势：（1）变革购物场景。相比传统电商精心布置的静态场景，直播可现场真实、多方位展示产品内容和服务信息，让买家更好融入购物场景。（2）强化社交属性。买家可与主播直接沟通、实时问答，极大提升趣味性和体验感。（3）购买氛围好。直播界面会显示"××正在去买""剩余××件"等动态信息，爆款商品几秒内销售一空，供不应求的氛围激发从众或冲动购买。（4）购买转化率高。观看直播用户潜意识具有消费目的，"网红"和明星的人设、感染力和带货口碑具有优秀的引流能力。

不足：(1) 流量不均衡。游戏、秀场直播流量多，服装、箱包流量少；网红"马太效应"明显，极少数头部网红占绝大多数资源，尾部网红孵化通道狭窄，商家与"网红"的双向选择愈加受限。(2) 行业策划人才紧缺。直播内容同质化，环节设计缺创意。(3) 行业发展水平参差不齐。受场合、网速、设备等影响，有的直播效果差，影响用户体验。

（四）广州电商直播发展情况

据淘宝直播数据，在全国使用淘宝直播最多的商家、全国最爱看直播的消费者、最爱边看直播边买东西的城市等数据方面，广州均位居全国首位。在平台方面，广州本土电商平台唯品会已开始尝试"电商+社交+直播"模式，本土直播平台欢聚时代（YY 直播）月度活跃量居娱乐内容类直播平台第二。但广州目前仍然缺乏像淘宝直播、抖音、快手等龙头平台；直播机构、基地、网红方面，在广州发展较好的火星文化 2016 年在淘宝直播上线，目前已孵化 300 多位"网红"主播。2019 年"双十一"和"双十二"期间，火星文化在淘宝直播上达 300 多万流量，总成交额达 6000 多万元。但总体而言，排名靠前的机构、"网红"在广州注册的不多，有一些头部"网红"如薇娅、辛巴虽在广州设立了工作室，但并未在广州注册公司。行业方面，广州的电商直播主要在服装、美妆行业。从全国看，杭州凭借阿里巴巴的平台优势一枝独秀，无论是平台数量还是网红直播人数都遥遥领先；深圳市场反应快，这两年异军突起；广州凭借货多、物流快等优势，正在崛起。整体上呈现杭州人多货少、广深货多人少的格局，杭州很多机构和主播都来广深找货。

二 电商直播赋能专业批发市场转型升级情况

广州专业批发市场发展起步早，在 20 世纪 80 年代初期逐步自发形成，总体规模大。市场涵盖皮革皮具、纺织服装、五金建材、鞋业、美妆等经营门类，形成了享誉全国的流花服装、站西鞋材、狮岭皮革、三元里皮具、中大布匹、江南果蔬和增城牛仔服装等产业集群。但专业批发市场原有的"三现"模式（现场、现金、现货）面临买卖双方信息不畅、市场订单不足、价值链低端、沟通成本高等诸多问题。市场开办方长期依赖"坐商"模式赢利，缺乏从供应链、产业服务等方面创新商业模式的积极性。而快速崛起的电商直播，能有效压缩中间环节、重塑交易方式、提高企业利润，可在助力专业市场展贸化、电商化转型过程中扮演重要角色。与此同时，直播即时性、刺激性的特征对于从直播、下单、生产、物流到送货上门的速度有着很高的要求，广州的众多专业批发市场靠近产业链上游，具备出货速度和出货体量优势，正好能够满足直播的需求。这种优势互补使得直播业态在专业批发市场的土壤中蓬勃发展。

据统计，广州市逾180家纺织服装专业市场中，有近一半的商圈市场都在推动商户试水直播新模式，万佳服装市场等建立直播中心，五号服装小镇主打网红孵化，沙河商圈已成为全国最大的淘宝直播基地之一；有的商户与MCN机构合作、有的商铺老板自己当卖货主播，也有不少网红在固定合作的档口内直播或者不同档口"走播"。走访调研了解到，电商直播确实提升了市场交易量，不少传统批发商户正慢慢转变观念，在门口张贴"欢迎直播""招主播"等广告，但也发现一些电商直播和专业市场融合不够的深层次问题，造成有些商户态度积极、参与谨慎，甚至一些MCN机构反映，"广州这么多专业市场，但是到了年底居然无货可卖"。

（一）电商直播主打高性价比的销售策略与一些专业市场高端化、品牌化转型方向不匹配

电商直播素有"高性价比"的口碑，"爆款"产品多为价格低廉的品牌尾货（也即客单价低）。不少商户借势"电商节日"，抓住买家"打折""爆款"等消费心理，倾销积压库存、"翻炒"下沉市场的劣质商品。同时，大量商家涌入，但产品同质化现象严重，有的为抢占市场大打价格战。万菱广场、中港皮具城等专业市场反映，当下这种卖货模式，可较好契合低端专业市场，但与广州部分高端批发市场注重品牌建设、提高产品附加值的理念

不太匹配。这也是广州批发市场数量多、商户多、货源多，但由于商品客单价高，进入电商直播平台销售的产品少的主要原因。

（二）电商直播快速扁平的营销模式对专业市场当下供应链模式提出挑战

头部网红在选货选商家时，要求有全网最低的价格、足够的库存和快速的物流服务。据白云世界皮具贸易中心反映，市场经过多年的展贸化提升，商户已经摒弃了以往大批量生产、高成本库存的模式，升级为样板展示为主、以销定产，备库不多，商户一方面担心直播销售效果的不确定性造成高库存积压，另一方面也担心直播模式的低价压缩下级供销商的利润空间，打击现有的销售渠道。同时，电商直播的冲动消费背后，也有不少消费者恢复理性而产生大量退货订单，处理起来涉及多方利益较难解决。

（三）电商直播准入门槛偏低、现行平台监管不到位亟待加强规范整治

一是知识产权难保障。据祥茂皮具城等一些专注创新、注重研发设计的专业市场反映，手工皮革制品、精工艺品等新产品一旦进入网络平台，不超过五天就会出现同质化货品，甚至价格更低的次劣品，但知识产权申请与维权申诉所消耗的人力、时间成本过高，若电商直播的销售未能达到预期效果，将在产品版权、销售市场等方面产生较大损失，得不偿失。二是专业市场难监管。广州专业市场商会反映，目前专业市场对商户线下商品有严格成熟的准入机制与监督体系，但对一些自发与电商直播合作的产品较难监管，个别商户"挂羊头卖狗肉"，在专业市场内开直播，用专业市场信誉背书，但出售来源不明的货品，对专业市场的信誉与社会评价带来恶劣影响。三是网络"黑粉"难处理。"散打哥"等机构和商户反映，有的电商直播刚刚取得一些效果，就会出现不少"职业黑粉"，对商户、主播或产品无端抹黑，影响买家判断，处理这些网络"黑料"也没有太多办法，非常耗精力。

三　下一步措施建议

随着消费习惯的养成、直播内容持续优化、5G技术迭代，业内普遍认为电商直播将持续火热，预计有较长时间的红利期。我们要紧抓发展机遇，坚持问题导向，积极引导，加强监管，有力推动电商直播规范发展，助力专业批发市场转型升级。

（一）推动产业对接，促进电商直播与专业批发市场深度融合

定期举办直播机构与专业批发市场对接会，组织行业协会、市场商会与直播平台签订战略合作协议，指导机构和商铺建立科学合理的长效合作机制，让专业市场"肥沃的土地"种下电商直播这颗"优良的种子"。扶持专业市场开展电商直播培训服务，支持行业协会和专业院校为有需要的商户开展电商直播培训课程，打造培育更多具有影响力的网红直播，引导商户主动融入"互联网＋"时代潮流，切实推动专业批发市场转型升级。

（二）深耕细作供应链，推动专业批发市场产业基础高级化和产业链现代化

积极引导专业市场适应电商直播带来的业态变化，不断提高组货能力、基础电商能力和直播服务能力，提供快速的集直播、下单、生产、物流等于一体的一站式服务，让专业市场成为电商直播的小批量、多款式、上新快的供应链，让电商直播成为专业市场人气高、服务好、专业强的促销员。牢固树立产品为王的意识，针对垂直领域、细分市场和新兴消费特点，鼓励专业市场提高创新研发的能力，打造"人无我有""人有我异"的差异化产品。充分发挥广州在纺织服装、皮具皮鞋、珠宝玉石、精工艺品、美容化妆等行业的产业优势，大力打造"商圈品牌、市场品牌、商品品牌"多位一体的品牌体系，引导树立专利和品牌意识，提高知识产权保护和运用能力。

（三）加强政府服务，大力营造适合电商直播发展的营商环境

参照杭州先进做法，探索打造网红大厦、MCN 机构集聚区、产品孵化区等场所，定期举办论坛交流行业动向，引领行业发展。结合广州设计周、时装节、年货节、时尚产业大会等活动，指导行业协会、专业市场邀请顶级平台、头部网红开展直播带货，探索打造广府广货特色的电商直播节日。创新招商方式，瞄准适合广州产业链条的龙头平台、顶级机构、头部网红开展靶向招商。联合有关部门进一步规范直播电商发展环境，完善相关的政策法规，探索平台和机构规范经营、网络监督管理等方面切实有效的办法。推动建立诚信评价体系，服务评价、举报、监管部门的调查处罚信息等记入评价系统，将违法情节严重、污点信息较多的直播拉入黑名单，取消直播带货资格，通过诚信惩戒手段规范直播带货行为，营造可持续发展的直播环境。

B.20
广州区块链产业现状与发展思路研究

武艳杰 梁思巧 宋 森[*]

摘 要： 区块链因其在增强国际金融影响力及优化产业格局降本增效上的重要作用，发展相关核心技术及重点产业已经上升为国家级战略。广州作为粤港澳大湾区的中心城市，自2018年起抢抓机遇，已出台多项扶持政策，区块链产业发展方兴未艾，成为全国区块链产业发展的核心城市之一。然而在产业发展初具成效的同时，广州也因基础设施、人才、产业体系与监管等方面的问题，区域产业价值及影响力遇到瓶颈。本文通过多方面的数据信息收集，横向对比广州与全国其他重点布局区块链的行政区域，纵向分析广州区块链产业发展的实际情况，并有针对性地提出广州市区块链产业发展思路及产业发展展望。

关键词： 广州 区块链产业 产业园区 技术创新

区块链作为新一代信息技术中"价值互联网"部分的重要基础设施，正在引领全球新一轮技术变革与产业变革，成为技术创新和模式创新的"策源地"。目前，众多国家积极参与到区块链技术的研究与创新中，抢占

---

[*] 武艳杰，博士，华南师范大学区块链经济研究中心副教授，研究方向为区块链经济学；梁思巧，华南师范大学在读硕士；宋森，华南师范大学区块链经济研究中心特聘专家，研究方向为区块链技术与应用。

新一轮产业创新发展的制高点，紧抓国际竞争中的主动权。2019年10月24日，中共中央总书记习近平在中央政治局第十八次集体学习时强调，把区块链作为核心技术自主创新重要突破口。[1] 此后，各行政区域相继出台多项纲领性文件，积极推动区块链相关领域研究和产业化发展。其中，广州作为粤港澳大湾区核心城市，多次出台覆盖面广、扶持力度强的区块链扶持政策。目前，广州市区块链技术已进入垂直化应用阶段，蕴藏着巨大的发展潜力，在政务、供应链金融、智能制造、医疗健康、税务、司法存证、版权保护等相关领域的研究与应用有所积累，多行业领域发展图景逐步形成。但总体而言，区块链产业仍处在发展的早期阶段，区块链技术服务于实体经济的政策导向仍亟须深入研究并进行突破。

一 区块链产业背景与广州市发展现状

（一）区块链晋级为国家级战略技术，广州市抢占发展新机遇

区块链技术现已上升为国家科技战略层面，而区块链产业也作为新兴战略性产业得到国内外的重视，其标准化进程在不断推进。2016年12月，国务院印发了《"十三五"国家信息化规划》（国发〔2016〕73号），并初次将区块链列为一项重点前沿技术，明确提出需重点关注其基础研发和前沿布局，构建这一新赛场的主导优势[2]。此后，国家及各部委相继出台多项政策优化产业发展环境。2017年7月，国务院发布的《国务院关于引发新一代人工智能发现规划通知》中提到，区块链技术与人工智能的融合，建立新型社会信用体系，最大限度降低人际交往成本和风险。[3] 2017年9月，中国

---

[1] 新华社：《习近平主持中央政治局第十八次集体学习并讲话》，2019年10月。
[2] 《国务院关于印发"十三五"国家战略性新兴产业发展规划的通知》（国发〔2016〕73号），2016年12月。
[3] 《国务院关于引发新一代人工智能发现规划通知》（国发〔2017〕35号），2017年7月。

人民银行等七部委发布《关于防范代币发行融资风险的公告》①后，在市场和监管的双重驱动下，市场炒作和泡沫逐渐消失。2019年10月，中央政治局集体学习区块链技术，并明确提出要把区块链作为核心技术自主创新重要突破口，加快推动区块链技术和产业创新发展。自此，区块链产业监管政策弹性逐步加大，产业发展环境持续向好。

在产业发展逐步规范化、标准化的同时，全国各地方政府也积极响应国家科技战略，开始对这项新兴的影响潜力巨大的技术展开密集调研。其中，为紧抓区块链产业发展的新机遇，广州市黄埔区、广州开发区率先于2017年12月出台省内首个区块链产业扶持政策——《广州市黄埔区广州开发区促进区块链产业发展办法》②，针对区块链产业技术、应用、人才等多项环节给予重点扶持，内容涵盖成长奖励、平台奖励、应用奖励、技术奖励、金融支持、活动补贴等，成为全国覆盖范围最广泛、模式突破最强的区块链扶持政策。

（二）广州区块链产业发展方兴未艾

1. 企业数量位居全国首位，融资规模有待进一步扩大

从区块链企业③数量层面而言，由于经济发展的政策激励及产业集聚效应，区块链企业的地域分布多数位于珠江三角洲、长江三角洲和环渤海。截至2019年12月20日，全国区块链企业数量为29580家，④其中广州市占据全国区块链企业数量的44.28%，为13097家。深圳市区块链企业数量在全国占比为14.13%。广东省一省区块链企业数量已超过全国一半，形成全国最大的区块链产业聚集地。长江三角洲地带，如上海市、杭州市，企业数量分别为75家和1118家，形成全国第二大区块链产业聚集区。

---

① 中国人民银行、中央网信办、工业和信息化部等：《关于防范代币发行融资风险的公告》，2017年9月。
② 广州市黄埔区、广州开发区：《广州市黄埔区广州开发区促进区块链产业发展办法》（穗开管办〔2017〕68号），2017年12月。
③ 区块链企业：以区块链为经营范围的在业、存续企业。
④ 数据来源：国家企业信用信息公示系统。

从投融资规模层面而言，投融资情况反映市场对区块链技术的关注与当地产业的资本热度。目前，区块链产业相关资本主要集中在北上广深杭，投融资项目主要为天使轮与种子轮，其次是A轮融资。广州市区块链投融资规模位居全国前列，但不敌北上深杭。截至2019年12月20日，广州市区块链企业融资交易共15件，位居全国第六。

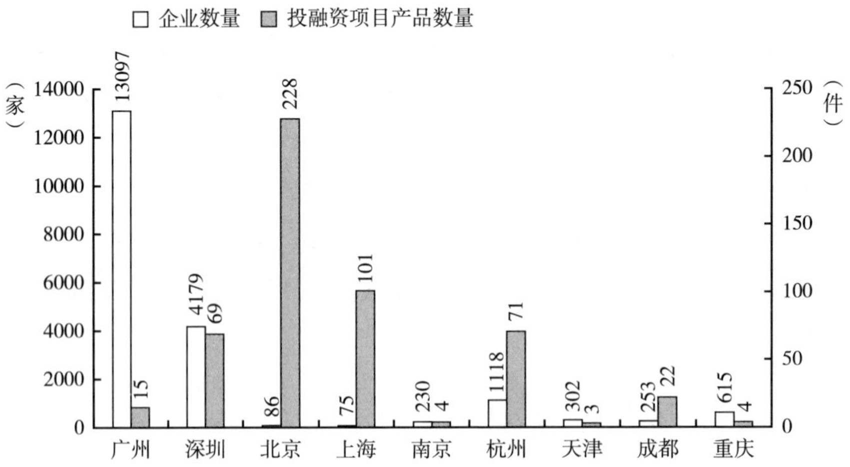

图1 部分城市区块链企业与投融资项目产品数量

资料来源：国家企业信用信息公示系统，企查查。

2. 专利申请与备案数量较少，项目研发优势尚不明显

从专利申请量来看，2018年全年广州市区块链企业申请的专利数量出现爆发式增长，相比2017年全年增加147件，同比增长525%。与此同时，截至2019年12月20日，2019年广州市区块链企业申请的专利数量共93件，低于2018年全年专利数量82件（见表1）。进入2019年后，区块链专利申请量增长放缓，主要原因是产业发展的进一步规范化和产业研究水平与发展速度不匹配，导致2019年可申请专利项目减少。

从备案项目数量来看，广州市区块链信息服务备案项目数量共31件，高于南京、贵阳等地，位居全国第五（见图2）。综合企业数量、专利产品和备案项目情况，广州市研发项目产品数量与企业数量之间存在不匹配的现

象，全国区块链项目研发优势主要集中于北京、深圳和上海等地。之所以出现这样的情况，一方面是由于广州市许多区块链企业成立于2018年的发展热潮中，企业规模较小，对于区块链项目研发能力尚不成熟，短期内不能呈现最大的效益；另一方面是由于广州市区块链产业相较于北、上、深、杭等地资本热度有所不足，更加依靠政府的扶持，资金来源层次较为单一，不利于企业对区块链项目的研发与投入。

表1 2017~2019年广州市区块链专利申请量

年份	2017	2018	2019
专利数量（件）	28	175	93

资料来源：启信宝。

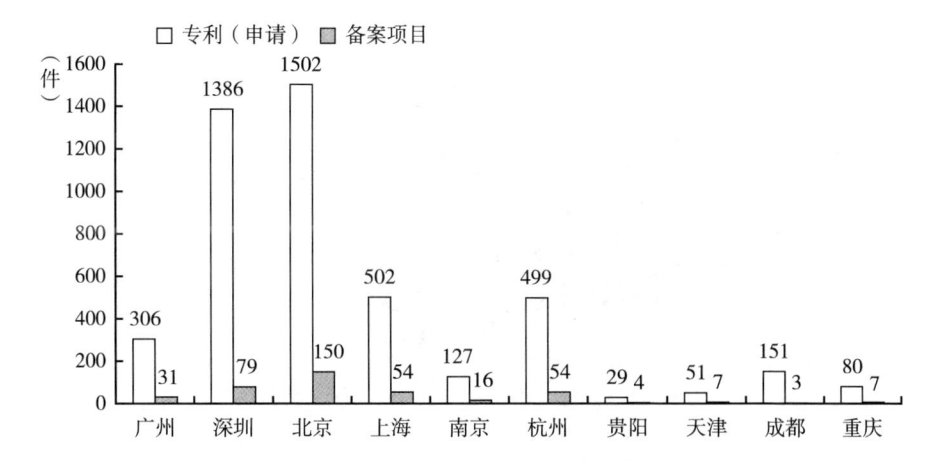

图2 截至2019年12月部分城市专利（申请）与备案项目数量

资料来源：启信宝，国家互联网信息办公室。

3.各行政区域积极建立产业园区，促进产业集聚效应形成

在中国区域经济发展中，产业园区起到了重要的推动作用。目前，在资本、政策和市场的共同推动下，各行政区域涌现了众多区块链产业园区。截至2019年12月20日，我国共有28家区块链产业园，多数位于珠江三角洲、长江三角洲等地带。从产业园区数量来看，广州市共有6个区块链产业

园，数量居全国首位。其次为杭州市，共拥有4个产业园区。广州和杭州两市区块链产业园数量全国占比超35%（见图3）。从投资基金规模来看，杭州区块链产业园投资基金规模最大，共100亿元，其次为上海杨浦区区块链产业基金，共50亿元。广州市蚁米区块链创客空间排名第三，为10亿元。从扶持力度来看，越秀国际区块链产业园配套落地了"钻石29条"政策扶持体系。整套政策扶持资金过亿元，主要集中于人才与企业方面的扶持与奖励。例如，对区块链高端人才进行最高1000万元的现金奖励、人才公寓奖励或每月最高1万元的住房补贴等，对引进人才、平台建设等方面进行高额奖励，对新落户的企业进行补贴扶持等。可见，广州产业园区扶持力度在全国首屈一指。从招商营运能力来看，广州市成立了相关的区块链产业协会，协助各大产业园区招商引资，吸引人才。

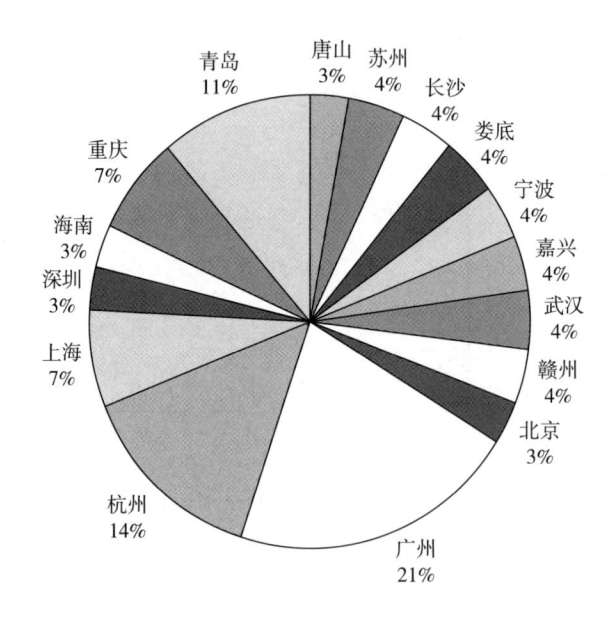

图3　全国区块链产业园区分布情况

资料来源：各地市政府网站。

4. 各级政府多措并举，推进区块链技术应用落地

在中央层面的号召和政策推动下，全国各省市的地方政府也相继出台了

一系列对区块链产业发展进行扶持的政策，以展开对区块链产业的布局，抢占区块链产业发展的先发优势。

从政策覆盖广度而言，广州市、苏州市、贵阳市与上海市均出台了多项国内覆盖面最广的产业扶持政策。其中，广州相对于其他省市发布与更新政策的速度较快。广州市在2017年12月发布《广州市黄埔区广州开发区促进区块链产业发展办法》（又称"区块链十条1.0"）是全国范围内发布时间最早、覆盖面最全、扶持力度最大与突破性最强的区块链产业政策，针对成长、平台、应用、技术等多个环节进行政策扶持。2019年10月，广州市发布的"区块链十条2.0"，针对人才、住房等环节的补贴对"1.0"进行了修改与增加。此外，苏州市在2017年12月出台的《区块链产业发展扶持政策》[①]、上海市在2018年9月发布的《促进区块链发展的若干政策规定》[②]与贵阳市在2019年4月发布的《贵阳国家高新区促进区块链技术创新及应用示范十条政策措施（试行）》[③]均对人才、财政、项目孵化等方面进行扶持。

从政策扶持力度而言，广州作为改革开放的核心城市，积极接纳新生事物，时刻关注国家"区块链+"发展战略，与杭州、上海、南京、长沙等城市共同成为对区块链产业重点扶持的城市之一。其中，杭州雄岸全球区块链创新基金、南京公链共同体创新投资基金规模均达到100亿元，是国内规模最大的区块链产业基金。有所不同的是，南京市产业基金侧重公链，而杭州产业基金为区块链专项基金。其次，上海杨浦区区块链产业基地设立共50亿元产业基金、长沙经济技术开发区区块链产业基金共30亿元。广州黄埔区区块链产业基金规模10亿元，并逐年增加2亿元财政支出，为区块链企业提供天使投资、股权投资、投后增值等多项环节的服务，还为区块链高质量稳定发展构建"多基地＋大基金"分布式金融生态圈。

---

① 苏州高铁新城管委会：《区块链产业发展扶持政策》，2017年12月。
② 上海市杨浦区：《杨浦区促进区块链产业发展的若干政策规定》，2018年9月。
③ 贵阳国家高新区管理委员会：《贵阳国家高新区促进区块链技术创新及应用示范十条政策措施（试行）》（筑高新管发〔2017〕10号），2017年12月。

从政策扶持密度而言，北京、上海、广东、浙江、海南、贵州等省市最具代表性。其中，广州市政府持续关注区块链产业的发展，及时地根据广州市实际情况出台和更新产业扶持政策。

（三）应用落地步伐加快，"区块链+"深耕实体经济

区块链产业"脱虚向实"能够有效地解决现实世界与数字世界普遍存在的信任问题，从而实现价值传递过程的降本增效，带来行业的价值增量。目前，区块链技术在国家政策的支持下应用落地速度加快，赋能实体经济，而广州区块链技术在实体经济中的垂直化应用已有多元实际应用场景，区块链技术已经开始慢慢纵向渗透到社会的方方面面（见表2）。

表2　广州区块链应用汇总

项目	内容
电子发票系统"税链"平台	2018年6月，广州市黄埔区税务局推出了广州首个区块链电子发票系统"税链"平台用以解决纳税人发票使用中众多难以解决的问题
金融风险监测防控平台	2018年8月，广州市南沙区利用区块链、人工智能和大数据等技术手段开发了我国首个省级地方金融风险监测防控平台，并在南沙区进行试点，实现了对互联网金融企业交易数据进行穿透式监管的跃升
政策公信链	2018年9月，高新区利用政策公信链引入区块链分布式网络和共识机制，打破了以往层层审批、以服务窗口为中心的传统路径，形成了各审批环节开放共识的"一张网"
电子证据存证平台"网通法链"	2019年3月，广州互联网法院上线电子证据存证平台"网通法链"，解决电子证据在司法实践中易丢失、难认定的痛点，加快了电子证据的证据认定速度，实现了保真和验真
商事服务区块链平台	2019年4月，黄埔区新上线了商事服务区块链平台。黄埔区在全国首创"区块链+AI"企业开办服务模式，该平台综合了黄埔区既有的惠企政策，打造了基于区块链的共享式登记网
智慧破产审理系统	2019年6月，广州市中级人民法院智慧破产审理系统上线，该系统实现了全国首个破产审判区块链协同平台
住院区块链电子票据	2019年10月，广州市花都区人民医院上线全国首张住院区块链电子票据，利用区块链的匿名和去中心化的特性，在解决患者医疗报销难问题的同时保护了患者隐私与数据安全

资料来源：广州市相关市政网站。

（四）综合实力位于全国前列，产业发展前景蕴藏潜力

从产业规模层面看，广州区块链企业数量虽位于全国首位，但资本热度不足。因而，广州区块链产业需大力招商引资，夯实区块链产业发展基础，促进产业发展"好中求快"。从基础设施层面来看，广州拥有4个实力较强的区块链产业园区，为形成产业集聚化效应打下坚实基础。其中，广州蚁米区块链创客空间在招商引资、扶持力度等方面凸显优势。而广州越秀国际区块链产业园则配套落地了扶持资金过亿元的广州市越秀区"钻石29条"，吸引社会人才与资本流入，增强产业聚集效应。从产业集聚层面看，广州地处珠江三角洲，位于粤港澳大湾区核心地带，具有经济体量大、经济活跃度高、经济业态丰富的优势。与此同时，政府不仅出台了全国扶持力度最大、覆盖面最广的政策以支持区块链产业发展，还注重广州市内技术人才的培养与应用的落地，多重因素叠加驱动人才、资本流入广州市，产业集聚化程度不断提高。从产业发展水平层面看，广州市区块链产业平稳发展，由重"量"逐步向重"质"发展。广州市区块链企业信息服务备案项目数量与专利申请数量位于全国第五，项目产品成果虽然较少，但广州市政府注重培养企业科研能力，对企业技术创新、人才培养均给予扶持。综上所述，广州市区块链产业综合实力较强，政策优势与地域优势共同驱动产业发展，发展前景明朗。

二 产业发展趋势及广州市面临的瓶颈

（一）区块链产业发展趋势

1. 区块链技术日趋成熟，核心技术不断创新

区块链应用当前面临的技术问题主要集中在两方面。一方面是作为价值网络传递数据资产的技术论证，即各类区块链项目，如何证明相较传统信息系统，可实现额外的效用；另一方面是作为新一代信息技术，如何在传统信息系统功能强势的领域，通过传输效率、系统安全、隐私保护等方面的技术

提升，对传统信息系统实现全方位的替代。根据各行政区域聚焦的技术研究方向的调研结果发现，核心技术的创新体现在，瞄准国际前沿，集中优势力量攻克制约区块链技术与金融科技产业创新发展的重大技术瓶颈（提升底层架构、网络传输性能、安全及隐私保护能力等），以取得自主可控的标志性成果为目标，发挥区块链在构建可信体系、降低运营成本、改善业务流程等众多方面的良好作用，深入解决中小企业融资贵、部门监管难等问题，构筑实体经济良好生态。

2. 培育产业创新创业人才，强化经济发展人才支撑

作为新兴技术，区块链产业仍然处于发展初期，人才结构性短缺仍然是制约其发展的关键因素之一，亟须加强培养区块链行业人才，建立区块链产业人才培育体系。目前，随着区块链技术深入实际应用场景，区块链领域人才需求相应大幅增长，但真正具备区块链研发和相关技能的复合型人才稀缺，区块链领域人才缺口正不断增大。全国各行政区域都在就积极接触行业领军企业、培育区块链人才相关事宜磋商，在区块链产业人才培育、生态体系构建方面大力投入。因此，广州市在刺激产业发展，聚焦人才体系建设的标准化，吸引人才流入的同时，也应意识到产业相关人才本身的稀缺性，积极构建以校企合作为主体、市场为导向的产学研用开放体系，保障区域内人才培育的成效可持续。帮助校企在创新实践中发现人才、在创新活动中培育人才、在创新事业中凝聚人才，从而保持区域经济竞争力得以支撑。

3. 标准体系框架逐步构成，监管法规体系不断完善

区块链技术与实体产业深入融合的趋势使得产业实现健康可持续发展成为当前监管的首要目标。近年来，我国正在逐步加大区块链标准规范的制定力度，建立区块链标准体系框架，完善区块链监管体系。目前，我国区块链产业已具备多项相关标准，区块链产业的发展蓝图初显雏形。2019年2月15日，我国开始正式实施《区块链信息服务管理规定》，对区块链产业依法依规组织开展备案审核工作[①]。区块链监管方面的发展回归理性，

---

① 国家互联网信息办公室：《区块链信息服务管理规定》，2019年1月。

监管力度逐步加大,监管态度从谨慎向积极引导转变,而监管的范围也逐步从金融领域向实体经济蔓延,积极探索区块链技术在实体产业应用领域的监管制度。2020年国家及部委有望发布一系列区块链技术、服务、应用相关标准,逐步完善底层核心技术、中层应用逻辑和上层信息管控全方位的监管体系。

4. 区块链产业"脱虚向实",支持实体经济发展

目前,完整的区块链产业链已初显,整个产业链,包括上游的硬件和基建、中游的平台和基础、通用技术层以及下游的周边服务层都有所进展。未来,随着区块链基础设施及核心技术的不断夯实,区块链技术不仅能够缓解金融机构与实体行业之间信息不对称的现象,帮助金融"脱虚向实",还能够与传统行业深度融合,实现产业自身的"脱虚向实",从而共同支持实体经济发展。

首先,区块链技术缓解了金融机构与实体产业间信息不对称的问题,加强了金融对于实体经济的支持。具体而言就是目前金融资源的供需方存在较大的错配裂口,货币资金在各个金融机构之间相互拆借、代持,长时间在金融体系内部空转,从而延迟或无法进入实体经济,实体企业特别是小微企业容易出现融资难、融资贵的现象。然而,造成这一现象的根源在于金融机构和实体企业之间所存在的信息不对称问题。基于区块链系统,数据需被多方验证且不可篡改,可以提高实体企业经营数据的可信度,并向金融机构准确传递,降低金融机构获取实体企业真实经营信息的难度,进而使得金融和实体经济密不可分,实现金融"脱虚向实"。

其次,区块链的兴起为传统行业指明了一个新的方向,为多数企业寻求与科技创新的结合创造了机会,从而帮助企业降本增效,创造巨大商业发展潜力。若要区块链回归本质,实现健康稳步发展,就必须将区块链技术运用到实际应用场景中去。未来的区块链产业将"脱虚向实",更多传统企业将运用区块链技术降本增效,增强协同合作,构建产业诚信环境,从而推动产业实现转型升级、提质增效,帮助传统企业实现新的价值。

（二）广州区块链产业发展瓶颈

1. 广州区块链技术及其基础设施相对薄弱

在区块链技术生态中，公链基础协议是底层产业的发展基石。截至2019年12月20日，广州已经有超万家区块链企业，但真正具备核心公链研发能力的企业不多。而北京市、杭州市均有多家公有链项目提出了各自基础架构设计理念并予以实现，同时积极推进开源社区建设和应用生态完善，如小蚁（NEO）、公信宝（GXC）、比原链（BTM）等技术开发项目。相较于北京、杭州等城市，广州市区块链企业更侧重于应用层的开发与研究，对于硬件、基础设施与底层平台的研究仍然不足。且目前国内区块链核心技术研究地主要为企业、高校等研究机构，而广州市大部分区块链企业规模小、成立晚，对于区块链核心技术的研究和投入还有所不足，加之广州市高校等科研机构较少开设与区块链专业相关的研究课程，对区块链核心技术研究还有所不足。

2. 产业人才培养投入不足，复合型人才缺口较大

我国区块链人才需求缺口较大，自2018年以来，区块链初创公司涌现，大规模的应用急需落地，人才需求相对更加紧缺。但高校培养及社会培训的程度均相对落后，导致人才不足现象更加突出。截至2019年12月底，全国明确表示开设区块链课程、成立实验室和项目应用的高校共33所[1]。其中，广州仅3所高校开设区块链课程，分别是广州科技职业技术大学、中山大学与华南师范大学，广州市对于产业人才培养的投入较少。而区块链作为一门综合性学科，涉及密码学、数学、经济学、社会学等多个学科，对人才综合能力要求高，目前尚未形成行之有效的人才培养体系，导致人才总量和结构远远不能满足市场需求。

3. 杀手级商业应用亟待出现，对区块链产业认知尚不全面

目前，区块链行业正处于新旧周期交替之时。虽然广州市政府抢占了区

---

[1] 数据来源：各高等院校官网。

块链发展新机遇,但是大众仍停留在对区块链概念的认知阶段,对于一些区块链项目的关注度和认知度都有所不足,社会普及率仍然较低。与此同时,广州市区块链企业数量经历了 2018 年爆发式的增长,产业规模快速扩大,借"区块链"之名的非法集资、各种"空气币"的疯狂炒作让大众对于加密货币的印象简单地停留在单纯的炒作和逐利阶段,区块链科普亟待加强。此外,正如上述所言,相较于北京市、杭州市,广州市区块链底层平台研发有所不足,基础设施尚未完善,具有商业意义的大规模用例仍有待开发。

4. 上下游企业运作分散化,区块链产业体系尚不健全

区块链作为一项革命性技术,在助力各类传统行业改造升级的同时,自身也形成了一个完整的产业。目前,区块链产业链主要分为 5 大类:硬件和基础设施、区块链底层平台、通用技术、垂直应用与服务设施。截至 2019 年 12 月 20 日,广州市区块链企业多达 1 万多家,虽然涵盖了区块链底层基础设施、基础服务、挖矿、区块链应用以及产业周边等整条产业链环节,但多数企业成熟度不够,同质化现象较为严重,主要的企业仍集中在垂直应用与服务设施领域内,形成了产业链上游资源匮乏,下游竞争激烈,上下游企业不能协同发展的现象。

5. 监管步入恶性循环,监管模式仍处于探索阶段

2017 年 7 月,江西省赣州市效仿英美等国家温柔的包容性监管,建立了中国首个区块链金融产业"沙盒园",在鼓励金融创新下有效防范金融风险。相较于赣州市,广州市所出台的相关区块链政策多为扶持性政策,导致广州市区块链企业出现了表面上的爆发式增长。但是,这其中包含大量的不成熟的小型区块链企业,它们对于区块链技术、应用和产业等方面实质性的投入与产出较不稳定,若监管趋严,势必会抑制小型企业的发展。但如果监管放开,会再次加重广州市区块链企业规模发展不均衡的现象。这使得广州市区块链企业监管陷入了"一收就毁,一放就乱"的恶性循环,与广州实际情况相适应的监管模式仍处于探索研究阶段。

三　发展思路与展望

（一）总体发展思路

深化落实习近平总书记在中央政治局第十八次集体学习中所提出的"区块链作为核心技术自主创新重要突破口"的要求，把握区块链发展重要战略机遇，加强底层技术的研发能力，提升区块链产业基础研发水平；搭建全产业链条，梯度配置上下游企业规模；聚焦产业新人、强人的培养与引进；积极培育企业自主创新与研发能力，协助区块链企业科研项目成果落地。以提升区块链核心技术为出发点，强化广州科技创新实力，赢得区块链技术的先发优势，为我国经济高质量发展提供强大动力与保障。

（二）产业发展路径

1. 夯实基础研发实力，改善产业发展环境

虽然当下多元区块链应用逐渐落地，但其研发道路并不是一帆风顺的，其主要原因就在于基础设施的不完善导致无法处理高并发的网络流量。巨大的算力、高度消耗的存储资源阻碍了大规模的区块链商业应用落地。因而，公链等区块链底层架构与基础设施的强化对于区块链产业发展至关重要，并有望成为各省市乃至各国的竞争焦点。因此，广州应该重点关注区块链底层技术的研究与发展、大力支持对公有链项目的研发与落地。具体而言就是要加强对于点对点分布式技术、非对称加密技术、共识机制等核心技术的研究，推动区块链核心技术突破，为区块链技术赋能实体经济提供强有力的技术支撑；重点关注公有链平台与基础设施的发展进程，加大资金投入鼓励公有链平台研发，以支撑大型区块链商业应用落地。

2. 关注行业人才需求，完善人才激励政策

目前，广州应当紧密围绕区块链技术研究与应用发展的需求，明确区块链产业的人才标准与评价，构建全方位、深层次的区块链人才引进体系，完善存量人才和基础性人才的激励政策。此外，广州还需鼓励校企合作共同加快人才队伍建设，培育一批区块链领域的新人、强人。鼓励高等院校积极设置区块链技术应用课程，建设理论和实践相结合的区块链师资队伍；利用高等院校科研实验室、人才孵化基地等鼓励在校学生积极参与区块链创新创业项目，形成产学研用的培养体系，加快培养区块链技术应用专业人才；时刻关注区块链核心技术研究进程，推动企业科研成果转化。虽然广州市目前亟待解决人才问题，但不应该盲目采取激进式的人才引进政策，而应当"引进"与"培养"共进，才能形成当地核心竞争力。

3. 打造成熟产业园区，注重梯度式配置企业

成熟的专业园区往往是完整产业链条的延伸，企业创新服务和产业体系的重要平台和上下游企业的衔接。打造成熟的产业园区不应当只注重入驻的企业数量，还应当关注梯度式配置企业，使得上下游企业空间上集聚、产品上互补，逐步突破原有上下游企业分散化的问题。产业园区并不是大型企业的"专属区"，也不应当成为中小型企业的"实验区"，更不应该成为小微企业的"安全区"。大中小微企业应该按照产业链条的需要进行梯度式配置。主抓龙头企业与核心企业，要求相关研发产品的落地，形成产业发展的核心竞争力；以中小型企业为补充，吸引各类优秀人才，为产业发展注入生命力；筛选有潜力、积极发展的小微企业，专业化发展，形成特色。同时，应当结合广州的地理位置、环境、自然资源来定位园区特色，发挥粤港澳大湾区的优势，打造产业园区的品牌效应，吸引更多产业链上下游企业参与到产业集群的发展之中，形成稳定的产业基础、人才基础。

4. 加大监管政策弹性，优化产业发展环境

随着利好政策的出台，国内热度逐渐趋缓的区块链技术瞬间再次占据话题榜首，各行各业均向区块链产业靠拢，资金与人才再度涌入区块链产业中。因此，相关监管机构应当及时出台区块链的相关法律法规，通过立法将区块链技术纳入合适的监管框架之中，并寻求行之有效的监管模式。同时，正视区块链技术目前所面临的瓶颈，探寻技术创新方式，树立技术治理思维，培养技术创新发展思路，借鉴西方国家的监管沙盒、监管科技试点，权

衡风险管控与技术创新之间的关系，在风险可控的条件下鼓励产业各层生态的创新发展，有效监管与合理引导并重，探索"严监管+优创新"的政策执行方式，制定符合广州市实际情况的政策体系与监管框架，在全国科技竞争中取得先发优势。

（三）产业发展展望

1. 新一代信息技术的融合创新孕育新一轮产业革命

从区块链技术的发展演进道路来看，区块链技术与云计算、大数据等新一代信息技术的深度融合是必然的趋势。区块链技术可以为新一代信息技术提供强有力的底层技术，而其他新一代信息技术可以反作用于区块链技术的高质量发展。从国家发展角度来看，新一代信息技术的协同发展与融合应用已经成为各国赢得先发优势，取得发展与竞争主动权的首要选择。目前，区块链技术与人工智能、物联网、大数据等其他领域的前沿技术的深度融合已经初显成效。例如，在商品溯源方面，利用生物识别技术对商品的信息进行采集与登记，确保链下商品信息的真实性，利用区块链技术使得上链的商品信息不可篡改、可溯源，从而实现链上的商品信息真实。

2. 区块链技术催生全新商业模式，开启共享经济新时代

随着区块链技术的发展，有望重塑社会组织结构，形成一种全新的商业模式，这种模式就是分布式商业模式。分布式商业模式是一种由多个具有对等地位的商业利益共同体所建立的新型生产关系[①]。它可以为目前中心化机构所存在的数据存储不安全、信息孤岛等问题提供解决方案。并且它改变了合作双方的博弈关系，使得商业利益共同体达到互信的状态。基于区块链的激励模式或将推进分享经济向共享经济升级，实现资源的共享、互享和他享，从而改善社会资源配置的帕累托有效性，提高社会整体管理运行效率。

3. 政府部门利用区块链技术引导产业发展

目前，普遍的政府观念认为，区块链作为一项新兴的技术，其所具有的

---

① 资料来源：微众银行。

去中心化特征决定了该产业的价值应由企业或个人的创新来实现，政府仅需提供必要的监管和政策支持。然而，根据调研结论，分布式社会组织形态中管理和调控的职能，如区块链网络中必要的权限管理、仲裁等职能绝大多数情况下只能由政府完成。因此，政府在实施监督和引导过程中如果没有充分地利用区块链技术，便无法引起对区块链产业真正有所贡献的企业主体的响应，也无法让众多产业级的区块链技术发挥其真正的价值。因此，与政府财政、立法、监管、民生相关的产业区块链，需要政府发起或主导，自上而下地完善区块链产业应用的各个方面。

B.21
广州推进共建粤港澳大湾区国际金融枢纽的对策研究

广州市地方金融监督管理局法规处课题组 *

摘 要: 为落实中央关于推进粤港澳大湾区国际金融枢纽建设的决策部署,2019年以来,广州市地方金融监管局多次赴港澳对接,推动三地金融交流合作、金融规则对接和市场互联互通,并先后组织多场座谈,对广州在粤港澳大湾区国际金融枢纽中的地位和作用做了初步思考,并对广州打造大湾区国际金融枢纽建设的核心引擎提出对策建议。

关键词: 粤港澳大湾区 国际金融枢纽 金融交流

为落实中央关于推进粤港澳大湾区国际金融枢纽建设的决策部署,2019年以来,广州市地方金融监管局多次赴港澳对接,推动三地金融交流合作、金融规则对接和市场互联互通,并先后组织多场座谈,对广州在粤港澳大湾区国际金融枢纽中的地位和作用做了初步思考,并对广州打造大湾区国际金融枢纽建设的核心引擎提出对策建议。

一 关于国际金融枢纽的思考

(一)"枢纽"具有强化联结、协同、衔接特征

"枢纽"指重要的部分,事物相互联系的中心环节,也指重要的地点

---

* 课题组成员:陈婉清,广州市地方金融监督管理局法规处副处长;张展维,广州市地方金融监督管理局法规处主任科员。

或事物关键之处。"枢纽"多用于交通领域,如我国综合交通枢纽分为国际性综合交通枢纽、全国性综合交通枢纽、区域性综合交通枢纽等不同等级。其中,国际性综合交通枢纽定位为:强化国际人员往来、物流集散、中转服务等综合服务功能,打造通达全球、衔接高效、功能完善的交通中枢。

"中心"指地位处于中央、核心位置,或在某一方面占重要地位的城市或地区。

与中心相比,"枢纽"具有如下特点:

一是"枢纽"更强调重要性。虽然"枢纽"和"中心"都强调重要性,但"中心"更多是从其所处客观位置来反映它的重要性,而"枢纽"带有更直接的感情色彩,在主观意愿上更强调其重要性、关键性。

二是"枢纽"更强调多元性。"中心"一般更强调专业性,如航运中心、物流中心、金融中心等,以突出其在特定领域的领先地位。而交通"枢纽"一般指机场、铁路、公路、航空、航运、航海等多种交通形态交会的节点,而不仅是其中一种形态。同时,组成"枢纽"的各种形态本身也具备较强实力,才能称为"枢纽",如广州作为国家确定的国际性综合交通枢纽,白云机场、广州火车站、广州南站、南沙港等客货运量也均位居全国甚至国际前列。由此可见,"枢纽"的概念在一定程度上高于"中心",可包含若干"中心"。

三是"枢纽"更强调协同性。"枢纽"在更强调多元性的基础上,同时也非常强调构成枢纽的要素之间的紧密协同、一体化。如果构成枢纽的要素之间相互割裂,就无法被称为枢纽。例如广州作为国际性综合交通枢纽,旅客可通过广州市内机场、地铁、高铁等的密切联系、高效衔接,迅速通达境内外目的地。与"枢纽"相比,"中心"更强调独立性、独特性,可以无需与其他要素发生关系。

(二)对"国际金融枢纽"的思考

一是思考什么是国际金融枢纽,大湾区是否具备建设国际金融枢纽的条件。国际金融枢纽应该是国际金融机构聚集中心、国际金融交易中心,是国际金融机构和国际金融业务运营服务支撑体系以及国际金融资源聚集中心，是一个开放的、综合的、互联互通的国际金融体系。粤港澳大湾区内有香港、澳门、广州和深圳等多个国际性、全国性或区域性金融中心城市，因此对粤港澳大湾区的金融发展定位为"国际金融枢纽"。

二是思考如何推进粤港澳大湾区国际金融枢纽的建设。目前大湾区金融发展现状与理想中的"国际金融枢纽"还存在较大差距，要推进粤港澳大湾区国际金融枢纽建设，首先要在金融发展基础上，通过金融开放实现规则对接、市场对接、互联互通，从而集聚国际金融资源。同时把握大湾区中各个城市自身定位，每个城市根据自身特点发挥自身优势。将香港、澳门、广州和深圳作为枢纽的重要支撑，将珠海、佛山、东莞等城市作为枢纽节点。

三是思考在大湾区国际金融枢纽建设当中，广州的定位和作用。广州在参与国际金融枢纽的建设过程中，要把握自身定位，发挥广州自身优势，突出科技金融、航运金融的发展。对金融服务实体经济、金融改革等大湾区金融问题，要明确广州能服务哪些类型的实体经济，金融改革要改什么。

二 多中心体系下大湾区国际金融枢纽建设思路

（一）大湾区内金融中心基本现状

目前，粤港澳大湾区域内有四个各有差异的金融中心城市。其中，香港是国际金融中心、全球主要的外汇交易中心、全球离岸人民币业务中心，香港交易所也是国际性的资本市场。深圳是具有全国影响力的区域性金融中心，拥有深圳证券交易所等全国性金融市场交易平台和平安集团、招商银行等全国性金融机构。广州是区域性金融中心，金融市场规模、存贷款规模、金融机构数量和种类等位居全国大城市前列。澳门是中葡经贸重要的交易平台，主要发展特色金融（见表1）。此外，珠海、佛山、东莞等城市也积极发展特色金融产业。

表1　大湾区内金融中心对比

项目	香港	深圳	广州	澳门
现状	国际金融中心、全球主要的外汇交易中心、世界上最大的人民币离岸中心、全球三大黄金自由市场之一、世界第五大证券市场	全国性金融中心	区域性金融中心	中葡经贸重要的交易平台
规划纲要金融发展目标定位	大湾区高新技术产业融资中心，国际金融中心，服务"一带一路"建设的投融资平台，大湾区绿色金融中心	发展以深圳证券交易所为核心的资本市场，建设保险创新发展试验区，支持香港交易所前海联合交易中心建成服务境内外客户的大宗商品现货交易平台	区域性私募股权交易市场，产权、大宗商品区域交易中心，建设绿色金融改革创新试验区，在南沙探索建设国际航运保险等创新型保险交易平台	建立以人民币计价结算的证券市场、绿色金融平台、中葡金融服务平台
重大平台	香港交易所	深圳证券交易所	中证报价南方中心，上海证券交易所南方中心	

（二）香港、深圳、澳门、珠海等城市推进国际金融枢纽建设的主要做法及启示

香港：抓住大湾区及不断增长的东盟市场带来的机遇，积极发挥融资中心、风险管理中心、资产管理中心、高端服务业中心等四大功能，采取了一系列举措。一是为创新科技公司和没有盈利的生物科技公司订立新的上市制度，港股上市制度改革一年来，港交所已吸引40家新经济公司上市，融资额累计约1504亿港元，占此期间香港IPO集资金额的53%，旨在建设成为中国新经济企业乃至全球新经济企业集资中心，助推香港国际资产管理中心建设。二是为满足一定条件的在岸和离岸基金提供利得税豁免。三是与瑞士和卢森堡签署基金互认。四是推出快速支付系统和虚拟银行牌照以支持金融科技。已发放8张虚拟银行牌照［蚂蚁商家服务（香港）有限公司、贻丰

有限公司、洞见金融科技有限公司、平安壹账通有限公司、Livi VBLimited、SCDigital Solutions Limited、众安虚拟金融有限公司以及 WeLab]。五是建立金融学院培养本地和内地人才。

深圳：一是明确定位。围绕科技与金融双轮驱动、发挥区位优势、加强深港合作的目标，深圳金融业基本定位为：发展健全多层次金融市场，建设粤港澳大湾区金融科技创新示范区，建设粤港澳大湾区国际金融枢纽城市，打造金融监管新体制的探索试验区，建设国际化金融创新中心。二是加强金融科技载体建设。培育了平安集团、招商银行、微众银行等一批具有国际化视野金融企业；全国唯一的个人征信公司——百行征信、深圳金融科技研究院、国家金融大数据平台、招商局金融科技公司、亚太未来金融监管研究院等一批基础机构，2019年3月粤港澳大湾区首个金融科技空间载体——粤港澳"湾区国际金融科技城"正式揭牌，初步形成金融科技生态圈。三是强化金融监管研究。成立国内首家监管科技研究院——深圳未来金融研究院、深圳未来金融监管科技研究院，聚焦金融科技和监管科技的前瞻研究和创新实践。四是开展深度研究。召开系统论坛和座谈会，围绕着深港澳三地金融合作创新的关键问题和重大项目进行深度研讨和专项推进。

澳门：一是开展"建立以人民币计价结算的证券市场"可行性研究，该可行性研究将遵循"发挥澳门所长，服务国家所需"原则，并根据国家对大湾区战略部署作整体性考虑。二是逐步深化特色金融内涵。正抓紧《粤港澳大湾区发展规划纲要》给予的产业分工和发展定位，结合澳门"中葡金融服务平台"角色，全力推动包括融资租赁、中葡人民币清算和财富管理在内的"特色金融"产业发展，包括2018年批准了澳门首家提供债券登记、托管、交易及结算等业务的金融机构中华（澳门）金融资产交易股份有限公司在澳门成立，为债券的流通提供开放的交易平台，至今已有3笔债券在该平台挂牌上市。三是降低门槛吸引内地融资租赁公司。出台《融资租赁公司法律制度》及《融资租赁税务优惠制度》，以税务优惠吸引内地具有实力的融资、金融租赁公司落户澳门。

珠海：一是推动跨境金融发展。通过推动粤澳合作投资基金落地横琴、设计粤港澳大湾区跨境机动车辆保险业务便利化结算方案、上线港珠澳大桥银联移动支付应用平台、引导兑换特许机构在港珠澳大桥人工岛口岸设置本外币兑换网点、推动珠海横琴新区资本项目收入支付便利化改革落地、开展银行不良资产跨境转让业务试点、推动有珠海特色的升级版 QFLP 试点顺利落地等措施，推进横琴自贸区创新和粤港澳大湾区金融合作。二是建设澳门—珠海跨境金融合作示范区。配合澳门发展特色金融，横琴印发了《横琴新区关于支持和服务澳门发展特色金融业的若干措施》，为澳门发展特色金融提供人才、场所、技术等方面支持；在资金、交通、住房政策等多方面全方位推动与澳港的合作，印发《关于鼓励澳门企业在横琴跨境办公的暂行办法》，对进入试点楼宇的澳门跨境办公企业给予租金补贴，香港企业在横琴租用办公楼宇跨境办公可参照执行；发行"琴澳粤通卡"，为澳门牌车主提供停车费、通行费等缴费便利。澳门企业及居民在澳门、横琴工行可办理横琴所有涉税事项，港澳居民还可通过跨境住房跨境按揭业务在横琴购买住房。三是正着力打通横琴与港澳金融企业互设渠道，鼓励港澳金融机构及企业在横琴发起设立融资租赁、财富管理等非银行金融机构，推动横琴新区企业在港澳发起设立金融机构。

（三）推动多中心构建国际金融枢纽的路径

粤港澳大湾区将要形成的，必然是由各有侧重的多核多中心所构成的一体化国际金融枢纽。由此可以预判，粤港澳大湾区国际金融枢纽的建设，势必将遵循以下发展路径。

一是增强实力，提高国际竞争力。虽然香港已是国际金融中心，澳门是中葡贸易重要的金融平台，但总体而言与纽约、伦敦等传统国际金融中心相比仍然存在一定差距。广州、深圳作为金融中心的影响力还在境内。因此，香港、澳门、广州、深圳均需进一步提升金融实力和国际金融竞争力，增强对大湾区建设国际金融枢纽的支撑作用。

二是错位发展，发展特色金融产业。在发挥香港作为国际金融中心的引领带动作用的基础上，港、澳、广、深各自结合自身发展阶段，找准各自定位、错位发展，进一步丰富金融业务的种类，提供更完善、更综合的金融服务。同时增强业务互补性，构建完善、有序的金融中心体系。

三是加强衔接，有序推进金融市场互联互通。粤港澳大湾区内四个金融中心只有相互联结，才能真正成为金融枢纽。因此不仅要推动资金、金融机构、金融产品、金融人才、金融基础设施和金融信息建立互联互通机制，还要推动大湾区三地金融规则联通、贯通、融通，真正实现四个金融中心功能高效衔接、一体化发展，使大湾区各类金融要素实现便捷流动。

三 广州推进大湾区国际金融枢纽建设的实施路径

广州作为国家中心城市、大湾区核心引擎之一、综合性门户城市，金融业要发挥与广州城市地位相匹配的功能和作用，因此广州要发挥大湾区国际金融枢纽建设的核心引擎功能作用，打造大湾区国际金融枢纽的核心节点和重要支撑。为实现此目标，结合广州金融发展实际，拟将"围绕大湾区发展大局、服务香港国际金融中心、增强金融综合实力、实现错位发展"作为广州推进国际金融枢纽建设的基本原则，并从完善现代金融服务体系、有序推进金融市场互联互通、共建粤港澳合作发展平台、强化组织和政策保障机制、加强金融防控协调等路径具体实施建设。

（一）完善现代金融服务体系，强化五方面功能

一是强化大湾区资产管理功能。资产管理是指银行、信托、证券、基金、期货、保险等金融机构接受投资者委托，对受托的投资者财产进行投资和管理的金融服务。资产管理是金融服务的重要内容。一方面，随着私人财富（资产）、企业和金融机构资产的快速增值，个人和企业均面临专业化资产管理的服务需求，因而资产管理业务发达与否体现了一地个人和企业的财富情况以及对资产的吸引力；另一方面，资产管理业务具有个性化、定制化特点，需要较强的专业性，因此产品和服务的品种、数量也体现了一地金融市场、金融人才的发达程度。因此，金融中心往往也是资产管理中心。《粤

港澳大湾区发展规划纲要》（以下简称《规划纲要》）将香港定位为"国际资产管理中心"，中国人民银行等八部委印发的《上海国际金融中心建设行动计划（2018~2020年）》提出上海要建设"全球资产管理中心"。同时，国家正在大力推动银行机构设立资产管理、理财等专业子公司。广州经济实力雄厚，居民和企业有大量资产管理需求，金融机构门类丰富，因此广州强化大湾区资产管理功能，有利于提升金融专业化水平和对接支持香港国际资产管理中心建设。

二是建设大湾区绿色金融改革创新试验区。绿色金融是国际金融发展的重要方向，也是我国金融改革创新的重要方向和参与国际金融事务的重要抓手。2017年6月，广州获批成为全国首批五个绿色金融改革创新试验区之一，经过两年的发展，广州绿色金融改革创新取得良好成效，形成了一批创新经验。《规划纲要》提出，支持香港打造大湾区绿色金融中心、支持广州建设绿色金融改革创新试验区、支持澳门建设绿色金融平台。因此，广州建设大湾区绿色金融改革创新试验区，侧重构建有利于绿色金融创新发展的体制机制，在绿色金融领域开展先行先试，形成经验后进行复制推广，既符合《规划纲要》任务要求，同时可与港澳发展绿色金融形成有效互补。

三是加快科技金融服务体系建设。创新是引领发展的第一动力，是建设现代化经济体系的战略支撑。《规划纲要》提出大湾区要建设国际科技创新中心，香港要建设"大湾区高新技术产业融资中心""知识产权贸易中心"。此外，北京市金融业"十三五"规划提出，建设"国家科技金融创新中心"。科技创新的研发、生产、销售全过程都离不开金融的重要作用。从国际经验看，金融支持是推动科技创新发展和科技成果转化的重要条件。大湾区科技创新能力强、创新活跃，具有科技金融服务的强烈需求和广阔市场空间。广州科技金融发展具有良好基础，因此广州加快科技金融服务体系，符合大湾区发展的方向和需要。鼓励广州地区金融机构将金融科技纳入发展战略，利用互联网、大数据、云计算、人工智能、区块链等信息技术，创新金融产品和服务模式。

四是建设大湾区跨境投融资服务基地。一方面，大湾区涉及境内外金融市场，同时大湾区也是我国进出口贸易的重要区域，历年来存在大量跨境投融资服务需求。另一方面，随着大湾区规划落地实施，《规划纲要》中涉及的大量基础设施互联互通项目和构建具有国际竞争力的现代产业体系任务也面临专业、快速、便捷的跨境投资融服务需求，也提出逐步扩大大湾区内人民币跨境使用规模和范围。因此，广州打造大湾区跨境投融资服务基地具有很大的必要性和现实意义，并可充分对接和发挥香港作为国际金融中心的优势和作用。

五是建设区域性私募股权交易市场及产权、大宗商品区域等交易中心。金融市场交易平台是金融中心的重要组成部分，对金融中心发挥辐射力和影响力具有重要作用。目前，香港有香港联合交易所，同时也是国际外汇交易中心；深圳有深圳证券交易所。《规划纲要》提出，支持广州建设区域性私募股权交易市场，建设产权、大宗商品区域交易中心，研究设立以碳排放为首个品种的创新型期货交易所，探索建设国际航运保险等创新型保险要素交易平台。为此，广州着力打造私募股权、产权、大宗商品、碳排放权、国际航运保险等交易中心，有利于形成特色金融要素交易业务，实现错位发展。

（二）有序推进金融市场互联互通，提升一体化水平

一是加强与港澳地区金融规则对接。按照联通、贯通、融通原则，充分梳理和研究三地金融规划对接项目，加强三地金融监管部门关于规则对接的协调研究，在符合各自法律框架的前提下通过采用法律解释权、补充规定等方式明确同一业务的同一监管要求；适时推动三地立法机关通过立法、修法和调整实施有关法律等方式，推动三地监管法律法规协调一致，为大湾区内金融机构开展业务提供清晰的指引，提升内地金融监管法律法规国际化水平和国际认可度，并防范监管套利。

二是加快推进金融基础设施互联。金融市场互联互通离不开金融基础设施互联的支持。金融基础设施包括支付系统、结算系统、账户系统和信用信息系统等。因此要加快三地金融基础设施的建设和互联，并探索利用区块链

等先进技术提高金融基础设施的安全性和有效性。

三是推进金融机构互设。金融机构是金融市场的参与主体和金融业务的主要承担者。金融机构互设是金融市场互联互通的重要前提和基础。金融机构互设有利于发挥金融机构熟悉三地市场、开展业务协同的优势,提高大湾区金融服务水平。

四是建立资金和产品互通机制。资金和产品互通是金融市场互联互通的重要体现,金融市场互联互通最终需要资金和产品的互通来实现。建立资金和产品互通机制,也是《规划纲要》明确提出的任务。

五是加强金融常态化交流。建立常态化机制,通过金融人才任职交流、金融文化交流、金融智库和金融协会的智力交流和行业交流、金融高端论坛和会议交流等方式,加强大湾区三地金融业交流合作和信息、知识及经验共享。

六是携手扩大金融对外开放。加强金融对外开放,促进国际金融要素在大湾区内有序、便捷流动是国际金融枢纽建设的重要前提。因此,大湾区三地在建设国际金融枢纽过程中,还需要加强金融对外开放方面的合作,共同参与国际金融事务,提升大湾区在国际金融领域的影响力。

(三)共建粤港澳合作发展平台,打造国际金融枢纽建设载体

一是推进设立粤港澳大湾区国际商业银行。引进粤港澳三地股东,发挥三地股东资源优势,更好服务三地经济发展。以跨境业务为特色,重点支持大湾区国际科技创新中心建设、基础设施互联互通和构建具有国际竞争力的现代产业体系。

二是推进设立创新型期货交易所。开展碳排放权等创新型期货交易业务,进一步研发其他创新要素交易品种,加强对国际衍生品市场、生态环境类期货市场的研究,发挥期货市场对推动大湾区和"一带一路"建设作用,打造大湾区重要国家级金融市场交易平台。

三是支持广州南沙粤港澳全面合作示范区建设。落实《规划纲要》工作任务,加快重大法人金融机构、金融市场交易平台和港澳地区金融机构落

户,着力推进与港澳地区金融规则对接,加强金融产品互认,发挥跨境人民币贷款试点、合格境外有限合伙人(QFLP)试点等政策优势,进一步建立资金互通机制,推进跨境金融业务创新和先行先试,争取将南沙自贸区作为落实国家扩大金融对外开放的先行区,打造大湾区国际金融枢纽高水平对外开放门户,成为广州打造大湾区跨境投融资服务中心和金融要素交易中心的重要平台。

四是支持广州绿色金融改革创新试验区建设。进一步构建以花都为核心、各区协同发展的绿色金融改革创新试验区格局,完善绿色金融组织体系、产品体系、服务体系和绿色金融产融对接系统等基础设施,加快推进改革创新经验复制推广。

五是支持广州中新知识城建设。发挥广州开发区科技企业、中新知识城知识产权产业集聚优势,重点开展科技金融、知识产权金融和金融科技创新,进一步完善科技企业的金融服务体系,打造大湾区科技金融示范区。

六是支持广州国际金融城建设。依托和发挥天河金融机构特别是外资金融机构集聚优势,鼓励引导金融机构特别是港澳地区金融机构进驻金融城,重点发展资产管理、财富管理等高端金融业务,打造粤港澳大湾区金融合作示范区。

七是发展特色金融功能区。支持越秀区国际大都市文化金融CBD、荔湾区白鹅潭产业金融服务创新区、番禺万博基金小镇、海珠创投小镇、从化财富小镇、广州中小微企业金融服务区等特色金融功能区和广州空港经济区等金融试点区域以合适方式融入大湾区国际金融枢纽建设,提升大湾区金融业特色化水平。

(四)强化组织和政策保障机制,加大政策支持力度

一是加强组织领导。切实发挥广州市粤港澳大湾区建设金融专项小组工作机制和作用,定期召开会议研究部署广州市推进大湾区国际金融枢纽建设各项任务,加强工作落实督办。加强与省大湾区建设金融专项小组、粤港金融合作专责小组、粤澳金融合作专责小组等机构对接,将广州市有关工作任

务纳入上述机构进行研究部署，提高对接层级和力度。

二是加强政策支持。加快出台《广州市推进粤港澳大湾区国际金融枢纽建设的实施意见》及三年行动计划。协调国家金融监管部门驻粤机构出台支持大湾区国家金融枢纽的政策措施。争取国家扩大金融对外开放政策在广州市率先实施。落实国家关于大湾区金融人才税收减免政策，结合大湾区国际金融枢纽建设需要修订高层次金融人才奖励政策，提高广州市对大湾区金融人才的吸引力。

（五）加强金融风险防控协调，为大湾区国际金融枢纽建设保驾护航

推动国家金融监管部门驻粤机构和香港、澳门金融管理局建立大湾区金融监管协调沟通机制，加强粤港澳金融监管信息互换，建立粤港澳金融信息查询互换机制。进一步提升广州地方金融风险监测平台功能，加快跨境金融机构监管和资金流动监测分析合作。完善三地反洗钱、反恐怖融资、反逃税监管合作和信息交流机制，共同维护大湾区金融系统安全。

B.22
2019年粤港澳大湾区营商环境改革成效分析

南都大数据研究院营商环境课题组*

摘　要： 2019年广东完成地区生产总值107671.07亿元，比上年实际增长6.2%，成为全国首个GDP突破10万亿元大关的省份。广东GDP连续数十年蝉联全国省份第一，得益于活跃的市场氛围。广东省市场监督管理局数据显示，2019年全省实有各类市场主体1253.3万户，同比增长9.4%；日均新增企业2785户，企业活跃度70%。2019年政府工作报告指出，激发市场主体活力，着力优化营商环境。课题组深入调研营商环境改革部门，结合2019年9~10月"2019年度珠三角营商环境企业调查"（问卷+访谈），了解大湾区主要城市的改革探索与成效。分析在2020年1月1日《优化营商环境条例》实施、广州被纳入世行评价中国营商环境的样本城市等背景之下，大湾区营商环境改革将面临哪些挑战与机遇。

关键词： 粤港澳大湾区　营商环境　广州

---

* 课题组成员：南都大数据研究院研究员尹来、赵安然、蒋臻、李文、程小妹、代国辉、杨丽云、陈养凯，南都实习记者甄旭。执笔人：赵安然。

一 2019年度营商环境改革创新成效

（一）行政审批改革进入深水区，关注企业全生命周期需求

1. 商事登记便利，开办企业提速

政务服务中心既是营商环境改革窗口，也是改革难点，《优化营商环境条例》明确了"只进一扇门"和"一网通办"的要求。过去一年，珠三角城市政务中心基本设立"综合业务窗口"，非公安、不动产类事项基本实现通办。

在线服务方面，广东省政务事项"一网通办"主要依托广东政务服务网，网站上线一年来（2018.9～2019.9）累计访问量超2.62亿次，法人注册数超655万，法人事项数超94万。珠三角9市入驻事项合计1268048项。

商事登记便利化使得开办企业效率提升，广州、深圳、东莞都实现了开办企业最快一个工作日，广州2020年还将实现商事登记、刻制印章、申领发票0.5天办结。按照世界银行评价标准，广东开办企业便利度达到全球前20名水平。

市场准入便利了，市场主体更加活跃。截至2019年10月广东省共有各类市场主体12299854户，同比增长9.62%，比2018年末增长了7.32%；其中企业5283435户，占比42.96%。其中，深圳、广州、东莞三个珠三角城市市场主体数量位居前列（见附表1）。

2. 工程审批流程再造，广州探索并联审批

建设工程审批的流程再造，广州探索得比较早。黄埔区、广州开发区是最早对建设工程实行审批流程整合的，进入"一枚印章管审批"时代，其背后是"行政审批与事中事后监管相分离"，审批监管大数据平台对全流程环节的审批实施监管。黄埔区通过流程再造，打通环节堵点和部门壁垒，有效缩短审批时间。

2019年4月，"广州市电水气外线工程建设项目并联审批平台"正式上线运行，建设项目申请材料提交后，规划许可、占道施工、占路掘路、占用绿地、水利影响等事项网上并联审批。其中，电力外线工程建设项目行政审

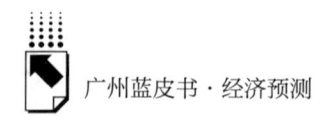

批总时间不超过5个工作日。

3. 完善市场主体退出机制，广东企业注销专区上线

进入容易退出难，曾是国内市场主体面临的窘况。中国"企业办理破产"指标提升到全球第51位，得益于国内企业注销规范化与便利化。2019年广东省为解决企业退出制度改革中突出问题，支持未开业和无债权债务企业快速退出市场，探索失联、僵尸企业强制出清制度，为市场退出制度改革提供改革经验。

同时，广东省企业注销网上服务专区上线，在广东政务服务网一网通办企业注销事宜。在线下注销服务方面，2019年7月，越秀区推出"一站式"企业注销联办服务，凭借"一窗受理，集成服务"再造业务流程，打通企业注销各环节的梗阻。

（二）全国减税降费政策落地，企业减负增加研发投入

1. 广东全年累计减税超3000亿元

政府工作报告提出，减税降费直击当前市场主体的痛点和难点，是既公平又有效率的政策。全年减轻企业税收和社保缴费负担近2万亿元。

广东省财政厅数据显示，2019年广东全省减税降费超过3000亿元，减税幅度全国最大。1~11月小微企业减税达216.3亿元。增值税改革促进经济活力，制造业、批发和零售业、建筑业、租赁和商务服务业四大行业新增减税额占总新增减税额近八成；个税改革提振消费信心，1~11月个人所得税减免701.2亿元。

减税降费切实降低了宏观税负，2019年上半年，广东省国内税收宏观税负（国内税收收入/GDP）同比下降1.19个百分点，固定资产投资实现了10.5%的稳定增长。

2. 企业减负后资金投入技术研发

减税降费政策在激发市场主体活力、促进消费方面的效果已初步显现，享受到国家减税政策红利的企业范围在扩大。从企业类型看，民营企业和个体工商户是最大的受益群体。

一方面，减税减轻了企业的经营成本。因 2019 年猪肉价格上涨，某江门餐饮企业在食品成本上面有较大的压力，减税优惠政策落地实施，减缓了企业成本压力。另一方面，税率下调为企业腾挪出流动资金，某从事精密仪器研发的企业反映，减税降费后保证企业的流动资金，可用于加大研发投入，以企业目前跟加拿大一家公司合作的"多层共注阻隔技术"为例，两年投入超过 2000 万元。

3. 港澳企业享"真金白银"优惠

珠三角对税收政策的落地让粤港澳大湾区内的港澳企业也切实享受到红利。2018 年至 2019 年末，广东共为符合享受税收协定待遇的香港企业减免税款近 28 亿元，为澳门企业减免税款 800 多万元，同时横琴新区对鼓励产业类企业实施 15% 的企业所得税优惠税率，2018 年全年享受鼓励类企业所得税的优惠企业 237 户次，减免税额近 12 亿元。

各方面的税收优惠政策，让许多港澳企业享受到"真金白银"优惠，也让越来越多的港澳青年前来珠三角创业。天河区港澳青年之家是广州市首家港澳青年之家，成立于 2017 年 10 月，至今已服务了超过 6000 名港澳青年，协助超过 65 家港澳企业落户广州。一家由香港青年在佛山创办的孵化器空间吸引香港和澳门青年前来创业和工作，孵化器为创业者申请到佛山市的每月 1 万元"高铁补贴"。

（三）推进湾区营商环境一体化，加快粤港澳三地规则对接

1. 服务跨境商事登记，南沙东莞先行先试

在建设粤港澳大湾区背景下，广东省需加快市场经营规则对接。当前，市场规则体系建设有两重任务，一是加快建设国际化的市场体制机制，二是实现地区间、城市间市场规则互认互通。

东莞是广东省首批"粤港澳银政通"改革试点城市之一，港澳投资者只需前往其所在地的中国银行网点，即可申请开办东莞的企业并且办理具有金融功能的电子营业执照。跨境商事登记业务 2019 年扩展到欧洲，在法国巴黎可借助"银政通"网络注册开办东莞的企业。

2019年4月，广州南沙区率先与香港市场规则接轨实行商事登记确认制，以申请人实名认证、信用承诺为前提，实行企业名称、住所、经营范围自主申报。10月，南沙商事服务进一步扩展到澳门，推出"跨境通"（澳门）业务。

2. 试行多元化纠纷解决合作，优化湾区法治化营商环境

在监管领域，多地探索湾区法律服务对接，在国际商事法律服务合作、知识产权等方面推出诸多措施。广州市南沙区人民法院首创港澳籍人民陪审员制度，聘任5名港澳籍人士担任陪审员，促进了涉港澳民商事纠纷高效妥善解决。

粤港澳仲裁调解联盟加强粤港澳大湾区法律专家资源互联互通，联盟机构之一的深圳国际仲裁院创新设置的"选择性复裁"机制于2019年2月正式实施，适用于仲裁地法律不禁止、当事人明确约定、深圳国际仲裁院做出原裁决的仲裁案件，解决湾区内多地区的多元仲裁制度差异问题。珠海横琴和澳门两地共建跨境视频调解制度，已解决涉澳跨境消费纠纷2宗，为澳门消费者挽回经济损失22.58万元，未来将延伸到葡语国家。

3. 深港探索金融市场互联互通，人民币跨境使用是新机遇

《粤港澳大湾区发展规划纲要》提出有序推进金融市场互联互通。前海是深港合作的先行区，2018年实施的《深圳市关于加大营商环境改革力度的若干措施》提出探索符合条件的港资主体在前海发起或参与设立法人银行机构、非银行金融机构。香港国际化的金融服务为珠三角制造业提供更多元化的产品和资金流。

金融机构合作只是深港金融合作的第一步，前海金融市场开放是金融业人士最关心的。《粤港澳大湾区发展规划纲要》提出的逐步扩大大湾区内人民币跨境使用规模和范围，前海有望走出人民币跨境使用的新路子，从而复制推广，实现大湾区内的金融市场规则融合。

（四）广州"获得电力"全省领先，增加供电投资减轻企业负担

1. 减材料、减环节、省时间，在线办、移动办、不用跑

世界银行《2020营商环境报告》中，中国获得电力上升到全球第12

位，得益于用电报装流程、时间、成本的减少。2019年，广东省发改委组织的省内11个城市营商环境评价中，广州位列第一梯队。

广州形成多项获得电力经验，包括用电报装材料精减至2项；低压用电办理流程精减为"用电申请"和"装表接电"2个环节3个工作日，高压用电报装从之前的5个环节38个工作日，时间减幅超一半。

减材料和时间的背后是数据打通和服务融合，实现数据互通、一窗通办。广州供电局九成用电业务"一次不用跑"，用电报装上线率100%，网上办理率全国领先。2019年，广东省统一部署工商业电价再降低10%。

2. 打通工程用电"最后一公里"，临电租赁减轻企业成本

建设项目工程用电规划审批和施工、成本是电力营商环境的老大难问题。2019年以来，广州供电局进一步将统建小区项目纳入电网建设投资范围，此项改革累计为企业节省接电成本超38亿元。

广州供电局在南沙区试点推出"临电共享租赁"业务：由服务商负责建设和运维临时供电设施，以租赁形式向客户提供临时供电服务，建设项目的施工企业自行选择有资质服务商提供的临电服务。相比以往"自建模式"，"临电共享租赁"平均接电时间压减50%以上，投资成本节省近20%。2019年南沙区共有64单临电申请，超过一半选择临电业务，恒大智能汽车（广东）有限公司纯电动汽车项目通过临电租赁业务1个月左右时间就用上了电，相比国内其他城市节省了一半时间。

二 营商环境改革中需要关注的问题

（一）融资难、融资贵问题仍突出，中小企业贷款成功率不高

珠三角企业的融资调查结果显示，32.6%的企业认为融资难、融资贵最主要的原因是"银行贷款手续烦琐、对抵押贷款要求高"，其次是"贷款利率高"（见表1）。

各级政府陆续出台政策疏解中小企业融资难，如《广东省支持中小

企业融资的若干政策措施》22条等。需要关注的是资本与项目之间存在错位，"资本找项目不易"，"项目找资本也难"：银行贷款手续多、门槛高，中小微企业、科技企业从商业银行贷款的成功率也不高。另外，中小微企业、科技企业更多倾向于股权融资的方式，或借助政府性基金撬动融资。

表1　企业融资过程中遇到的主要困难（多选）

单位：%

宏观调控、银根缩紧	11.8
政府扶持力度不够	17.6
融资渠道少	16.4
银行贷款手续烦琐、对抵押贷款要求高	32.6
企业缺少信用报告支撑	9.8
难以获得担保	12.2
贷款利率高	21.2
很难找到股权投资机构融资	15.6
其他	35.4

广州国发2017年设立中小企业发展基金，至2019年6月已发放3.07亿元投资。通过政府性基金撬动银行为中小企业授信的不在少数，截至2019年10月，广州市科技型中小企业信贷风险补偿资金池，合作银行扩大至23家，共为全市1438家科技企业提供贷款授信超过200亿元，实际发放贷款超125亿元。

（二）企业缺乏信用建设认识，失信修复机制有待完善

调研发现，民营企业、中小微企业获得银行贷款难，一部分原因是企业信用信息不完整、不透明。

接受课题组调研的企业，特别是初创企业、小微企业，对信用体系建设的重视度普遍较低。原因主要有三个方面，一是政策层面对企业而言信用建设没有成为普遍刚性需求，也使得信用的应用场景、应用价值未能充分体

现；二是当前存在"守信成本高，失信成本低"等现象；三是小微企业对征信价值的认知度、应用度不高。

企业反映在经营发展过程中吃到了缺少信用信息支撑的苦头，希望能通过政府主导建立新型信用监管机制及模式，特别是在企业信用修复方面。2019年广东省开设三个信用修复现场受理网点，其中广州受理点在越秀区，该受理点探索"公益性与市场化结合、线上与线下同步受理"的"越秀模式"。但该模式尚处于探索阶段，未大范围铺开。

（三）劳动力税费占比较高，人才纳税优惠待细化

纳税是中国在世行营商环境评价的十项指标中排名最低的，全球排名第105位。分析指出，中国在"纳税时间"和"纳税次数"方面已经远超全球平均水平，但在"总税收和缴费率"以及"报税后流程指数"上存在一定提升空间。中国的"劳动力税费"占比较高，即中国企业负担的"五险一金"费率较高。2019年5月1日起，城镇职工基本养老保险单位缴费比例降至16%，一定程度上减轻了企业人力成本负担。

但接受调研的企业反映，科技企业聚集大批高端人才，年薪高导致纳税成本高，但广东多个城市的高端人才入户等政策具有广泛适用性而缺少针对性，对高端人才个人所得税优惠不够精准。

2019年初，广东省财政厅、省税务局下发《关于贯彻落实粤港澳大湾区个人所得税优惠政策的通知》，决定对在大湾区工作的境外高端人才和紧缺人才给予补贴。广州、佛山等城市陆续出台落地政策，但省和各城市的补贴规则是根据个人所得项目，按照分项计算（综合所得进行综合计算）、合并补贴，每年补贴一次，也就是说纳税达不到所在城市的额度或者错过自主申报即不可享受优惠政策。

针对企业经营困难的调查显示，企业面临经营问题（多选）中，30.4%的企业认为"税费负担重"，在各项负担中占比最高；认为税费负担重的类型中，民营企业比例最高，达到33.4%。与此同时，37.4%的受访企业感觉"企业负担的税费仍然较高"，希望进一步减轻负担（见表2）。

表2　当前减税降费成效如何？（多选）

单位：%

成效明显，切实减免了企业税费	29.6
成效一般，部分税费和行政事业性收费仍不少	26.2
优惠政策申请手续烦琐	13.6
税费优惠和减免政策不到位	12.2
企业负担的税费仍然较高	37.4
其他	10.8

三　对营商环境改革的建议

（一）加快湾区规则互认，助力企业畅通前行

营商环境改革不是政府一方行为，企业获得感是验证营商环境改革成效的重要指标。企业需要什么样的营商环境、面临的堵点痛点是什么，是每个城市在推进营商环境改革过程中需要解决的问题。

珠三角企业对于营商环境改善的建议中，44.4%的受访企业希望"继续降低企业税费负担"，呼吁继续降低企业税费负担的比例最高的是混合所有制企业、私营企业和港澳及外商投资企业；针对企业对享受减税降费、奖励补贴的呼声，实施机构可对辖内具有较好成长性的小微企业安排专业咨询人员进行跟踪辅导等。对享受过政府补贴、税费优惠的企业定期跟踪，将不符合继续享受优惠的企业剔除，减少财政资金浪费，也让更多小微企业有机会享受政策红利。

31.6%的企业建议"加快大湾区市场融合，统一市场规则"（见表3），在大湾区建设背景下市场规则对接势在必行，各地政府制定、兑现政策时需更多考虑各地区企业的适用性。

表3 营商环境需进一步改善的若干方面（多选）

单位：%

继续降低企业税费负担	44.4
降低用工成本	36
提升政府办事效率	30.8
降低政府补贴和扶持门槛	26.6
引进和储备高端人才	24.2
完善法律监管体系	18.6
加快大湾区市场融合，统一市场规则	31.6
其他	12

（二）降低中小企业贷款门槛，化解资本与项目错位

过去两年，广东在支持民营企业尤其是中小企业方面不断"加码"，企业普遍反映融资难、融资贵仍然存在，特别是民营企业、中小微企业和科技初创企业，长期存在金融机构难完成贷款任务、企业贷不到款的错位问题。

课题组建议，政府引导银行在符合金融监管规定的范围内，将民营企业、小微企业贷款门槛降低，与大型企业享受同样的贷前审查要求、放款速度和利率，让国有大型商业银行增长了30%的小微企业贷款额度充分投入解决小微企业资金难题上。

同时，政银更深度合作，将政府性基金与银行融资产品结合，对获得政府性基金授信的企业在银行申请融资有一定的帮助。推动包括浙江网商银行在内的互联网机构与政府贷款服务，通过科技应用完善企业征信监管、精准匹配借贷需求，一定程度上化解资本与项目错位。

（三）减轻劳动力税费负担，提高政策普惠性与稳定性

综合调研企业的需求，减轻税费负担是第一位的。从当前的税费优惠可见，直接降低制造业企业增值税和单位养老保险缴存比例是普惠性政策，但各地的企业税费返还、人才补贴等普惠力度有待增强。珠三角有条件的城市

可给予高端人才、高管更多优惠。如深圳2019年5月宣布，短缺人才将在深圳享受15%的个人所得税减免优惠，以吸引境外高端人才。横琴税务局和广州开发区将包括产业规划、税费优惠政策、人才入户及补贴优惠等分类梳理，有针对性地向不同类型、行业的企业、高端人才推送。

以上经验值得在大湾区城市中推广复制。但无论哪种方式的优惠，降低申请门槛是操作关键，能直接减免税率比例的直接减免，能给予返还优惠的要减少申报材料。

（四）加大事中事后监管力度，以法治化保障市场改革

2019年，广东各城市"证照分离"改革力度加大，同时，"证照分离"实行后事中事后监管难度相应提升。要真正做到"宽进严管"，需尽快建立完善的征信系统，市场主体的诚信数据、执法数据，在合理、脱敏条件下向社会公开，让全社会共同参与监督，在市场监管领域营造共建共治共享的社会治理新格局和法治化营商环境。

推进"双随机、一公开"和信用监管相结合，全面建立市场主体信用记录并依法依规向社会公开。各部门间应建立监管协同机制，构建跨部门的信用评价和监管体系。积极拓展信用报告在政府采购、招标投标、行政审批、市场准入、资质审批等事项或活动中的应用，建立健全失信联合惩戒机制，为信用提供更多应用场景。加强公开信息的规范性，不能把企业经营者及股东的个人信息、家庭信息泄露；继续探索完善信用修复的湾区经验，为曾经的失信企业和经营者找出路。

附 录

Appendix

附表1 2019年广州市主要经济指标

指标	单位	绝对数	比上年增长(%)
年末户籍总人口	万人	953.72	2.8
年末常住人口	万人	1530.59	2.7
年末社会从业人员	万人	1125.89	2.1
地区生产总值	亿元	23628.60	6.8
第一产业	亿元	251.37	3.9
第二产业	亿元	6454.00	5.5
#工业增加值	亿元	5722.94	4.8
第三产业	亿元	16923.23	7.5
固定资产投资额	亿元	6920.21	16.5
社会消费品零售总额	亿元	9975.59	7.8
外商直接投资实际使用外资	亿美元	71.43	8.1
商品进口总值	亿元	4737.8	12.7
商品出口总值	亿元	5258.0	-6.2
地方财政一般公共预算收入	亿元	1697.21	4.0
地方财政一般公共预算支出	亿元	2865.12	14.3
货运量	亿吨	13.62	6.6
客运量	亿人次	4.98	3.7
港口货物吞吐量	亿吨	6.25	12.3
邮电业务收入	亿元	1045.1	19.7
金融机构本外币存款余额	亿元	59131.20	7.9
金融机构本外币贷款余额	亿元	47103.31	15.6
城市居民消费价格总指数(上年=100)	%	103.0	3.0
城镇常住居民人均可支配收入	元	65052	8.5
农村常住居民人均可支配收入	元	28868	10.9

注：1. 地区生产总值、工业增加值增长速度按可比价格计算。

2. 商品进口总值、出口总值自2014年起改用人民币计价。

317

附表2 2019年全国十大城市主要经济指标对比

指标	单位	广州	北京	天津	上海	深圳
规模以上工业总产值(当年价)	亿元	19201.01	19665.15		34427.17	36869.17
比上年增长	%	4.7	2.4	4.0	-0.3	3.5
固定资产投资额	亿元	6920.21				7355.62
比上年增长	%	16.5	-2.4	13.9	5.1	18.8
社会消费品零售总额	亿元	9975.59	12270.10		13497.21	6582.85
比上年增长	%	7.8	4.4	8.9	6.5	6.7
商品进口总值	亿元	4737.83	23495.73	4328.22	20325.91	13064.91
比上年增长	%	12.7	5.3	-11.2	-0.1	-4.7
商品出口总值	亿元	5257.98	5167.75	3017.91	13720.91	16708.95
比上年增长	%	-6.2	6.1	-5.9	0.4	2.7
实际利用外资额(外商直接投资)	亿美元	71.43	142.10	47.32	190.48	78.09
比上年增长	%	8.1	-17.9	3.0	10.1	0.2
金融机构本外币存款余额	亿元	59131.20	171062.27	31788.78	132820.27	83942.45
金融机构本外币贷款余额	亿元	47103.31	76875.58	36141.27	79843.01	59461.39
城市居民消费价格总指数	%	103.0	102.3	102.7	102.5	103.4

指标	单位	重庆	武汉	成都	苏州	杭州
规模以上工业总产值(当年价)	亿元				33592.11	
比上年增长	%				1.4	
全社会固定资产投资额	亿元				4933.10	
比上年增长	%	5.7	9.8	10.0	8.3	11.6
社会消费品零售总额	亿元	8667.34	7449.64	7478.40	6088.84	6215
比上年增长	%	8.7	8.9	9.9	6.0	8.8
商品进口总值	亿元	2079.86	1077.90	2515.90	8754.41	1984
比上年增长	%	13.8	23.3	12.3	-9.9	8.5
商品出口总值	亿元	3712.92	1362.30	3309.80	13232.76	3613
比上年增长	%	9.4	7.1	20.6	-3.1	5.7
实际利用外资额(外商直接投资)	亿美元	23.65	123.09	80.40	46.15	61
比上年增长	%	-27.2	12.6	11.8	2.0	14.0
金融机构本外币存款余额	亿元	39483.20	28659	39828	33705.02	45287
金融机构本外币贷款余额	亿元	37105.02	32114	36464	30880.46	42245
城市居民消费价格总指数	%	102.7	103.2	102.8	103.0	103.1

注：数据来源于城市对比月报(2019年12月)。规模以上工业总产值为年主营业收入2000万元以上工业企业，比上年增长按可比价格计算。商品进口总值、出口总值自2014年改用人民币计价。

附表3 2019年珠江三角洲主要城市主要经济指标对比

指标	单位	广州	深圳	珠海	佛山	惠州
规模以上工业增加值(当年价)	亿元	4582.95	9165.51	1133.54	4859.48	1731.62
比上年增长	%	5.1	4.7	4.0	7.0	1.8
全社会固定资产投资额	亿元	6920.21	7355.62	1971.88	3961.73	2102.78
比上年增长	%	16.5	18.8	6.1	5.4	15.4
社会消费品零售总额	亿元	9975.59	6582.85	1233.36	3516.33	1599.53
比上年增长	%	7.8	6.7	6.3	7.0	8.2
商品进口总值	亿元	4737.8	13064.9	1254.3	1099.9	888.0
比上年增长	%	12.7	-4.7	-7.8	2.6	-21.1
商品出口总值	亿元	5258.0	16708.9	1654.6	3727.7	1821.7
比上年增长	%	-6.2	2.7	-12.3	5.7	-17.5
实际利用外资额(外商直接投资)	亿元	459.36	532.36	163.90	51.13	64.25
比上年增长	%	16.3	3.5	4.9	11.8	1.2
金融机构本外币存款余额	亿元	59131.20	83942.45	9047.24	16948.10	6558.61
金融机构本外币贷款余额	亿元	47103.31	59461.39	6358.61	12175.18	5848.89
城市居民消费价格总指数	%	103.0	103.4	102.3	102.9	103.2

指标	单位	东莞	中山	江门	肇庆
规模以上工业增加值(当年价)	亿元	4465.31	1150.83	1041.95	686.53
比上年增长	%	8.5	-2.0	1.5	6.9
全社会固定资产投资额	亿元	2128.41	919.97	1857.98	1488.46
比上年增长	%	17.5	-17.6	8.3	10.8
社会消费品零售总额	亿元	3179.78	1535.95	1520.43	925.48
比上年增长	%	9.4	3.0	8.0	6.8
商品进口总值	亿元	5172.9	458.0	289.3	132.7
比上年增长	%	-5.3	-15.2	-17.2	-12.8
商品出口总值	亿元	8628.8	1929.2	1136.1	271.7
比上年增长	%	8.5	7.1	1.2	14.4
实际利用外资额(外商直接投资)	亿元	88.03	36.98	54.54	9.41
比上年增长	%	5.4	4.8	15.0	-0.3
金融机构本外币存款余额	亿元	16426.44	6345.05	4946.81	2642.47
金融机构本外币贷款余额	亿元	10132.14	4912.91	3667.71	2156.79
城市居民消费价格总指数	%	103.5	103.1	103.0	103.3

注：1. 广州、深圳、珠海、佛山、东莞数据来源于城市对比月报（2019年12月），惠州、肇庆、江门、中山数据来源于广东宏观经济监测月报。

2. 规模以上工业增加值为年主营业收入2000万元以上工业企业，比上年增长按可比价格计算。商品进口总值、出口总值自2014年改用人民币计价。

Abstract

Analysis and Forecast on Economy of Guangzhou in China (*2019*) is co-edited by Guangzhou University, the Association of Guangzhou Blue Book Research, the Policy Research Office in Guangzhou Municipal Government, and Guangzhou Statistics Bureau. It is one of the Guangzhou Blue Book series included in the Social Sciences Academic Press (China) and for the national public offering. This report is composed of six parts covering general report, reform and innovation, industry development, enterprises development, hot topics and appendix. It brings together the latest research achievements of many experts, scholars and related departments on social issues from research institutes, universities and government agents in Guangzhou. It provides important references on the Guangzhou economic operation and related analysis and prediction.

In 2019, Guangzhou continued to adhere to the general tone of steady improvement, comprehensively focused on high-quality development requirements, accelerated the construction of a modern industrial system, actively adjusted the structure to promote transformation, solidly promoted the "six stability (Stable employment, finance, foreign trade, foreign investment, investment and expectation)" work, constantly optimized the economic structure, and constantly enhanced the vitality of new momentum. The overall economic operation of Guangzhou was stable and stable.

In 2020, Guangzhou's traditional growth momentum is obviously weakened, the support of new growth momentum is still not strong, the basis for the acceleration of production and consumption is still not solid, the growth of foreign trade exports is weak, and the downward pressure on economic growth is still great. In addition, the coronavirus-2019 pneumonia epidemic has a great impact on Guangzhou's economy. Therefore, Guangzhou should deeply explore and cultivate the "digital economy", accelerate the transformation and upgrading of industrial enterprises, provide precise support and stimulate consumption, etc. , so as to strive to achieve the development of "seeking progress with stability".

Keywords: Economic Situation; Steady Improvement; Digital Economy; Guangzhou

Contents

Ⅰ General Report

B. 1 Analysis of Guangzhou Economic Situation in 2019 and the
　　　Prospect of 2020
　　　　　　　Joint Research Group of Division of Comprehensive Statistics,
　　　　　　　　　　　Guangzhou Statistics Bureau and Guangzhou
　　　　　　　　Developmental Academy, Guangzhou University / 001
　　　　1. An Economic Analysis of Guangzhou in 2019　　　　　　/ 002
　　　　2. The Issues to Attention in Economic Operation　　　　　/ 014
　　　　3. Prospects and Countermeasures in 2020　　　　　　　　/ 016

Abstract: In 2019, Guangzhou continued to adhere to the general tone of steady improvement, comprehensively focused on high-quality development requirements, accelerated the construction of a modern industrial system, actively adjusted the structure to promote transformation, solidly promoted the "six stability (Stable employment, finance, foreign trade, foreign investment, investment and expectation)" work, constantly optimized the economic structure, and constantly enhanced the vitality of new momentum. The overall economic operation of Guangzhou was stable and stable. However, the global pandemic of the new crown epidemic will lead to a new round of global economic recession. Guangzhou should deeply explore and cultivate the "digital economy", accelerate the transformation and upgrading of industrial enterprises, provide precise support and stimulate consumption, etc. , so as to strive to achieve the development of "seeking progress with stability".

Keywords: Economic Situation; Steady Improvement; Digital Economy; Guangzhou

Ⅱ Reform and Innovation

B.2 Research on Promoting the High Quality Development of Guangzhou's Economy in New Situation

Peng Jianguo, Zhu Hongbin and Shao Yougui / 023

Abstract: China is in the period of transformation of development mode, optimization of economic structure and transformation of growth power. Structural, institutional and cyclical issues are intertwined. The impact of "three periods of superposition" continues to deepen, and downward pressure on the economy increases. An in-depth analysis of Guangzhou's economic operation and a grasp of the changes in the development environment at home and abroad will help us to strengthen our confidence, face difficulties and move forward, and promote the high-quality development of Guangzhou's economy. In 2019, Guangzhou adhered to the general tone of striving for steady progress, and made overall plans to promote steady growth, promote reform, adjust structure, benefit people's livelihood, prevent risks and ensure stability, so as to improve economic performance while maintaining stability. At the same time, Guangzhou is still at an important juncture in the transformation of old and new kinetic energy, and still faces problems that can not be ignored, such as outstanding difficulties in the real economy, high slowdown in investment growth, and weak growth of foreign trade exports. In 2020, Guangzhou should focus on key points, make efforts with precision, intensify the work of "sixstable", fully implement the tasks of "six guarantees", and strive to promote high-quality economic development.

Keywords: Economy; High Quality Development; Guangzhou

B. 3 Research on the Supply Side Reform of Guangzhou's Advantageous Traditional Industries under the Background of "New Vitality of the Old City"

Research Group of Guangzhou Federation of industry and Commerce / 037

Abstract: Guangzhou has a big advantage in traditional industries and sustained vitality is inseparable from the re-innovation advantages of these traditional industries. This paper takes the dominant traditional industries in Guangzhou as the research object, by sorting out the basic characteristics of dominant traditional industries and exploring the path of supply-side reform, in view of the difficulties and problems reflected by enterprises in the survey, from the aspects of creating a good environment, increasing support for innovation, lowering barriers to transformation and giving play to the role of business association, this paper puts forward countermeasures and Suggestions for promoting the supply-side structural reform of traditional advantageous industries.

Keywords: Advantage Traditional Industry; Supply Side Reform; Industrial Transformation

B. 4 Research on Promoting the Integration of Advanced Manufacturing Industry and Modern Service Industry in Guangzhou *Kang Dahua / 049*

Abstract: Promoting the deep integration of advanced manufacturing industry and modern service industry is the intrinsic requirement of realizing the high-quality development of China's manufacturing industry. In the process of building the Great Bay Area of Guangdong, Hong Kong and Macao, Guangzhou should take the integration of advanced manufacturing industry and modern service industry as a breakthrough point and implement the instructions of General Secretary Xi Jinping on "New Vitality of Old Cities". By discussing the internal mechanism of the integration of advanced manufacturing industry and modern service industry, this paper analyses the existing problems and opportunities faced by Guangzhou, and puts forward corresponding countermeasures and suggestions for Guangzhou. Guangzhou should strengthen the strategic direction of industrial transformation and upgrading, optimize the industrial spatial layout in the view of the Bay Area, and improve the institutional mechanism to provide financial, land, financial and human resources policy guarantee for the deep integration of advanced manufacturing and modern service industries.

Keywords: Advanced Manufacturing Industry; Modern Service Industry; Guangzhou; Guangdong, Hong Kong and Macao Big Bay Area

B. 5 Suggestions on Promoting Guangzhou's Consumption Transformation by the Advantages of Digital Economy

Research Group of Guangzhou Developmental Academy, Guangzhou University / 061

Abstract: The development of Guangzhou's digital economy has a quite sufficient industrial foundation, which needs to be condensed and focused on the development direction. Starting from the context of national policy and "Post-epidemic Era", it is possible to take the digitalization of the tertiary industry as a breakthrough. In this respect, Guangzhou has the advantages of complete layout of information and communication infrastructure construction, complete and distinctive digital industry development chain, and solid industrial foundation of digital life scene construction. On the basis of these advantages, Guangzhou should plan the industrial layout of digital consumption globalization as soon as possible, launch the scene test of digital consumption globalization as soon as possible, promote the governance extension of digital consumption globalization as soon as possible, and make every effort to get through the "last mile" of integration of culture, technology and people's consumption demand, so as to meet people's yearning for a better life.

Keywords: Digital Economy; Tertiary Industry; Cultural Consumption; Technological Innovation

B. 6 Report on the Multi-level Supportive Financial System of Guangzhou's Real Economy *Luo Jiawen, Wan Xinyi* / 071

Abstract: Based on the development of Guangzhou's real economy and financial system in 2019, this paper analyzes the traditional manufacturing industry, high-tech industry and service industry, equity financing system, debt financing system and financing service system in Guangzhou, which are expanding in scales but unreasonable in structures. Among them, automobile manufacturing industry, electronic and communication equipment manufacturing industry and private service industry have great advantages in Guangzhou's real economy. However, the supportive financial system for the real economy has some problems, such as unbalanced regional development, lack of capital supply, innovation and competitiveness, etc. Thus, this paper puts forward some countermeasures on multi-level financial support system and fintech industry, in order to improve the supportive financing system of Guangzhou's real economy and promote the technological innovation and the upgrading of entity enterprises.

Keywords: Financial Development; Physical Enterprises; Financial Support System.

B. 7 Research on the Text Quantitative Analysis of Financial Industry Innovation Policy Tools in Guangzhou
Research Group of Guangzhou Developmental Academy, Guangzhou University / 090

Abstract: Under the background of innovation driven era, financial industry innovation is the core power to promote financial development. What combination policies and characteristics have local governments issued? In this paper, 113 financial industry innovation policies of Guangzhou, Beijing, Shanghai, Shenzhen, Hangzhou, Chengdu, Hong Kong and other seven cities in 2009 - 2019 were sampled, coded, classified, and statistically analyzed, and the analysis framework was constructed from three dimensions of basic policy tools, time, and city. The conclusion is that the structure of policy tools is unbalanced, the supply-oriented policy tools are over used, and the demand-oriented policy tools are seriously under used.

Keywords: Financial Industry Innovation Policy; Policy Instruments; Quantitative Analysis

Ⅲ Industry Development

B. 8 The Survey Report on Service Quality of the Second-hand Car E-commerce Platforms in Guangzhou in 2019

Research Group of the Guangzhou Consumers Commission / 109

Abstract: With the second-hand car trade using the Internet and the government's liberalization of the second-hand car trade policy, the potential of the second-hand car trade has been further released. Various second-hand car e-commerce platforms with different business models have emerged. On one hand, the second-hand car e-commerce platforms promotes the overall development of the industry, on the other hand, the development brings negative problems. Therefore, Guangzhou Consumers Commission has carried out a survey of the service quality of used car e-commerce platform. It finds that there are still many difficulties and challenges in the trade of second-hand car e-commerce in Guangzhou, such as the evaluation of second-hand car, the pre-sale and after-sale service system are still not perfect. Vicious competition in the industry, trade fraud and other phenomena occur from time to time. It suggests that forward-looking legislation, perfect laws and regulations, strengthen supervision and management, the second-hand car associations making the most of it, improve consumers'awareness of rights protection, can promote the sustainable development of the second-hand car e-commerce industry, improve the service level and standardize the service quality.

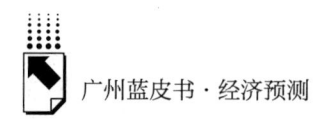

Keywords: The Second-hand Car E-commerce Platforms; Service Level; Sustainable Development

B.9　Analysis on the Operation of Service Industry Above Designated Size in Guangzhou in 2019　*Mo Guangli* / 137

Abstract: In 2019, the global economic recovery slows down, the negative impact of trade friction appears, and the downward risk increases. The overall development of the service industry above Designated Size in Guangzhou is stable, the quality and efficiency are steadily improved, and the key categories continue to maintain a steady and progressive operation trend; the emerging Internet software information industry continues to upgrade and integrate development, and continues to guarantee the stable growth of the whole industry. But at the same time, it is still difficult for industrial production to continue to rebound, the growth of Commerce and trade industry continues to be weak, and the pressure on food prices is great. The impact of Sino US economic and trade frictions still needs attention, the development of service industries still faces pressure, and efforts are still needed to consolidate the economic operation.

Keywords: Service Industry Above Designated Size; City Comparison; Economic Growth

Contents

B. 10　Analysis on the Development and Advantages of Productive Service Industry in Guangzhou

Research group of Accounting Office of Guangzhou Municipal Bureau of Statistics / 149

Abstract: As a supporting industry of manufacturing industry, productive service industry is the key to accelerate the integration and coordinated development of the three industries. For a long time, Guangzhou's productive service industry has comparative advantages in the whole province and even in the whole country. It has the largest scale and accounts for nearly 40% of the nine cities in Guangdong, Hong Kong and Macao Greater Bay Area, providing a solid service guarantee for the manufacturing production of the whole Greater Bay Area. As a superior industry of Guangzhou's economy, producer services have some shortcomings, but more opportunities. This report says, consolidates the development achievements and advantages of Guangzhou's producer service industry, promotes the extension of Guangzhou's producer service industry to specialization and advancement, and creates a production service center in Guangdong, Hong Kong and Macao Greater Bay Area.

Keywords: Productive Service Industry; Guangdong, Hong Kong and Macao Greater Bay Area; Guangzhou

B. 11　Analysis on the Operation of Guangzhou Real Estate Development Market in 2019

Research group of Investment Office of Guangzhou Municipal Bureau of Statistics / 162

Abstract: In 2019, Guangzhou took "stable land price, stable house price and stable expectation" as the goal, insisted on the positioning of "the house is used for living, not for speculation", adjusted measures to local conditions, implemented policies for the city, and accurately regulated the real estate market, so the overall operation of the real estate market was stable and healthy. However, there are still some problems, such as the imbalance of commercial housing structure and regional supply and demand, the excessive dependence of development investment on land acquisition cost, and the aggravation of enterprise financing pressure. It is suggested that the healthy and stable operation of the market should be guaranteed by optimizing the market supply structure, accelerating the project progress and building a diversified financing system.

Keywords: Real Estate Development; Development Investment; New Project; Trading Market; Regional Development

B.12 Analysis Analysis of Strengths and Weaknesses of Guangzhou Automobile Industry

Research Group of Guangzhou Investigation Team of National Bureau of Statistics / 176

Abstract: China's automobile industry has been developing rapidly. The production and marketing had been in first rank in the world for ten years. Guangzhou is one of the major automobile cities in China. Guangzhou's automobile industry has obvious strengths in scale, independent brand, new energy vehicles and parallel imported vehicles. But there are also weaknesses such as limited driving ability and weak innovation. Opportunities and threats coexist in the future development of Guangzhou Automobile Industry.

Keywords: Automobile Industry; Independent Brand; Guangzhou

B. 13　The Development Trend of the Real Estate Market in 2019 and Future Suggestions in Guangzhou
　　　　　　　　　　Research Group of Guangzhou Developmental
　　　　　　　　　　Academy, Guangzhou University / 187

Abstract: In 2019, the central government strengthened the supervision of the real estate market and insisted on "no speculation in housing". Financial supervision has been strengthened, the financing environment has become increasingly tense, and financial funds have been strictly controlled to flow into the real estate market. Guangzhou's real estate market is also facing unprecedented challenges. At the same time, the "Guangdong Hong Kong Macao Bay Area Planning and development outline" released on February 28 has brought great opportunities for Guangzhou real estate market. In terms of policy, Guangzhou has issued a strict policy of purchase restriction, loan restriction, price restriction and signing restriction, and gradually relaxed the policy of talent purchase. The overall performance of the real estate market is as follows. in the primary land market, the liquidity of the real estate is tightening, and the confidence in the future market turnover rate is insufficient. Since the second half of the year, the phenomenon of land auction has increased greatly. From the performance of the second-hand housing market, market transactions slowed down significantly in the second half of the year due to the impact of macroeconomic and liquidity environment changes. The problems in the real estate market include: it is difficult to improve the contradiction between supply and demand, the regional structural contradiction has not been solved, and the policy based on administrative measures is difficult to maintain.

Keywords: Real Estate Market; Regulation Policy; Guangzhou

B. 14　Analysis on the Development of Foreign Trade in
　　　　Guangzhou in 2019
　　　　　　Research Group of Guangzhou Municipal Bureau of Statistics / 197

Abstract: In 2019, adhering to the general keynote of steady improvement, Guangzhou increased efforts to promote the steady development of foreign trade and foreign investment, and achieved growth in the total value of import and export of commodities, foreign direct investment and the actual amount of foreign investment. However, the economic situation at home and abroad is still complex, and Guangzhou's foreign economic and trade development still needs to pay attention to the difficulties and challenges.

Keywords: Commodity Import and Export; Foreign Direct Investment; Guangzhou

Ⅳ　Enterprise Development

B. 15　Research on the Development of Innovative
　　　　Private Enterprises in Guangzhou
　　　　　　Research Group of Guangzhou Innovative Private Enterprise / 218

Abstract: According to the relevant information provided by the Municipal Bureau of science and technology, the Municipal Bureau of industry and information technology and well-known commercial institutions from 2016 to 2018, the research team took 338 innovative private enterprises including "unicorn enterprises", "quasi unicorn enterprises", "high tech, high growth, new technology, new industry, new business form and new mode enterprises" as the research subjects. Combined with the development of innovative private enterprises in the city, this paper analyzes the problems encountered in the innovative development of enterprises, and puts forward suggestions for further promoting the high-quality development of innovative private enterprises.

Keywords: Innovative Private Enterprises; Intellectual Property; Guangzhou

B.16 Research on the Development Path of Core Technology Innovation in Key Areas of Guangzhou Private Enterprises
Research Group of Guangzhou Federation of Industry and Commerce Office / 232

Abstract: Adhering to cultivating and strengthening private scientific and technological innovation enterprises, Guangzhou has made a series of achievements in the new generation of information technology, driverless technology, advanced rail transit equipment, high-end robots, new materials, etc. , which has been successfully selected into the top 50 scientific research cities of Nature magazine. At the same time, Guangzhou still has "neck sticking" problems in core basic parts (components), advanced technology, key materials, key technical equipment or high-end industrial software, and there are many gaps compared with foreign advanced technology. There is an urgent need to support and promote the technological innovation of private enterprises in terms of policies, funds and industries, so as to promote the close combination of science and technology with economy and form a new development momentum.

Keywords: Private Enterprise; Technological Innovation; Core Technology; Guangzhou

B.17 Analysis on Implementing "Star Project" and Promoting the Development of High-quality Medium-sized Enterprises to Large-scale Leading Enterprises *Zhang Qiang* / 240

Abstract: Economic growth cannot be separated from the strong support of a large number of highly competitive enterprises. At the beginning of 2019, the report of the plenary session of Guangzhou Municipal Committee of the Communist Party of China put forward: implement the "Star project" of leading enterprises and unicorn enterprises, and strive to create many billion level and ten billion level leading enterprises with core competitiveness. Compared with Beijing, Shanghai, Shenzhen, Hangzhou and other sister cities, there are no lack of small and medium-sized enterprises in Guangzhou, but the growth of 10 billion (super) large enterprises is insufficient, and the number of world and China's top 500 enterprises is too small. Further analysis shows that there are obvious "faults" in the scale of 5 -10 billion yuan in Guangzhou enterprise echelon, which directly affects the reserve growth of 10 billion large enterprises. In view of this short board and problem, the report analyzes the deep-seated reasons why high-quality medium and large-sized enterprises in Guangzhou are difficult to further develop and grow. In combination with Guangzhou's actual situation, from breaking through the business environment pain point, strengthening enterprise capital support, implementing strong industrial policy innovation, formulating leading enterprise and unicorn enterprise cultivation plan, reasonably using market leverage such as government procurement, scene opening, etc On the other hand, the paper puts forward some suggestions on how to promote the high-quality medium-sized enterprises to be bigger and stronger.

Keywords: Medium-sized Enterprise; Large Enterprises; Guangzhou

B.18 Research on the Development of Key Enterprises in Liwan District of Guangzhou

Research group of Statistics Bureau of Liwan District / 252

Abstract: Four kinds of Enterprises above Designated Size are the main force and leader of regional economic development, whose quantity, scale and structure directly determine the level of regional economic development, and are important achievements reflecting the operation of regional economy. In details, the enterprises with business income exceeding 100 million Yuan (hereinafter referred to as the backbone enterprises) have large scale, high contribution and strong leading and driving role. Based on the data of the fourth national census, this paper mainly analyzes the development and existing problems of key enterprises in Liwan district, and puts forward countermeasures and suggestions.

Keywords: Four Kinds of Enterprises Above Designated Size; Key Enterprise; Service Sector; Liwan District of Guangzhou

V　Hot Topics

B.19　Research on the Transformation and Upgrading of Guangzhou Professional Wholesale Market Promoted by E-commerce Live Broadcast　　　*Li Dongbei, Li Ganyang and Xie Lei* / 269

Abstract: 2019 is known as the first year of e-commerce live broadcasting. E-commerce live broadcast is a new business model that redefines and effectively links people, markets and goods. It can effectively compress the intermediate links, reshape the transaction mode, and improve the profits of enterprises. It can play an important role in helping the transformation process of Guangzhou professional wholesale market. This paper makes a comprehensive and in-depth analysis of the current situation and existing problems of the transformation and upgrading of Guangzhou e-commerce live broadcasting enabling professional wholesale market, and puts forward the future development ideas, that is, promote industrial docking and promote the deep integration of e-commerce live broadcast and professional wholesale market; Deeply cultivate the supply chain and promote the upgrading of the industrial base and the modernization of the industrial chain in the professional wholesale market; Strengthen government services and vigorously create a business environment suitable for the development of e-commerce live broadcast, etc.

Keywords: Live E-commerce; Professional Wholesale Market; Transformation and Upgrading

B.20 Research on the Status Quo and Development of Blockchain Industry in Guangzhou

Wu Yanjie, Liang Siqiao and Song Sen / 277

Abstract: Because of its influence in enhancing the international financial influence and optimizing the industrial structure to reduce costs and increase efficiency, the development of blockchain core technologies and key industries has risen to a national level strategy. As the central city of the Guangdong-Hong Kong-Macao Greater Bay Area, Guangzhou has seized rare opportunities for blockchain development since 2018. It has introduced a number of support policies, and its industrial development is in the ascendant, which makes it one of the core cities for the development of the national blockchain industry. However, at the same time as the industrial development has begun to bear fruit, Guangzhou has also encountered bottlenecks in the value and influence of regional industries due to problems in infrastructure, talents, industrial system and supervision. Therefore, in this paper, through multifaceted data, the horizontal comparison of the administrative regions of Guangzhou with other key layout blockchains in the country is made as well as the vertical analysis of the actual situation of the development of Guangzhou's blockchain industry, and then the ideas and prospects of Guangzhou blockchain Industrial development will finally be proposed.

Keywords: Guangzhou; Blockchain Industry; Industrial Park; Technological Innovation

B. 21　Suggestions for Guangzhou to Promote the Construction of an
　　　　International Financial Hub in Guangdong,
　　　　Hong Kong and Macao Greater Bay Area
　　　　　　　　Research group of Laws and Regulations Department in
　　　　　　　　　　Guangzhou Local Financial Supervision and
　　　　　　　　　　　　　　Administration Bureau / 294

Abstract: In order to implement the central government's decision-making and deployment on promoting the construction of the international financial hub in Guangdong, Hong Kong and Macao Greater Bay Area, since 2019, the Municipal Local Financial Supervision Bureau has been in Hong Kong and Macao for many times, promoting financial exchanges and cooperation, financial rules docking and market connectivity among the three regions, and has organized several symposiums, making a preliminary reflection on Guangzhou's position and role in the international financial hub in Guangdong, Hong Kong and Macao Greater Bay Area. Besides, it puts forward countermeasures and suggestions for Guangzhou to build the core engine of the international financial hub construction.

Keywords: Guangdong, Hong Kong and Macao Greater Bay Area; International Financial Hub; Financial Exchange

B. 22　The Effectiveness Analysis of Business Environment Reform in
　　　　Guangdong, Hong Kong and Macao Greater Bay Area in 2019
　　　　　　　　　　Business environment research group of
　　　　　　　　　　　　Nandu big data research institute / 306

Abstract: In 2019, the work report of Guangzhou municipal government pointed out that it is necessary to stimulate the vitality of market subjects and strive to optimize the business environment. In 2020, the regulations on the

337

optimization of business environment was implemented, and Guangzhou was included in the sample city for the world bank to evaluate the business environment of China. However, Guangzhou still faces the problems of financing difficulties, insufficient credit construction and relatively high proportion of labor taxes, and the reform of business environment needs to be further strengthened.

Keywords: Guangdong, Hong Kong and Macao Greater Bay Area; Business Environment; Guangzhou

Ⅵ Appendix

Schedule 1　Main Economic Indicators of Guangzhou in 2019　　　　／317

Schedule 2　Comparisons of Main Economic Indicators of Ten Cities in China in 2019　　　　／318

Schedule 3　Comparisons of the Main Economic Indicators of the Main Cities in the Pearl River Delta in 2019　　　　／319

社会科学文献出版社

皮 书

智库报告的主要形式
同一主题智库报告的聚合

❖ 皮书定义 ❖

皮书是对中国与世界发展状况和热点问题进行年度监测,以专业的角度、专家的视野和实证研究方法,针对某一领域或区域现状与发展态势展开分析和预测,具备前沿性、原创性、实证性、连续性、时效性等特点的公开出版物,由一系列权威研究报告组成。

❖ 皮书作者 ❖

皮书系列报告作者以国内外一流研究机构、知名高校等重点智库的研究人员为主,多为相关领域一流专家学者,他们的观点代表了当下学界对中国与世界的现实和未来最高水平的解读与分析。截至2020年,皮书研创机构有近千家,报告作者累计超过7万人。

❖ 皮书荣誉 ❖

皮书系列已成为社会科学文献出版社的著名图书品牌和中国社会科学院的知名学术品牌。2016年皮书系列正式列入"十三五"国家重点出版规划项目;2013~2020年,重点皮书列入中国社会科学院承担的国家哲学社会科学创新工程项目。

中国皮书网

（网址：www.pishu.cn）

发布皮书研创资讯，传播皮书精彩内容
引领皮书出版潮流，打造皮书服务平台

栏目设置

◆ 关于皮书
何谓皮书、皮书分类、皮书大事记、
皮书荣誉、皮书出版第一人、皮书编辑部

◆ 最新资讯
通知公告、新闻动态、媒体聚焦、
网站专题、视频直播、下载专区

◆ 皮书研创
皮书规范、皮书选题、皮书出版、
皮书研究、研创团队

◆ 皮书评奖评价
指标体系、皮书评价、皮书评奖

◆ 互动专区
皮书说、社科数托邦、皮书微博、留言板

所获荣誉

◆ 2008年、2011年、2014年，中国皮书网均在全国新闻出版业网站荣誉评选中获得"最具商业价值网站"称号；
◆ 2012年，获得"出版业网站百强"称号。

网库合一

2014年，中国皮书网与皮书数据库端口合一，实现资源共享。

权威报告·一手数据·特色资源

皮书数据库
ANNUAL REPORT(YEARBOOK) DATABASE

分析解读当下中国发展变迁的高端智库平台

所获荣誉

- 2019年，入围国家新闻出版署数字出版精品遴选推荐计划项目
- 2016年，入选"'十三五'国家重点电子出版物出版规划骨干工程"
- 2015年，荣获"搜索中国正能量 点赞2015""创新中国科技创新奖"
- 2013年，荣获"中国出版政府奖·网络出版物奖"提名奖
- 连续多年荣获中国数字出版博览会"数字出版·优秀品牌"奖

成为会员

通过网址www.pishu.com.cn访问皮书数据库网站或下载皮书数据库APP，进行手机号码验证或邮箱验证即可成为皮书数据库会员。

会员福利

- 已注册用户购书后可免费获赠100元皮书数据库充值卡。刮开充值卡涂层获取充值密码，登录并进入"会员中心"—"在线充值"—"充值卡充值"，充值成功即可购买和查看数据库内容。
- 会员福利最终解释权归社会科学文献出版社所有。

数据库服务热线：400-008-6695
数据库服务QQ：2475522410
数据库服务邮箱：database@ssap.cn
图书销售热线：010-59367070/7028
图书服务QQ：1265056568
图书服务邮箱：duzhe@ssap.cn

社会科学文献出版社 皮书系列
卡号：686897256442
密码：

基本子库
SUB DATABASE

中国社会发展数据库（下设 12 个子库）

　　整合国内外中国社会发展研究成果，汇聚独家统计数据、深度分析报告，涉及社会、人口、政治、教育、法律等 12 个领域，为了解中国社会发展动态、跟踪社会核心热点、分析社会发展趋势提供一站式资源搜索和数据服务。

中国经济发展数据库（下设 12 个子库）

　　围绕国内外中国经济发展主题研究报告、学术资讯、基础数据等资料构建，内容涵盖宏观经济、农业经济、工业经济、产业经济等 12 个重点经济领域，为实时掌控经济运行态势、把握经济发展规律、洞察经济形势、进行经济决策提供参考和依据。

中国行业发展数据库（下设 17 个子库）

　　以中国国民经济行业分类为依据，覆盖金融业、旅游、医疗卫生、交通运输、能源矿产等 100 多个行业，跟踪分析国民经济相关行业市场运行状况和政策导向，汇集行业发展前沿资讯，为投资、从业及各种经济决策提供理论基础和实践指导。

中国区域发展数据库（下设 6 个子库）

　　对中国特定区域内的经济、社会、文化等领域现状与发展情况进行深度分析和预测，研究层级至县及县以下行政区，涉及地区、区域经济体、城市、农村等不同维度，为地方经济社会宏观态势研究、发展经验研究、案例分析提供数据服务。

中国文化传媒数据库（下设 18 个子库）

　　汇聚文化传媒领域专家观点、热点资讯，梳理国内外中国文化发展相关学术研究成果、一手统计数据，涵盖文化产业、新闻传播、电影娱乐、文学艺术、群众文化等 18 个重点研究领域。为文化传媒研究提供相关数据、研究报告和综合分析服务。

世界经济与国际关系数据库（下设 6 个子库）

　　立足"皮书系列"世界经济、国际关系相关学术资源，整合世界经济、国际政治、世界文化与科技、全球性问题、国际组织与国际法、区域研究 6 大领域研究成果，为世界经济与国际关系研究提供全方位数据分析，为决策和形势研判提供参考。

法律声明

"皮书系列"(含蓝皮书、绿皮书、黄皮书)之品牌由社会科学文献出版社最早使用并持续至今,现已被中国图书市场所熟知。"皮书系列"的相关商标已在中华人民共和国国家工商行政管理总局商标局注册,如LOGO( )、皮书、Pishu、经济蓝皮书、社会蓝皮书等。"皮书系列"图书的注册商标专用权及封面设计、版式设计的著作权均为社会科学文献出版社所有。未经社会科学文献出版社书面授权许可,任何使用与"皮书系列"图书注册商标、封面设计、版式设计相同或者近似的文字、图形或其组合的行为均系侵权行为。

经作者授权,本书的专有出版权及信息网络传播权等为社会科学文献出版社享有。未经社会科学文献出版社书面授权许可,任何就本书内容的复制、发行或以数字形式进行网络传播的行为均系侵权行为。

社会科学文献出版社将通过法律途径追究上述侵权行为的法律责任,维护自身合法权益。

欢迎社会各界人士对侵犯社会科学文献出版社上述权利的侵权行为进行举报。电话:010-59367121,电子邮箱:fawubu@ssap.cn。

社会科学文献出版社